조선 풍속사 ②○

조선 사람들, 풍속으로 남다

조선 풍속사 ②

조선 사람들 ○ 풍속으로 남다

강명관

푸른역사

책머리에

●   2001년에 혜원 신윤복의 풍속화를 해설한 책 《조선 사람들, 혜원의 그림 밖으로 걸어나오다》를 낸 뒤, 언제 기회가 닿으면 단원 김홍도의 풍속화를 비롯한 여러 풍속화도 같은 방식의 글쓰기를 해보아야겠다고 생각했다. 2009년과 올해 초 짬을 내어 묵은 소원을 풀 수 있게 되었다. 단원의 경우, 《단원풍속도첩》에 실린 25점의 그림에 해설을 더한 글로 한 권의 책을 쉽게 묶을 수 있었다. 이번에 함께 간행하는 《조선 풍속사 1》이 바로 그 결과물이다.

    단원과 혜원의 풍속화 외에도 적지 않은 풍속화가 전한다. 이 책은 바로 이 작품들을 대상으로 했다. 풍속화라 하면 혜원과 단원의 작품에만 주목하는 경향이 있는데, 이건 좀 편향된 것이다. 혜원과 단원 이외의 작품도 빼어난 작품이 적지 않고, 그것에 담긴 조선 후기 사회 모습과 사람들의 삶은 정말 풍성하고 다양하다. 또 단원과 혜원의 작품이라면, 일단 그 작가의 무게에 눌려 작품 해설에 적지 않은 강박중을 갖지만, 그 외는 도리어 홀가분하게 그림을 읽을 수도 있다. 다만 허다한 작품을 이 책에서 다 다룰 수는 없고, 내가 보기에 흥미로운 것들을 골라서 해설을 붙인다.

이번에 이 책을 쓰면서 조선시대 풍속화는 생각보다 훨씬 다양하고 풍부한 정보를 담고 있다는 것을 새삼 느꼈다. 회화사 방면의 연구는 풍속화의 미학적 성취에만 주목하고 그림이 담고 있는 정보에는 큰 관심을 기울이지 않는다. 물론 그림은 미학적, 미술사적 관점에서 해독되어야 마땅하다. 하지만 풍속화는 이미 사라진 사회와 인간의 삶을 담고 있다는 점에서 달리 볼 소지가 적지 않다. 즉 사라진 한국 사회, 혹은 한국인의 과거가 담겨 있으므로 우리는 그 과거에 주목할 수 있는 것이다.

한 점을 지나는 선분은 무수하다. 그 점의 의미는 선분 속 위치에 따라 다르다. 그림을 한 점이라 생각한다면 그 그림의 의미를 해독하는 선분은 무수하다. 우리가 그 선분을 어떻게 긋느냐에 따라 그림에서 얻어낼 수 있는 의미가 달라질 것이다. 그 선분이 다양해지면 다양해질수록 그림은 우리에게 보다 풍부한 의미를 제공할 것이다. 나는 단지 풍속이란 선분 위에서 그림을 이해하고자 할 뿐이다.

이 책에서 다룬 풍속화 외에도 많은 풍속화가 남아 있다. 특히 기왕에 출판된 여러 종의 김준근 풍속도 도록과 최근 숭실대학교 한국기독교박물관에서 영인한 도록은, 조선시대의 생활과 풍속을 이해하는 데 아주 중요한 자료다. 개인적으로는 필자에게 도록을 보내준 숭실대학교 한국기독교박물관에 고맙다는 인사를 전한다. 이 도록은 글을 쓰는 데 큰 도움이 되었다. 앞으로 김준근의 풍속화는 물론 다른 풍속화도 적절한 주제 아래 모아서 글을 써보고 싶다. 이번의 이 책은 그 작업을 위한 예비작업으로 보아주면 고맙겠다.

2010년 6월
강명관

고깃배 · 20

옹기장이 · 32

여름날의 짚신 삼기 · 44

엿 파는 아이 · 54

젖 먹이기 · 66

세 여자의 재봉일 · 80

절구질 · 98

나물 캐기 · 110

그네 · 126

개백정 · 143

국수 누르는 모양 · 154

고기 굽기 · 168

후원유연 · 186

옥계청유도 · 203

백천교 · 226

투전판 · 240

사당판 놀음 · 258

서생과 아가씨 · 273

춘화 감상 · 282

연못가의 기생 · 305

미인도 · 312

생업

생선장수는 바다에서 고기를 잡느라 목숨까지 거는 자신의 사정을 말하며 고기 값을 흥정한다. 옹기장이는 흙가마 옆에서 물레를 돌리며 시전에 내다 팔 질그릇 만들기에 여념이 없다. 그릇을 빚는 것과 같은 기술이 없어도 두 손과 짚만 있으면 짚신을 만들어 생계를 이을 수도 있었다. 가끔은 엿장수 아이가 파는 엿도 사 먹으면서 말이다.

어부

바다 밑 원혼이 되면 어쩔 테요

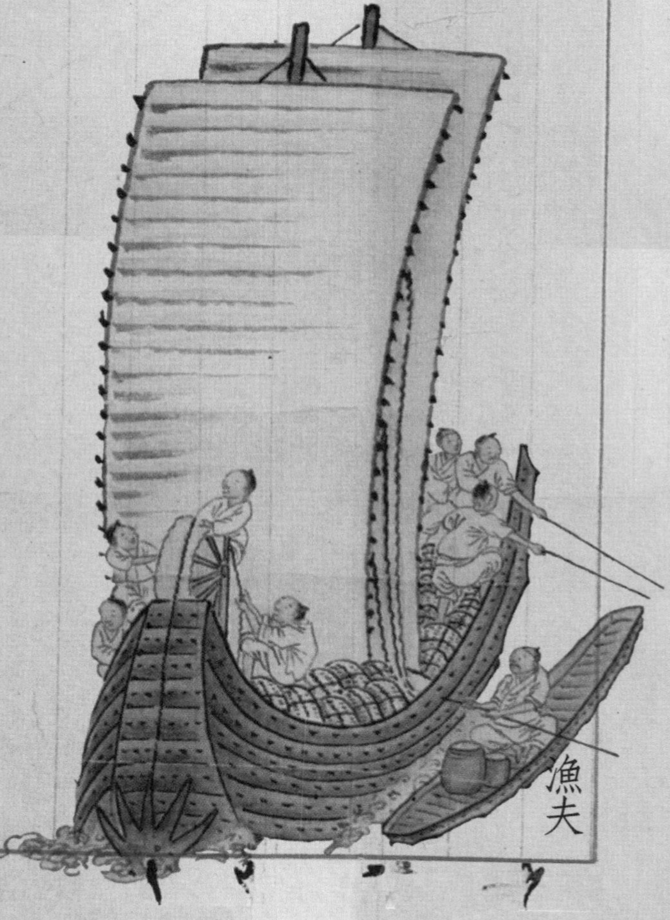

漁夫

생선은 인간의 중요한 단백질원이다. 생선을 먹지 않는 사람은 아마도 없을 것이고 생선을 먹지 않은 시대도 없었을 것이다. 그렇다면 조선시대에는 생선을 어떻게 잡았던가? 가장 손쉬운 방법은 어살로 잡는 것이다. 하지만 어살은 아무 데나 설치할 수가 없다. 배를 타고서 그물로 잡기도 하지만, 먼 바다까지는 나갈 수 없다.

물고기를 잡는 방법으로 흔히 떠올리는 것은 낚시와 그물이다. 김홍도의 〈조어산수도釣魚山水圖〉를 보자. 삿갓을 쓴 사내와 맨머리의 남자가 낚싯대를 드리우고 있다. 강 건너편에는 절벽이 있다. 조용하고 한가로운 멋이 있다. 유운홍劉運弘(1797~1859)의 〈버드나무 아래서 고기 낚기〉는 어떤가. 아이 둘이 버드나무 아래서 낚시질을 하고 있는데, 한 녀석은 이제 막 한 마리를 낚아 오른손으로 쥐고 있다.

한데, 이런 낚시 그림에는 어쩐지 '생활'의 분위기가 나지 않는다. 그림은 시정詩情이 넘쳐나지만, 삶의 사실감이 느껴지지 않는 것이다. 요즘 취미로 하는 낚시와 어민들의 어업이 확연히 구분되는 것과 같다. 조선시대의 문화적 맥락에서 낚시란 출중한 능력을 가졌음에도 혼탁한 세상을 외면하고 숨어 사는 사람들의 멋으로 여겨졌다. 고대로 거슬러 올라가면, 무왕武王을 도와서 은殷나라를 멸망시키고 천하를 주周의 천하로 만든 강태공은 자신의 능력을 알아줄 사람을 기다리며, 곧은 낚시를 드리운 채 세월을 낚지 않았던가. 이런 낚시는 생계와 관련이 없다. 이런 까닭에서인지 낚시는 그림 속에서 문인들의 한가한 취미로만 그려지고 있는 것이다. 김홍도의 낚시 그림에서 한가한 시정을 느낄 수 있는 것도 그 때문이다.

1 조어산수도^{釣魚山水圖} 김홍도, 호암미술관
2 버드나무 아래서 고기 낚기
柳堤釣魚圖^{柳堤釣魚圖} 유운홍, 선문대학교
박물관
3 천렵^{川獵} 김준근, 파울 게오르크
폰 묄렌도르프 수집본

물론 생계형 고기잡이가 아닌 경우에도 삶이 깊게 배어 있는 그림이 없는 것은 아니다. 김준근金俊根의 〈천렵〉을 보면, 젊은이 셋이 얕은 강에 들어가 고기를 잡고 있다. 한 사람은 잡은 물고기를 넣을 종다래끼를 들고 있고, 나머지 둘은 그물을 들고 있다. 이 그물은 양쪽에 손잡이용 막대기가 있는데, 이런 그물을 '반두'라 하고 이렇게 얕은 개울에서 고기를 잡는 것을 '반두질'이라고 한다. 당연히 이렇게 잡은 민물고기는 매운탕감으로 쓰인다. 천렵은 세월을 낚기 위한 양반님네의 여가 보내기가 아니다. 한여름 뙤약볕에서 농사일에 지친 농민의 유일한 여름 취미다. 그러기에 천렵에는 농민의 삶이 깊이 각인되어 있는 것이다. 지나가는 말이지만, 한번 물어보자. 그림 왼쪽의, 장침에 왼팔을 괴고 비스듬히 누워 책을 보고 있는 사람이 있다. 이 양반의 독서를 택할 것인가. 반두질을 택할 것인가. 나라면, 반두질하는 쪽을 택하겠다.

확실한 생계로서의 고기잡이를 그린 것은, 김득신의 〈고깃배〉다. 이 그림에는 배가 다섯 척이 나온다. 그림 중간의 맨 위쪽에 있는 배, 곧 말과 채찍을 든 말구종 그리고 갓을 쓰고 도포를 입은 양반이 탄 배는 나룻배다. 어떻게 아느냐고? 이 배는 돛이 없다. 그리고 배의 이물과 고물에 사공이 서서 삿대를 젓고 있지 않은가. 그리고 그 아래 두 척과 오른쪽에 돛대만 보이는 배는 모두 '시선배'라고 한다. 이훈종 선생은 서해와 한강을 오가는 짐배[1]라고 들었다 하지만, 꼭 그런 것인지는 알 수 없다. 이 배의 특징은 이물에 물레처럼 생긴 것이 있는데, '굴통'이라는 것으로 닻을 감아올리는 도구다. 보다 자세한 것을 보려면, 김준근의 〈닻줄 감는 배〉를 보면 된다. 사내 둘이 굴통에 돌리며 닻을 감아

반두질

종다래끼: 짚이나 싸리 등으로 엮은 주둥이가 좁고 밑이 넓은 바구니. 짚으로 엮은 것은 주둥이가 좁고 밑이 넓으며 바닥은 네모꼴이다. 주둥이 양쪽에 달린 끈을 허리에 둘러 감아서 배에 찬다. 콩·팥·감자 등을 심을 때 씨를 여기에 담아서 메고 뿌린다. 산의 나물을 캐거나 고추를 딸 때, 논밭에 비료를 줄 때도 이용된다. 농가의 어린이들은 이것으로 고기를 잡기도 한다.

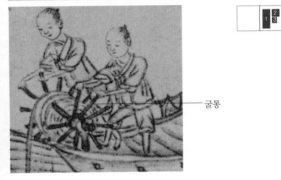

굴통

1 고깃배 「김득신, 풍속팔곡병風俗八曲屏, 호암미술관
2 닻줄 감는 배 拔錨」 김준근, 파울 게오르크 폰 묄렌도르프 수집본
3 닻줄 감는 배 중에서」 뱃머리에 물레처럼 생긴 닻을 감아올리는 굴통이 보인다.

올리는 것을 볼 수 있을 것이다.

김득신의 〈고깃배〉에서 어선으로 보이는 것은 맨 아래쪽의 배다. 배의 이물에서 그물을 던지고 있는 사내가 보일 것이다. 이 사내의 오른쪽에 잡은 물고기를 담을 항아리가 있고, 또 한 사내가 앉아서 그물을 올리기를 기다리고 있는 참이다. 그런데 이 그림은 그물이 또렷하게 그려져 있지가 않다. 유운홍이 그렸다고 전해지는 〈고깃배〉는 확실한 어선이다. 이 그림에는 큰 돛 둘을 활짝 펼친 배가 한 척 있고, 그 왼쪽에 나룻배가 한 척 있다. 나룻배는 배의 고물이 가려 보이지 않는다. 아마도 보이지 않는 부분에는 사공이 삿대를 젓고 있을 것이다. 나룻배에는 갓 쓴 양반, 복건을 쓴 양반 그리고 말도 실려 있다. 이제 고깃배를 보자. 배 이물의 굴통에 한창 닻을 감아 올리고 있고, 고물에는 사내 둘이 삿대로 배를 밀고 있다. 단지를 둘 실은 작은 배가 어선에 접근하고 있는 참이다. 이 배가 어선이라는 것은 배에 실려 있는 물건, 곧 돛 아래에 있는 그물로 알 수 있다. 그물로 고기를 잡으면 어떤 물고기는 그물에 그대로 붙어서 올라오기 때문에, 그물 채 일반 배에 실었다가 다시 배 위에서,

션어희셔비이달

혹은 포구에 들어와서 떼어내는 작업을 한다. 지금 이 고깃배는 그런 그물을 싣고 있는 것이다. 배는 아마도 고기를 싣고 포구로 들어오는 참일 것이다. 그림 오른쪽 아래에 돛이 솟아 있으니, 아마도 그곳이 포구의 정박지일 것이다.

그림 솜씨야 조금 떨어지지만, 김준근의 〈달이배 서해어선〉을 보면 물고기 잡는 것을 확실히 볼 수 있다. '달이배'가 무슨 뜻인지 도무지 알 수 없지만, 그림을 보면 닻을 내리고 한 곳에 머물러 그물을 치고 고기가 들기를 기다리고 있다는 것을 알 수 있다. 이 그림에 붙은 해설에 의하면, 물고기가 지나는 길목에서 그물을 쳐놓고 고기를 기다리는 이런 배를 평안도에서는 '어장입선漁場立船'이라고 불렀다고 한다. 또는 휘리선揮罹船이라고도 하는데, 휘리는 그물을 치는 것을 뜻한다고 한다.

저 배 속에 앉아 있는 어민은 무슨 생각을 하고 있는가. 자신이 직접 하는 말은 아닐지언정 조선은 농업 사회라서 농민의 사정은 이런 저런 기록을 통해 알려지지만 어민의 경우는 그도 아니다. 그러니 더욱 희귀할 수밖에. 홍성민洪聖民(1536~1594)이란 분이 〈고기 파는 늙은이賣魚翁行〉[2]란 시에서 어민의 말을 옮기고 있어, 한 조각 생각을 간접적으로 엿볼 수 있다. 홍성민은 어느 날 새벽녘 울타리 옆에서 시끌

1 고깃배 | 전傳 유운홍, 국립중앙박물관(중박 201005-188)
2 달이배 서해어선 | 김준근, 기산 김준근 조선풍속도-스왈른 수집본, 숭실대학교 한국기독교박물관

어부··21

벅적 흥정하는 소리가 들리기에 나가 보니, 고기를 든 사람과 곡식을
든 사람이 값을 깎자니 안 된다느니 하는 소리로 시끄럽다. 그래서 두
사람을 불러 싸움의 이유를 물어본다. 고기 파는 늙은이가 곡식 가진
사람을 제치고 나서서 자신의 고기가 비싼 이유를 늘어놓는다.

간밤에 낚싯줄 싣고
드넓은 바다로 나가는데
갈댓잎 같은 조각배 한 척으로
천길 만길 깊은 물속 덤벼드니

성난 파도 높이 일어 솟구치면
뒤미처 물결이 차곡차곡
저 하늘 끝까지 쳐나가고
산 뿌리 부딪혀 후벼 팔 듯

미친바람 사정을 두나요.
나라고 행여나 보아줄까.
한 조각 작은 배에 실린 몸
고래 밥되기에 알맞지요.

죽을 고비 백번 무릅쓰고
고기 한 마리 엿보아
만경창파 끝없이 헤치면서

낚싯줄 몇 번이나 던졌던가?

배를 대고 집이라 돌아오니
처자식 고기 보고 반가워서
'큰 고기 열 수나 되는데
열 식구 하루 양식은 안될라구.'

신새벽 바람에 나가서
고기 사갈 사람을 만나면
쌀이건 서속이건 바꾸어
아침 끼니 이으리라 생각했는데

어찌 제 곡식만 귀한 줄 알고
남의 고기는 천하게 친단 말이오?
샌님, 한번 사생 경중 헤아려
생선 값 곡식 값 판정해 주옵소서.

생선장수는 자신이 바다에서 고기를 잡느라 목숨까지 거는 사정을
말하고 고기 값을 높이 판정해 달라고 말한다. 도대체 사물의 가격은
어떻게 결정되는 것인가. 노동시간인가, 노동의 성격과 질인가. 한두
마디로 해결하기 어려운 문제가 생선장수의 말에 숨어 있다. 여기서
그치자. 시인은 생선장수의 말에 "노인 양반 실로 두렵구려. 바다 밑
에 원혼이 되면 어쩔 테요. 그런 위험 무릅쓰고 죽음도 피하지 않으

며 목구멍 위해 바치다가 필경에 누구를 원망하겠소?"
라고 묻는다. 위험한 직업은 자발적으로 선택한 것이
아닌가라는 질문이다. 자발적으로 선택한 위험에 왜
보다 높은 값을 쳐주어야 하는가?

생선장수의 대답은 이렇다.

샌님은 보지도 못했나요?
심상한 평지에도 때로 풍파가 일어난다는 걸.
드넓은 바다에 성난 파도
뒤집는 물결에 못지않습디다.

앞에 가던 배 뒤집혀도
뒤에 따르던 배 그냥 가데요.
이익 명예 있는 곳에선
다투어 물결 일어나지요.

우리 인생 입구멍 열렸으니
기어코 먹이를 도모할 밖에
이 세상 온통 그러하니
사람들 모두 눈이 어둡지요.

왜 위험한 짓을 사서 하느냐는 물음에 어부 겸 생선
장수는 먹어야 하는 존재로서의 인간은 어디서나 목숨

을 내놓고 산다는 것, 이 세상 자체가 이미 파도가 흉흉한 바다가 아니냐고 말한다. 이 달관한 답에 다시 무슨 할 말이 있으랴. 시인은 '낯 뜨거워 대꾸도 못한 채' 공연히 두 손만 비비고 서 있을 뿐이었다.

끝으로 그림 한 점을 더 보자. 물고기를 잡는 그림으로 매우 낯선 그림이 있다. 김홍도의 〈행려풍속도병〉의 한 폭인 〈자맥질로 고기 잡기〉이다. 그림 속 공간은 해안가인데, 작은 바위 위에 사내 둘이 서 있고 바다에는 이제 막 자맥질하여 물속으로 들어가고 있는 사내와 아래 위 모두 벗은 알몸의 사내가 부낭으로 보이는 물건에 의지하여 헤엄을 치고 있다. 사내가 자맥질하여 물속으로 들어가는 것은 고기를 잡기 위한 것일 터이다. 그런데 이 고기잡이는 나에게 여러 모로 낯설다. 바위 위에 있는 사내 중 앞의 사내는 커다란 물고기를 안고 있는데, 자세히 보면 줄이 물고기의 입에 연결되어 있다. 그리고 그 줄은 바위 위에 잔뜩 놓여 있고, 뒤의 사내 역시 줄을 안고 있다. 이것은 아마도 낚싯줄일 것인데, 낚싯대는 없다. 자맥질하는 사내를 보면, 물속에 들어가서 이 낚싯줄로 잡아온다는 말이 될 터이다. 도무지 이해가 가지 않는다. 언뜻 떠오르는 것은 작살이다. 한데 작살이 보이지 않는다. 그림에서는 확증할 수 없지만 어쨌든 줄에 매단 낚시가 아니고서는 이런 어업법이 있을 수 없다.

내친 김에 작살 어업을 다룬 시를 읽어보자. 송명흠宋明欽(1705~1768)의 〈작살질觀叉魚〉[3]이란 제목의 시다.

쌀쌀한 겨울 날씨 시월에
강물에 살얼음 잡히는데

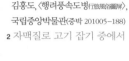

1 자맥질로 고기 잡기 海巖打魚
김홍도, 〈행려풍속도병行旅風俗圖屏〉,
국립중앙박물관(중박 201005−188)
2 자맥질로 고기 잡기 중에서

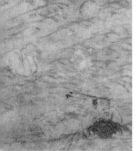

작살로 고기 잡는 사람들
서로 만나 손을 흔들고

늙은이 바위를 두들기며
긴 갈고리 쥐고 서성이고
젊은이 얼음을 깨더니
노를 가볍게 저어본다.

어부 하는 일 달리 없어
우뚝이 뱃머리에 서서
작살을 들고 기다린다.

모두 외치길 '고기 나온다'
어부 서두르는 빛 없이
대삿갓 비스듬히 아래로 노려보더니

이윽고 작살을 던지는데
던졌다 하면 헛발이 없지
이네들 본디 물가에 살아
고기잡이 능수가 되었구나.

물고기 큰 놈은 자 길이
물고기 작은 놈은 칼 길이

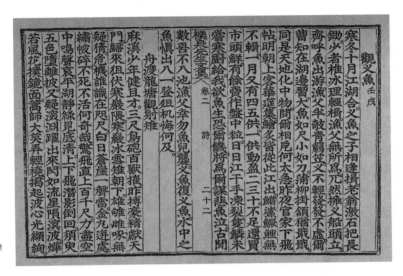

작살질觀乂魚 송명흠, 《역천집櫟泉集》 권2

이놈들 아가미가 꿰어져
버들가지에 줄줄이 달리는구나.

얼음 언 강에서 사람들은 작살로 고기를 잡는다. 얼음을 깨고 고기가 나오기를 기다려 작살을 던지면 백발백중이다. 시인은 구경하다가 이렇게 말한다. "사람이나 물고기나 다 같은 생물, 천지의 조화로 태어난 것 아니더냐. 그대들 말 물어보세, 어쩌자고 그리 모질게 해치는가?" 겨울이라 잠에 빠진 물고기를 깨워서 죽이는 것을 보고 시인은 물고기의 불쌍한 죽음을 동정한다. 작살질하는 사람도 할 말이 있다.

우리라고 좋아서 이 짓 하나요?
간밤에도 관가에서 문서가 날아왔죠.

내일 아침 높은 손님 맞아서
연희를 성대히 벌인다고

물고기 회치고 굽고
모두 다 이 강에서 나갑니다.
자가사리 문절망둑 쏘가리 잉어
어느 것 없이 거둬가지요.

물고기 잡아다 바치라
한 달에도 너덧 차례
한번 바치는 데 적기나 한가요.
걸핏하면 스무 마리 서른 마리

정해진 마릿수 채우지 못하면
장터에 나가 사다가 바치고
혹시 잡다가 남으면
팔아서 양식에 보태지요.

날이면 날마다 강에 나와서
고기를 잡느라 손이 다 트지만
우리네 쓸쓸한 밥상에는
고기 꼬리 오르는 법 없답니다.

겨울 얼음 언 강에 나와서 작살질을 하고 싶은 사람이 어찌 있겠는가. 관청에서 고기 바치라 명령하니, 하는 수 없이 나와서 잡을 수밖에. 바치라는 수를 채우지 못하면 시장에서 사다 바치고, 이따금 바치고 남는 것이 있으면 팔아서 양식을 산다. 사정이 이렇다면, 김홍도의 〈자맥질로 고기 잡기〉의 사내들이 파도 흉흉한 바다에 몸을 던진 것도 같은 이유에서인가. 어쨌거나, 시인은 이 말에 머쓱해진다. 해서 하는 답인즉 애매하다. "물고기 생명을 돌아보자면 당신들 굶주림이 걱정이요, 당신들 생계를 도모하자면 물고기 신세 애처롭도다." 인간은 불가피하게 다른 생명을 취하여 자신의 생명을 유지한다. 아니 모든 생명이 그렇다. 사자에게 얼룩말을 사냥하지 말라고 할 수는 없는 법이다. 하지만 최소한 지켜야 할 사항은 있다. 시인은 말한다. "예전 세상엔 촘촘한 그물 던지지 않는다 들었는데, 어부들 행여 하지 마오. 새끼까지 마구 잡는 것."

사람이 살아가는 데 얼마나 많은 것이 필요할까. 자본주의 사회에서 정당한 소비란 어떤 것인가. 고기 잡는 그림을 보고 머릿속을 지나가는 엉뚱한 생각이다.

옹기장이

사람의 삶이 이렇게 고달파야 하는가

甕匠

김준근의 〈옹기장이〉는 옹기장이가 옹기를 만드는 모습을 그린 것이다. 먼저 김준근에 대해 간단히 언급하고 넘어가자. 기산箕山 김준근 개인에 대한 정보는 아쉽게도 거의 알려져 있지 않다. 다만 그는 1880년대부터 1900년대까지 원산, 부산과 같은 개항장에서 외국인에게 조선의 생활상을 담은 그림을 대량으로 제작, 판매했던 어떤 수출화 전문 화가집단의 대표자로 추정될 뿐이다. 그가 남긴 풍속화는 보통 '기산풍속화'로 불리는데, 세계 스무 곳 이상의 박물관과 미술관, 개인 소장자 사이에 남아 있고, 전체 수량은 약 1,300점 이상이다.[4] 국내에도 김준근의 풍속화를 소장하고 있는 곳이 여럿 있지만, 숭실대학교 한국기독교박물관의 소장품이 가장 풍부하다. 김준근의 풍속화는, 회화적 탁월성은 김홍도나 신윤복에게 미치지 못하지만, 그 내용의 다양함과 풍부함은 김홍도와 신윤복이 따라갈 수 없다. 김준근의 풍속화를 통해 우리가 알아낼 수 있는 조선 사람들의 삶의 구체적 모습은 실로 다양하기 짝이 없기 때문이다.

각설하고 이제 〈옹기장이〉부터 감상해 보자. 발로 물레를 돌리며 옹기 안에다가 편편한 나무판자를 대고 바깥에서 몽둥이로 두드려 형태를 만들고 있다. 그림의 왼쪽에는 옹기를 굽는 흙가마가 있다. 옹기가 나오는 그림은 여럿 남아 있는데, 대부분 옹기로 물을 담아 나르는 사람이나 젓갈 따위를 담아 판매하는 행상을 그린 것이다. 아마 옹기 만드는 것을 묘사한 그림은 이 그림이 유일한 것으로 짐작된다.

다음 그림 역시 김준근의 〈땜장이〉다. 옹기나 사기그릇이 깨지면 깨진 부분에 접착제를 바르고 철사로 테를 단단히 둘러서 고정시켜 준다. 옹기나 사기그릇이 귀했기 때문에 버리지 않고 땜장이를 불러 다

ㄹ들만독

옹기장이(독 만들고) 김준근, 기산 김준근 조선풍속도−스왈른 수집본, 숭실대학교 한국기독교박물관

수레 옹기를 만들 때 밖에
서 두드리는 도구

도개 수레와 함께 사용하
며 그릇 안쪽에서 맞받아
주는 도구

補破噐流離

땜장이 補破噐流離 | 김준근, 기산 김준근 조선풍속도–매산 김양선 수집본,
숭실대학교 한국기독교박물관

시 보수해 썼기에 생긴 직업이다. 이 그림을 보니, 통메장이도 기억이 난다. 나무쪽을 이어 통을 만들어 쓰는데, 이것을 만들거나 수리해 주는 사람이 통메장이다. 김홍도의 〈사계풍속도병四季風俗圖屛〉 중 한 점인, 〈길에서 기생을 만나다〉를 보면, 그림 오른쪽 아래에 등에 무언가를 지고 있는 사람이 보일 것이다. 둥글게 말아서 지고 있는 게 대나무를 가늘고 길게 잘라 만든 댓개비, 즉 대오리다. 통메장이는 이 대오리를 가지고 다니며 통을 짜서 단단히 묶어 조인다.

이야기가 옆길로 빠져서 무엇하지만, 이 그림의 소장처에 대해서 간단히 언급해 두자. 그림은 프랑스 기메 박물관 Musée Guimet에 소장되어 있는데, 그 사연은 다음과 같다. 1901년 루이 마랭 Louis Marin(1871~1960)은 육로로 파리에서 블라디보스토크까지 여행하는 도중 보름간 서울에 머물렀는데, 그때 이 병풍을 구입하였고 그가 죽자 부인이 1962년에 기메 박물관에 기증했던 것이다.[5] 이 그림에 대해서는 이미 회화사에

1 길에서 기생을 만나다 김홍도, 〈사
　계풍속도병〉, 프랑스 기메 박물관 소장
2 통메장이(20세기 초)¹ 나무로 만들
　어진 물통이나 설거지통은 여러 개의
　나무 조각을 둥글게 세워 밖에 테를
　둘러 만든다. 이 나무통이 어긋나면
　다시 매어주는 이가 통메장이다.

서 많은 연구가 이루어졌으니, 회화 쪽으로는 더 말할 것이 없다. 다만 나로서는 이 그림을 풍속사의 관점에서 감상할 따름이다.

각설하고, 다시 옹기로 돌아가자. 옹기는 불과 얼마 전까지 흔하디흔한 생활용기였다. 물을 담아두는 것은 물론이고, 간장, 된장, 고추장 등의 장류와 김치와 같은 저장식품은 모두 옹기에 담아 보관했다. 그뿐인가? 쌀이며 보리 등의 곡식도 옹기에 담았다. 냉장고가 보급되고, 아파트가 주거의 대세를 이루면서 맨 먼저 사라진 것이 큰 옹기들이었다. 간장, 된장, 고추장은 물론 김치까지 공장에서 '생산' 되면서 더 이상 옹기를 필요치 않게 되었다. 약탕기는 달인 한약을 일회용 파우치에 담아 먹으면서부터 사라져 버렸다. 그 외의 부엌에서 쓰이던 소소한 옹기들을 모두 플라스틱이나 비닐, 알루미늄 호일이 물리쳤다. 이제 옹기는 큰 규모로 장을 생산하는 곳이 아니라면, 장식품이 되어 남거나 박물관에 놓여 있게 될 것이다. 아마 황순원黃順元 (1915~2000)의 〈독 짓는 늙은이〉의 송영감이 죽었을 때 시간 속으로 사라져야만 하는 옹기의 운명 역시 정해졌던 것이다.

옹기는 질그릇에 황갈색의 유약을 입혀 구운 것이다. 따라서 먼저 질그릇을 만들고 그것에 유약을 입혀 구워야 옹기가 되는 것이다. 질그릇이야 원래 토기니, 삼국시대 이전부터 있는 것이지만, 유약을 바른 옹기는 임진왜란과 병자호란을 거친 뒤에야 나타난 것이라고 한다. 하긴 이것은 엄격하게 구분한 것이고, 질그릇이나 옹기나 문헌을 보면 꼭 구분해서 쓰는 것은 아니다.

앞에서 옹기, 곧 질그릇을 만드는 사람을 옹기장이, 한자로 옹장甕匠이라고 한다. 《경국대전》을 보면, 공전工典, '경공장京工匠' 조에 13

명, 봉상시 10명, 상의원 10명, 내자시 10명, 내섬시 8명, 사도시 8명, 예빈시 8명, 내수사 7명, 소격서 4명, 사온서 4명, 의영고 4명, 장원서 8명, 사포서 10명, 양현고 2명의 옹장을 두고 있다. 이런 관청은 질그릇이 절실히 필요했다. 예컨대 사온서司醞署는 궁중에 필요한 술을 빚는 관청이니, 당연히 질그릇이 필요하지 않겠는가. 그런데 각 관청에 옹기장이가 배치되어 있는 것은 아무래도 이해가 되지 않는다. 옹기를 굽기 위해서는 가마가 필요한 법이다. 위의 관청들은 절대 다수가 궁중에 있는 관청이다. 궁중에서 가마를 둘 수 없는 일이니, 아마도 어디선가 가마를 두고 옹기를 만들되, 옹기장이를 파견했던 것이 아닌가 한다. 성현成俔(1439~1504)은 《용재총화慵齋叢話》에서 "사람이 일상에서 사용하는 것으로서 도기가 가장 중요한 것이다. 지금의 마포, 노량진 등지에서 진흙을 구워 그릇을 만드는 것을 업으로 삼고 있다. 이것은 모두 질그릇, 항아리 독 같은 종류다"[6]라고 말하고 있다. 곧 마포와 노량진에 질그릇을 굽는 가마가 있었던 것이다. 또 조선 후기의 기록들을 보면, 서강의 '옹막촌甕幕村'이니, 노량의 '옹막리'니 하는 지명이 등장하는데 아마도 가마가 있던 장소를 가리키는 것으로 보인다.

서울 관청에 소속된 장인을 경공장京工匠이라 하고 지방 관청, 예컨대 관찰사영觀察使營이라든지 군郡, 현縣 등에 소속된 장인을 외공장外工匠이라 한다. 《경국대전》을 보면 경공장과 외공장을 각각 밝히고 있는데, 사기장은 서울의 관청에도 있고 지방 관청에도 있는 것이다. 하지만 옹장의 경우 외공장에 소속되어 있지 않다. 이유는 알 수가 없다. 그렇지만 지방에도 옹장이 있었던 것은 두말할 나위가 없다.

숙종의 장인인 민유중閔維重(1630~1687)이 1659년 경상도 암행어사로 나갔다 돌아와 올린 보고서를 보면, 철점鐵店과 옹점 등이 모두 통영과 병영에 소속되어 폐단이 많다 하였다. 이것으로 보아 옹점 등이 국가 기관에 소속되었음을 알 수 있다. 또 순조 때 만들어진 《만기요람萬機要覽》에 의하면, 전라도와 경상도에서는 장인들에게 세금을 거두는데, 한 사람마다 세목稅木 한 필이라고 하였다. 세금을 거두는 대상은 주철장鑄鐵匠 · 유철장鍮鐵匠(놋쇠를 만드는 장인) · 수철장水鐵匠(무쇠를 만드는 장인) · 옹점장甕店匠인데, 앞의 세 장인은 호조에, 옹점장은 공조에다 세금을 바쳤다.[7] 이런 기록으로 보아 당연히 각 지방에 옹기를 만드는 곳이 있었던 것이다. 아니 불과 2, 30년 전까지만 해도 도시 주변에서도 옹기 굽는 곳을 흔히 볼 수 있었으니, 그런 곳은 대개 조선시대에 옹기를 굽던 곳이었다.

옹기를 만들어 파는 옹기장이는 사회에서 가장 낮은 지위의 장인들이었고, 국가로부터 심한 착취를 당했다. 《정조실록》 13년(1789) 윤5월 22일조를 보면 장령 조성규는, 균역법이 시행된 이후 지방 고을 수령들이 장인이나 상인 혹은 사기나 옹기를 만드는 마을에 징수하는 세금에는 모두 정해진 액수가 있는데, 허다한 명목을 새로 만들어내어 백성을 쥐어짜는 묘책으로 삼고 있다고 왕에게 말하고 있다. 그 대책으로 양심적인 수령을 뽑자는 말이지만, 그건 결코 이루어지지 않았다.

지금이야 옹기 만드는 기술도 무형문화재 대접을 받지만, 조선조의 옹기장이는 이렇게 쥐어짜도 말 한마디 못하는 천민이다. 역사에 이름이 남을 리 없다. 범죄에 관련되어 한두 이름이 남을 뿐이다. 《세종실록》15년(1433) 12월 21일조를 보면, 선산의 옹기장이 대금大金이 남의 집 종을 모살하여 참형을 언도받는 기록이 있다. 또 한 사람 옹기장이는 천주교 신자로서 신유사옥 때 순교한 김귀동金貴同(?~1802)이다. 그는 박해를 피해 충청북도 제천 배론의 옹점으로 옮겨서 살았다 하는데, 옹점이란 것은 원래 지명이 아니라, 옹기장이인 그가 옮겨가 살면서 옹기를 구웠기 때문에 붙은 이름이다. 김귀동은 신유사옥 때 황사영黃嗣永(1775~1801)이 도망을 오자 숨겨주었고, 황사영은 그의 집에서 저 유명한 〈황사영백서黃嗣永帛書〉를 썼던 것이다. 황사영은 천주교 역사에 뚜렷한 이름을 남기고 있지만, 김귀동의 이름은 황사영과 관련해서 남아 있을 뿐이다.

옹기를 파는 곳은 어디인가? 육의전六矣廛을 제외한 나머지 상품들에 대해 자유로운 상행위를 허락한 1791년 신해통공辛亥通共 때 이 정책의 발의자이자 추진자였던 채제공蔡濟恭(1720~1799)은, 금난전권禁難廛權을 시전市廛에 허락한 것이 결국 물가를 올린다고 말하면서 "요사이는 심지어 채소나 옹기까지도 판매하는 전廛이 따로 있어서 사사로이 서로 사고 팔 수가 없는 형편입니다. 그래서 백성들의 음식에 소금이 떨어지고, 가난한 선비가 조상의 제사를 지내지 못하는 일까지도 생깁니다"[8]라고 말하고 있다. 이 자료를 보건대 한때 시전에서 옹기를 독점 판매했던 것이다. 하지만 정작 시전에서 옹기를 파는 곳이 어디인지는 알 길이 없다. 유본예柳本藝(1777~1842)의 《한경지략漢京識略》에 의하면, 종루거리와 남대문 밖에 도자기를 파는 자기전이 있다고 하는데,[9] 여기서 판매한 것이 아닌가 한다. 만약 지방이라면 어디서 팔았을까?

사기그릇을 지고 다니며 팔았던 것처럼 옹기도 역시 지고 다니며 판다. 구한말 사진을 보면, 옹기를 잔뜩 지고 다니며 파는 장사꾼의 사진이 있다. 지게 위에 틀을 만들고 거기에 옹기를 얹어 깨지지 않게 한다. 정말 위태롭게 보인다. 이 사진을 보고 떠오르는 이야기 하나. 어떤 옹기장수가 옹기를 한 짐 지고 가다가 피곤하여 나무 밑에서 앉아 쉬며 공상을 한다. "한 푼 주고 산 건 두 푼을 받고, 두 푼 주고 산 건 네 푼을 받고, 이렇게 해서 다 팔면 다시 옹기를 사서 두 배로 팔고, 이렇게 몇 해만 지나면, 나는 큰 부자가 될 것이야." 옹기장수의 상상은 끝 간 데 없이 펼쳐진다. "그렇게 돈을 벌게 되면 고대광실 집을 짓고, 온갖 살림 차려 호사스럽게 살아야지. 그런데 어찌 마누라가 하나만 있을 수 있겠어. 예쁜 계집을 첩으로 들여앉혀야지. 그런데 마누라랑 첩이랑 머리를 잡고 싸우면 어떡하나? 싸우기만 해봐라. 이 지게 작대기로 후려쳐서 말려야지" 옹기장수는 자기도 모르게 흥분하여 막대기를 휘둘렀다. 그 바람에 옹기짐이 박살이 나고 말았다. 그제야 정신이 퍼뜩 들었다. 이렇게 실현 가망성이 없는 셈법을 '독장수셈' 또는 한자말로 '옹산甕算'이라고 한다.

사족이지만, 작고한 소설가 이문구(1941~2003)의 《관촌수필》을 보면 '옹점이'란 여자가 나온다. 이문구의 어렸을 때 친구다. 옹점이란 이름은 이 여성의 어머니가 딸을 옹점에서 낳았다고 해서 이문구의 조부가 옹점이라 부르라 했던 것이다. 옹점은 앞에서도 말했다시피 옹기를 굽는 곳이다. 지명을 사람의 이름이나 호로 삼는 것은 흔히 있는 일이다. 김성수金性洙(1891~1955)가 살던 마을이 인촌이었기에 호가 인촌이 된 것이 그 예다. 하지만 옹점이란 이름은 그 사람이 옹

옹기장수(20세기 초)¹ 시장으로
장사 나서는 옹기장수들의 모습
이다. 지게에 짐을 얹고 옹기를
감은 모양이 노련한 옹기장수임
을 말해준다.

점에서 태어난 것을 말하니, 좋게 들리지 않는다. 《관촌수필》에서 이
문구가 그리고 있는 옹점이는 얼마나 손끝이 맵고 싹싹하고 눈치 빠
르고 영리한 여성인가. '옹점'이란 이름은 그것을 지워버린다.

　독을 굽는 곳은 이제 거의 다 사라지고 없다. 판교 들어가기 전의
동네, 고등동이었던가. 거의 30년 전의 일이다. 그때 그곳의 옹점은
폐허가 되기 일보 직전이었다. 옹기를 쓰는 것을 싫어하여 플라스틱
그릇으로 바꾸더니, 요즘은 옹기가 건강에 좋다고 하여 옹기 굽는

곳에 사람들이 몰려 옹기 굽는 것을 배운다. 부산 해운대에서 울산
으로 가는 길목에 옹기 굽는 곳이 아직 남아 있고, 울산시에서는 옹
기 축제까지 열고 있으니, 정말 세상 달라져도 한참 달라졌다. '옹
점'이란 말도 다시 썼으면 어떨까 한다.

짚신 삼기

살림 밑천이 되는 기술

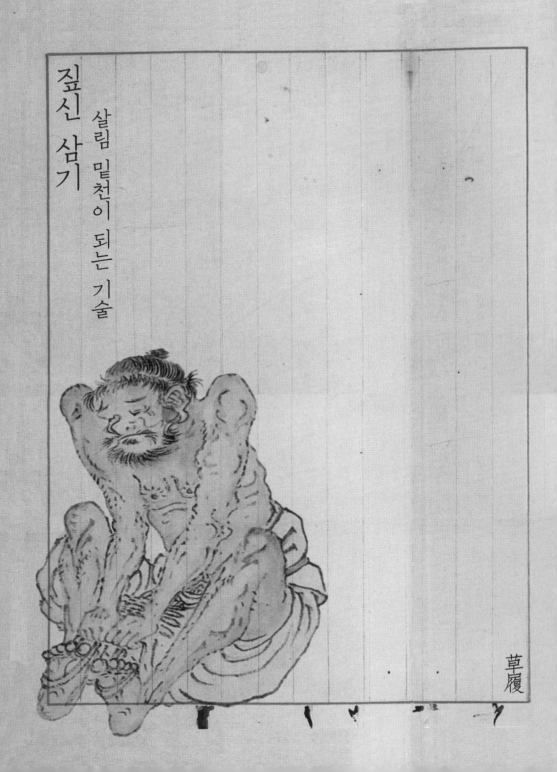

草履

三 김득신金得臣(1754~1822)의 〈여름날의 짚신 삼기〉를 보자. 김득신은 김홍도나 신윤복 못지않은 유명한 풍속화가다. 그의 본관은 개성인데, 개성김씨는 화원 집안으로 또 유명하다. 아버지 김응리 金應履도 화원이었고, 동생 김석신金碩臣도 화원이었으니, 이쯤 되면 화가로서는 명문인 것이다. 그가 남긴 풍속화에는 김홍도의 화풍이 보인다고 하는데, 사실 그는 김홍도보다 9살 아래로 같이 도화서에 근무했고, 또 정조의 어진御眞을 그리는 데 참여하기도 했으니, 그럴 수밖에 없지 않겠는가. 하지만 〈여름날의 짚신 삼기〉는 김홍도에게서는 볼 수 없는 그림이다.

왼쪽에는 웃통을 벗어부친 대머리 노인이 곰방대를 물고 있고, 등 뒤에는 손자가 얼굴을 빠끔 내밀고 있다. 너무 더운지 아랫도리도 걷고 있다. 오른쪽 장년의 사내 역시 맨상투 바람으로 웃통을 벗은 채, 발가락에 신날 둘을 걸고 짚신을 삼고 있는 중이다. 왼쪽 발 앞에는 벌써 삼은 한 짝이 놓여 있다. 다시 오른쪽에는 검둥개 한 마리가 더운지 혀를 빼물고 꼬리를 살래살래 흔들고 있다.

시선을 위로 옮기면, 나무를 엮어 만든 바자 그리고 반쯤 열린 사립짝 안에는 커다란 독이 있다. 나무 바자 위에는 너푼너푼한 호박 잎사귀와 호박꽃 그리고 잎사귀 사이에 한창 덩치를 키워가는 호박 두 덩이가 있구나! 논에서는 벼가 한창 자라고 있다. 한가로운 여름날이다. 이런 날 사내는 짚신을 삼는다.

짚신을 제대로 삼으려면 신틀에 걸어서 삼지만(〈신틀〉, 김준근), 신틀이 없으면 그냥 발가락을 이용해도 된다(〈짚신 삼기〉, 윤두서).

짚신은 조선시대에 가장 보편적인 신발이었다. 그런데 하필이면 짚

신틀 짚신을 만들 때 짚신의 모양을 고정하는 도구. 크기 조절이 가능하게 되어 있다.

1 여름날의 짚신 삼기盛夏織履 김득신, 간송미술관
2 신틀(신 삼는 모양) 김준근, 기산 김준근 조선풍속도-스왈른 수집본, 숭실대학교 한국기독교박물관
3 짚신 삼기 윤두서, 해남 윤영선尹泳善

신인가. 신발이 닳아 없어지는 물건이라는 것을 상기한다면, 그 재료
는 정반대의 성질을 가진 것 둘뿐이다. 먼저 잘 닳지 않는 것이 재료
가 될 가능성이 있다. 가죽 같은 것이다. 하지만 가죽은 구하기 어렵
고 가공하기도 어렵다. 또 하나는 가장 구하기 쉬운 재료일 수도 있
다는 것이다. 풀이나 짚 같은 것이다. 벼농사를 짓고 사는 사회에서
짚신은 두 번째 이유로 선택된다.

　짚신의 역사는 오래다. 중국 송나라 마단림馬端臨은 《문헌통고文獻通
考》에서 마한馬韓의 풍속을 소개하면서, "신발은 초리草履를 신는다"[10]
했는데, 이 초리가 곧 짚신이다. 서긍徐兢은 《고려도경高麗圖經》의 초구
草屨란 항목에서 "초구(짚신)의 형태는 앞쪽이 낮고 뒤쪽이 높아 모양이
이상하지만, 온 나라의 남자, 여자, 어른, 아이가 다 신는다"[11]고 하고
있으니, 짚신은 고려시대의 남녀노소가 신는 보편적인 신발이었던 것
이다. 조선시대 사람들이 짚신을 신는 전통 역시 저 삼국시대 이전 시

대로부터 물려받은 것이다.

흔히 옷은 그 사람이라 한다. 무슨 옷을 어떻게 입고 있는지에 따라 그 사람됨을 파악하고 평가하게 된다. 신발도 마찬가지다. 미국 드라마 〈섹스 앤 더 시티Sex and The City〉의 사라 제시카 파커Sarah Jessica Parker가 좋아하는 마놀로 블라닉Manolo Blahnik 구두란 것은 단순한 구두가 아닌 것이다. 어떤 브랜드를 소비하느냐에 따라 그 사람의 취향만이 아니라, 그 사람의 사회적 지위가 드러난다. 현대는 그 취향 뒤에 있는 사회적 지위를 돈이 구체화시키지만, 조선시대는 신분, 곧 양반인가 아닌가, 관료인가 아닌가 하는 구분이 사회적 지위를 구체화시킨다. 곧 조선시대 신발은 계급별로 정해져 있었던 것이다. 《경국대전》예전禮典의 '화혜靴鞋'를 보면, 정1품부터 정9품까지 품계가 있는 벼슬아치는 조복朝服과 제복祭服에는 흑피혜黑皮鞋, 공복公服에는 흑피화黑皮靴를 신게 되어 있었다. 다만 1품에서 3품까지는 평상복에

경국대전 예전禮典의 화혜靴鞋 관원들의 복식 규정이 기록된 예전 중 신발에 관한 조항이다.

1 목화
2 협금화
3 태사혜(男)
4 태사혜(女)
5 흑혜
6 당혜
7 미투리
8 짚신

협금화挾金靴를 신는다고 규정되어 있다. 4품에서 9품까지는 평상복에 어떤 신발을 신으라는 규정이 없다.

'화靴'와 '혜鞋'는 모두 신발을 말한다. '화'는 목이 긴 신발이고, '혜'는 목이 없는 신발이다. 여성들이 신는 가죽신인 운혜(남자도 신는다)나 당혜가 모두 목이 없다는 것을 생각해 보면 될 것이다. 흑피란 검은 가죽이니, 이런 신발들은 검은 가죽으로 만든 신발이다. 협금화는 금속, 즉 징을 박은 신발이다. 앞의 흑피화 바닥에 징을 박은 것이 아닌가 한다. 특별히 정1품에서 3품까지는 평상시에도 징을 박은 가죽신을 신도록 허락했던 것이다. 가죽신을 신는 사람이 이렇게 정해져 있다 보니, 짚신은 자연스레 돈이 없고 신분이 낮은 사람들의 차지다.

김득신과 윤두서의 그림에서 보듯 조선시대 백성들은 대부분 짚신을 삼을 줄 알았다. 다만 솜씨가 있느냐 없느냐의 차이가 있었을 뿐이다. 그러나 조선시대라 해도 도시 사람, 곧 서울 사람들은 신발을 사서 신었다. 당연히 서울 시내에 신발을 파는 가게가 있다. 유본예의 《한경지략》에 의하면, 미투리(삼이나 노로 삼은 신발. 짚신보다 고급이다)전에서 생삼, 숙마熟麻의 미투리로 삼은 짚신을 판다고 하였고 미투리전은 여러 곳에 있다[12]고 하였다. 여기서 파는 짚신 중에서 가장 인기가 있는 짚신은, 서린동 전옥서典獄署에서 죄수들이 삼은 것이라 하였다. 왜냐고? 죄수들은 할 일이 없어 시간을 죽이는 사람들이다. 신을 삼아 팔면 먹을 것이 나온다. 신발이 꼼꼼하고 질길 수밖에 없다.

죄수에게 짚신 삼기가 돈이 되듯, 보통 사람에게도 짚신 삼기는 돈이 되었다. 이유원李裕元(1814~1888)의 《임하필기林下筆記》를 보면 토정土鼎 이지함李之菡(1517~1578)이 굶주린 백성을 살린 일이 실려 있는데, 여기에 흥미롭게도 짚신 이야기가 나온다. 요지는 이렇다. 선조 3년(1570)에 영남 지방에 기근이 들었다. 이지함이 떠돌아다니며 밥을 빌어먹는 백성들을 보니 몰골이 말이 아니었다. 그는 큰 집을 지어 유민들을 수용하고 사람의 소질을 보아가며 이런 저런 수공업을 가르치며 먹고 살 방도를 마련해 준다. 그런데 언제나 아무 재주도 없는 사람이 있는 법이다. 그런 사람에게는 볏짚을 가져다주고 짚신을 삼으라 한다. 곁에서 챙겨 보니, 하루에 열 켤레는 삼는다. 이렇게 해서 만든 물건을 내다 파니, 먹을 것이 생긴다. 돈을 모아 옷도 다시 지어 입도록 한다.[13] 이처럼 짚신 삼기는 아무 것도 없는 사람이 살아가는 방편이 되기도 했던 것이다.

가죽신은 원래 벼슬을 하거나 돈 많은 양반의 것이었다. 하지만 이 관습도 조선 후기가 되면 바뀐다. 이수광李睟光(1563~1628)은 《지봉유설芝峯類說》에서 "예전에는 선비들이 말을 타고 다니는 것을 금했기 때문에 짚신을 신고 걸어 다녔고, 말을 타는 일은 드물었다. 지금은 조관朝官처럼 가죽신을 신고 말을 타고 다닌다. 걸어 다니는 사람은 없다"[14]라고 말하고 있다. 즉 임진왜란 이전에는 벼슬아치들만이 가죽신을 신고 말을 타고 다니고 선비들은 짚신을 신고 걸어 다녔다는 것이다. 그런데 전쟁 이후 선비들도 가죽신을 신고 말을 타고 다닌다는 것이다.

이익李瀷(1681~1763)은 이런 풍조에 비판적이다. 그는 《성호사설星湖僿說》의 〈초극草屐〉이란 글에서 이렇게 말하고 있다.

왕골신과 짚신은 가난한 사람이 늘 신는 것인데, 옛사람은 그것을 부끄럽게 생각하지 않았다. 지금 선비들은 삼으로 삼은 미투리조차 부끄럽게 여기고 있으니, 하물며 짚신이야 말해 무엇 하겠는가. 영남 지방의 풍속은 보통 때는 짚신을 신고, 미투리는 외출할 때만 신는다 하니, 그 검소함을 본받을 만하다.[15]

영남 지방에만 검소한 풍속이 남아 있어 선비들이 집에서는 짚신을 신고 외출할 때만 미투리를 신는다는 것이다. 미투리는 볏짚이 아니라, 삼이나 노(종이를 비벼 꼰 줄)로 만든 신이다. 짚신에 비해 훨씬 정교하다. 서울 선비들은 고운 삼으로 삼은 미투리조차 신지 않으려 하는데, 영남 사람들은 그 미투리를 외출용 신발로 신는다는 것이다. 이익은 영남의 검박儉朴한 풍습에 감동했는지 곳곳에서 칭찬을 거듭하고 있다. 〈영남속嶺南俗〉이란 글에서는 다시 영남 선비들이 짚신을 신고 미투리조차 잘 신지 않는 풍습을 소개한 뒤 "경기 지방 선비가 만약 영남의 검소한 풍속을 본받는다면, 사람들이 반드시 그와 혼인하는 것을 부끄러워할 것이다"[16]라고 말하고 있다.

외출을 하려고 문간에서 신발장을 열어보니 안 신는 신발이 가득하다. 예전에 신발 뒤축이 한쪽만 자꾸 닳아서 신발을 샀던 가게에 가 밑창을 갈아달라고 하니, 엉뚱한 것으로 갈아줬다. 그 신발을 신고 다니다가 빗길에 미끄러져 무릎을 다친 뒤로는 다시는 밑창을 갈아 신지 않는다. 그러니 신발장에는 한쪽 밑창만 닳은 신발이 여럿이다. 이래도 되나 하는 생각이 든다.

성현의 《용재총화》에는 짚신조차 아꼈던 사람의 이야기가 전한다.

고려시대 지씨池氏 성의 구두쇠 재상이 있었는데, "설과 한식이 되면 공동묘지에 사람을 보내 지전紙錢을 주워 오게 해서 도로 종이를 만들고, 남이 신다 버린 짚신을 주워 땅에 묻고 동과冬瓜씨를 심었는데, 동과가 잘 열려 많은 이문을 남겼다"[17]고 한다. 짚신을 거름으로 썼던 것이다. 실제 허균許筠(1569~1618)은 《한정록閒情錄》에서 버리는 짚신을 외양간에 넣어 소의 똥오줌에 썩혔다가 마늘을 심는 데 거름으로 넣으면 마늘이 굵게 자란다는 농법을 소개하고 있다.[18] 홍만선洪萬選(1643~1715) 역시 《산림경제山林經濟》에서 버리는 짚신은 말 오줌에 담가두었다가 파초를 심을 때 거름으로 쓰면 파초가 잘 자란다고 하고 있다.[19]

짚신도 버리지 않고 이렇게 활용하는데, 신발장에 쟁여 놓은 멀쩡한 내 신발들은 도대체 무엇이란 말인가. 아무리 풍요로운 자본주의 시대라 하지만 솔직히 말해 아까운 생각, 부끄러운 생각이 든다.

엿장수

한 달 육장 매장 보니 엿장수 조첨지 별호 되네

賣糖兒

四 인간은 단것을 좋아한다. 인간의 미각은 단맛, 짠맛, 신맛, 쓴맛으로 이루어져 있는데, 오직 단맛만이 거부감 없는 쾌감으로 느껴진다. 미각이 섬세하게 발달하지 않은 어린아이일수록 단것을 좋아하는 것은 이 때문이다. 지금은 설탕을 퍼붓다시피 한 음식이 지천으로 널려 있지만, 불과 수십 년 전만 해도 단것은 귀한 음식이었다.

자연 상태의 음식물로 단것은 사실 드물다. 과일이 단맛을 내기는 하지만, 순수한 단맛은 아니다. 순수하게 단 음식으로는 꿀이 있지만, 꿀은 구하기 어렵다. 해서 대신 곡물로 단것을 만든다. 꿀을 청淸이라 하는데, 한국식 한자말인 듯하다. 중국에서 나온 가장 큰 한자자전인 《한어대사전》에도 꿀이란 풀이는 없기 때문이다. 어쨌거나 만약 돌 틈 사이에 있는 꿀을 얻으면 석청石淸이라 하고, 나무둥치 구멍에서 얻으면 목청木淸이라 한다. 인공적으로 꿀을 만들면 조청造淸이 된다. '인조 꿀'이란 뜻이다. 조청을 굳히면 엿이 된다.

단것을 좋아하는 사람들에게 엿을 팔러 다니는 사람이 엿장수다. 그런데 이 엿장수는 꽤나 오랜 역사가 있는 직업이다.

김준근의 〈엿 파는 아이〉를 보자. 엿을 파는 아이가 나오는 풍속화는 더러 있지만, 엿 파는 아이만을 그린 것은 오직 김준근의 것만 남아 있다. 두 소년은 엿목판을 메고 있는데, 왼쪽 소년은 떼어서 파는 판엿(넓찍한 형태의 덩이엿. 잘라서 판다)을 팔고, 오른쪽 소년은 긴 가래엿을 판다. 김홍도의 〈씨름〉에서 팔고 있는 엿도 가래엿이다. 나는 〈엿 파는 아이〉를 보고 오래된 의문을 풀었다. 엿장수의 가위는 언제부터 있었는지 늘 궁금했는데, 이 그림을 보고 적어도 19세기 말에는 있었음을 확인하게 되었다. 왜냐면 김준근은 주로 19세기 말에 활동

엿가위

엿칼

賣糖兒

1 엿 파는 아이[1] 김준근, 기산 김준근
조선풍속도-매산 김양선 수집본, 숭
실대학교 한국기독교박물관
2 엿장수(20세기 초)[1] 엿목판을 목에 맨
두 엿장수의 모습은 그림 속 엿 파는
아이들과 닮았다.

했기 때문이다.

19세기 말 20세기 초에 찍은 사진을 보면, 엿 파는 아이들이 흔히 나온다. 왼쪽의 사진을 보면, 방갓을 쓴 사내와 어린 소년이 엿목판을 메고 있다. 이 밖에도 엿장수 사진은 더러 남아 있다. 한데 나는 19세기 말 20세기 초 사진의 인물을 보면 너무 초라하고 꾀죄죄하다는 느낌이 든다. 이 사진은 그나마 좀 나은 편이다. 버젓한 양반가 사람이나 가옥, 살림을 찍은 사진은 그래도 볼품이 있지만, 일반 백성의 삶으로 내려오면 정말 보기가 안쓰럽다. 사진을 보고 있자면 늘 짠한 마음이 든다.

엿은 언제부터 먹었을까. 앞서 말했듯 인간에게 단것은 가장 원초적인 맛이다. 맛을 느끼는 데도 여러 경지가 있어, 오랜 훈련 끝에 느끼는 그런 맛도 있다. 하지만 단맛은 타고 나는 맛이다. 아이들이 유난히 단맛에 끌리는 것을 보면 알 수 있을 것이다. 엿은 그 단맛 때문에 먹는 식품이다. 단맛의 제왕으로 꿀이 있지만, 그것은 손쉽게 구할 수 있는 것이 아니었다. 따라서 인공적으로 단맛을 만들어내려는 노력은 오래 전부터 있었을 것이고, 그 노력이 곡물의 당화糖化 과정을 발견토록 했을 것이다.

한국에서 엿의 기원은 확실하지 않다. 고려시대 이규보李奎報(1168～1241)의 시에 한식날 아무도 자신을 찾아오지 않는다면서 행당餳餳과 맥락麥酪이 모두 자기에게는 해당 사항이 없는 일이 되었다는 구절이 있는데,[20] 이 시의 행당과 맥락을 엿으로 보기도 한다. 원래 중국에서는 한식날 은행을 갈아 쑨 죽에 엿을 넣어 먹는 풍속이 있었는데, 이규보의 시에 나오는 행당을 엿을 넣은 은행죽으로 보는 것이다. 어떤 이는 이 시를 고려시대에 엿이 있었다는 증거로 본다.

엿은 귀한 꿀을 대신하는 조선시대의 유일한 단것이었다. 설탕은 고려시대 때 송나라에서 전해진 이후 귀족과 양반들이나 겨우 맛볼 수 있었고, 일반 백성들은 그 존재조차 모르는 귀한 물건이었다. 엿이 거의 유일한 단맛이었던 것이다. 그 엿조차 이따금 맛보는 별미였다. 조선 중기의 문인 이식李植(1584~1647)의 〈한식 때의 일을 쓴다寒食書事〉라는 시의 일부를 보자.

한식에도 불 피우는 것을 금하지 않고
부엌에서는 아침부터 저녁까지 연기가 피어오른다.
엿을 고아 늙으신 어머님께 올리고
술을 걸러 선영 찾아 절을 올리노라.[21]

한식날에야 특별히 엿을 고아서 부모에게 올렸던 것이다. 그런가 하면 이덕무李德懋(1741~1793)는 친구 박제가에게 부치는 편지에서 "보내 온 엿과 포는 아버지께 올렸습니다. 정말 감사드립니다"[22]라고 말하고 있다. 엿은 노인들에게나 올리는 특별한 기호품이었던 것이다.

다시 그림으로 돌아가자. 엿 파는 아이들이 파는 엿은 자기가 직접 만든 것인가? 그럴 리가 없다. 유본예가 쓴 《한경지략》을 보면 서울의 상점을 소개하면서 엿을 파는 가게로 백당전白糖廛을 소개하고 있다. 좀더 자세히 말하면, 백당전은 서울 각처에 있으며 엿과 사탕을 판다는 것이다. 여기서 보다 중요한 것은 다음 기록이다. "아이들이 목판을 메고 다니며 팔기도 한다"[23] 즉 김홍도의 풍속화에 나오는 엿

1 씨름[1] 김홍도, 《단원풍속도첩》,
  국립중앙박물관
2 씨름 중에서[1] 엿 파는 아이들
  은 대부분 백당전에서 엿을 받
  아 팔았다.
3 엿장수(1906~1907)[1] 어린 아
  이들이 엿목판을 매고 각 장을
  돌아다니기도 했다.

장수는 곧 백당전에서 엿을 받아 파는 소년 중 하나인 것이다.

엿을 파는 곳은 사람이 많이 모이는 장소다. 씨름하는 곳에 사람이 몰리는 것은 당연한 일이다. 그런데 의외의 장소가 있다. 《영조실록》 49년(1773) 4월 9일조에 의하면 지평持平 이한일李漢一이 이렇게 말하고 있다. "이번 과거시험장은 엄숙하지 못해 떡과 엿, 술이며 담배를 등불을 켜놓고 일산 아래서 거리낌 없이 팔았다"며 과거장의 질서를 단속하는 금란관禁亂官을 파면시킬 것을 청하고 있다. 정말 웃기는 일이지만, 과거장에서도 요긴한 주전부리는 엿이었던 것이다.

엿도 잘 만드는 지방이 있다. 조선 후기 문인 이하곤李夏坤(1677~1724)은 1722년 전라도 일대를 유람하는 길에 전주에 들러 시장을 둘러본 기록을 남기고 있다.

12월 12일 박지수와 경기전慶基殿에 갔다. 민지수도 왔다. …… 회경루會慶樓에 올라 시장을 바라보았다. 수만 명의 사람들이 빽빽이 모인 것이 흡사 서울 종로의 정오 때 저자와 같았다. 잡화가 산더미처럼 쌓였는데, 패랭이와 박산이 반을 차지했다. 박산은 기름으로 찹쌀을 볶아서 엿으로 버무려 만든다. 목판으로 눌러 종이처럼 얇게 펴서 네모로 약간 길쭉하게 자른 것이다. 네댓 조각을 겹쳐서 한덩이로 만든다. 공사의 잔치와 제사상 접시에 괴어 올려 쓴다. 오직 전주 사람들이 잘 만든다.[24]

전주의 시장에서 가장 많이 팔린다는 박산은 요즘 말로 하자면 쌀강정이다. 박산을 전주에서 잘 만드는 것은 엿이 좋기 때문이다. 허균許筠(1569~1618)은 자신이 먹어본 음식 중에서 맛있는 음식을 모두 모아서 〈도문대작屠門大嚼〉이란 글을 쓴다. '도문대작' 이란 푸줏간을 지나면서 입을 쩍쩍 다신다는 뜻이다. 이 글에서 허균은 "엿은 개성에서 만드는 것이 상품이고 전주 엿은 다음 간다. 근래에는 서울 송침교松針橋에서도 잘 만든다"[25]라고 말하고 있다. 전주 엿은 전국에서 두 번째였던 것이다. 그는 또 같은 글에서 '백산자' 를 소개하면서 백산자의 속명은 '박산' 으로 전주 지방에서만 만든다 말하고 있다. 이 역시 전주가 품질 좋은 엿의 생산지였기 때문이다. 《세종실록》 3년 (1421) 1월 13일조에 의하면, 예조에서 진상하는 물목을 아뢰면서 '백산엿은 오직 전주에서만 만드는 것' 이라고 하고 있으니, 전주 엿의 전통은 오래된 것이다.

이제 궁금한 것은 엿장수다. 김준근과 김홍도의 그림 속 엿장수 소년은 역사 기록에 남을 수 없다. 문헌을 이리저리 뒤적이다가 단 한 사람의 이름을 발견했다. 다산茶山 정약용丁若鏞(1762~1836)의 《흠흠신서欽欽新書》에 등장하는 신착실이다. 황주의 백성 신착실은 엿장수다. 모갑이가 외상으로 그의 엿을 두 개 먹고 당최 갚지 않는다. 그해 말 착실은 모갑이의 집에 가서 엿 값을 달라고 재촉하다가 시비가 붙어 손으로 모갑을 떠밀었다. 그때 마침 뒤에 있던 지게 가지가 공교롭게도 모갑이의 항문을 통과해 복부까지 치밀고 올라왔다. 모갑이는 그 자리에서 즉사했다. 엿 값 두 푼 때문에 살인을 했으니 사형에 해당한다는 것이 중론이었지만, 정약용은 지나친 형이라 주장했고 이듬해 정조에게 아뢰어 정조의 동의를 얻어낸다. 정조 역시 살인의 도가 작용하지 않은 공교로운 죽음이라 하여 신착실을 석방한다. 신착실은 아마도 기록에 이름을 올린 최초의 엿장수일 것이다.

하지만 그건 어디까지나 우연한 예외일 뿐이다. 누가 엿장수 따위를 거룩한 문자로 남긴단 말인가. 그러면 가공의 세계, 곧 문학작품에서 엿장수를 찾아보자. 가사 작품 중 〈덴동어미 화전가〉[26]란 작품이 있다. 화전가의 화전花煎은 꽃지짐이다. 여자들은 진달래꽃으로 지짐을 해 먹으면서 봄날을 즐긴다. 어느 날 여자들이 모여 꽃지짐을 하던 중 한 청상과부가 신세타령을 하며 개가 여부를 고민한다. 이에 '덴동어미'가 개가하지 말고 수절을 하라고 하면서 고난에 찬 자신의 일생을 회고한다. 덴동어미는 네 번 결혼한 여자다. 남편 셋을 잃고 마지막으로 결혼한 남자가 바로 홀아비 엿장수 조첨지다. 조첨지와 살면서 잠시 행복이 찾아온다. 아들을 낳았고, 부부는 어리장고리장 사랑해 마지않는다. 그러나 그 행복은 정말 잠시였다. 별신굿에 팔엿을 고다가 불이 나서 조첨지는 죽고 아이는 불에 데어 병신이 된다. 덴동어미란 이름은 불에 덴 아이의 어미이기 때문에 얻은 이름이다. 덴동어미는 이후 덴동이를 데리고 홀로 산다.

불쌍한 조첨지는 어떻게 엿장수를 했던가. 작품을 직접 읽어보자.

그날부터 양주兩主되어 영감 할미 살림한다.

나는 집에서 살림 살고 영감은 다니며 엿장사라

호두약엿 잣박산에 참깨박산 콩박산에

산사과 질빈사과를 갖추갖추 하여 주면

상자 고리에 담아 지고 장마다 다니며 매매한다.

의성장 안동장 풍산장과 노루골 내성장 풍기장에

한 달 육장 매장 보니 엿장수 조첨지 별호되네.

여자는 엿을 갖추갖추 만들고 남자는 그것을 지고 경상북도 안동 일대의 시장 여섯 곳을 돌아다니며 팔았던 것이다. 이 부분이 아마도 조선시대 엿장수에 대한 가장 구체적인 보고서일 것이다.

엿의 단맛을 설탕이 대신한 지 오래다. 설탕도 건강에 나쁘다 하여 잘 먹으려 들지 않는다. 하물며 엿이랴. 이따금 예쁘게 포장한 엿을 보면 엿장수의 가위 소리, 엿 사라는 엿단쇠 소리, 엿치기를 하는 사람들을 비추던 카바이드 불빛이 문득 그리워진다.

1 │ 2

1 노점(20세기 초) │ 노점에서 한 가족으로 보이는 사람들이 엿을 팔고 있다.
2 엿장수(20세기 초) │ 엿목판을 목에 매고 웃고 있는 소년 엿장수.

여인들의 삶

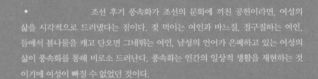

조선 후기 풍속화가 조선의 문화에 끼친 공헌이라면, 여성의 삶을 시각적으로 드러냈다는 점이다. 젖 먹이는 여인과 바느질, 절구질하는 여인, 들에서 봄나물을 캐고 단오면 그네뛰는 여인, 남성의 언어가 은폐하고 있는 여성의 삶이 풍속화를 통해 비로소 드러난다. 풍속화는 인간의 일상적 생활을 재현하는 것이기에 여성이 빠질 수 없었던 것이다.

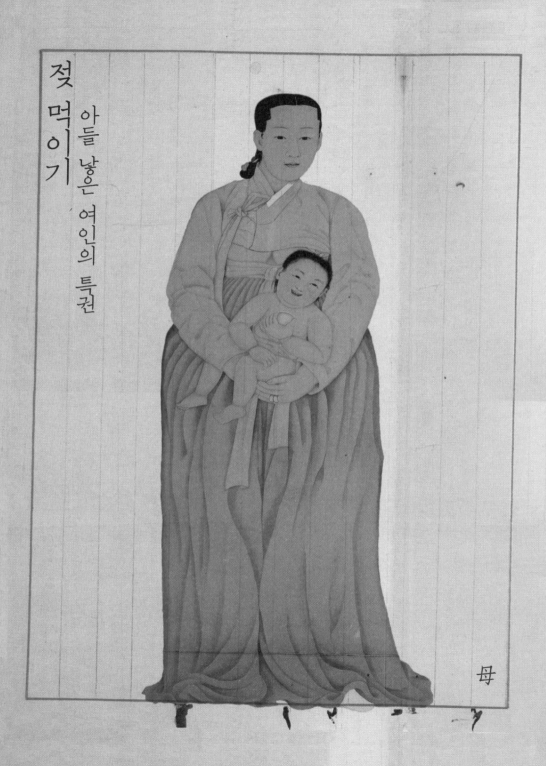

젖
먹
이
기

아들 낳은 여인의 특권

신윤복의 생애는 거의 알려진 것이 없지만, 그의 아버지 신한평 申漢枰(1726~?)은 관찬 사료에 꽤나 자주 이름이 등장하는 유명한 화원이다. 신한평의 그림 중에서 풍속화로 볼 수 있는 것이 꼭 한 점 있는데, 바로 〈젖 먹이기〉가 그것이다.

한 여자가 아이를 안고 젖을 물리고 있는데, 자세히 보면 아랫도리를 벗은 꼬마는 오른손으로는 엄마의 왼쪽 젖꼭지를 만지고 있다. 엄마는 아이를 사랑스런 눈길로 내려다보고 있다. 아마도 젖을 먹이는 장면을 포착한 유일한 그림이 아닌가 한다. 재미있는 것은 이 모자의 주변 인물들이다. 그림 왼쪽에는 머리를 땋은 어린 딸이 붉은 주머니를 쥐고 있고, 오른쪽에는 어린 동생에게 엄마를 뺏긴 아이가 눈물을 씻고 있다. 형제가 있는 사람은 누구나 경험했음직한 장면이다. 아니 그런가?

젖 먹이기와 관련이 있는 또 다른 그림으로 신윤복의 〈아기 업은 여인〉이 있다. 그림 위쪽에 부설거사扶薛居士란 사람이 화제를 잔뜩 써놓았는데, 다음과 같다.

파옹坡翁(蘇東坡)이 주방周昉이 그린 '얼굴을 돌린 채 하품 하며 기지개를 켜는 나인' 그림을 보고는 마음에 쏙 들어 〈속여인행續麗人行〉을 지었다. 하지만 지금 안타깝게도 이 네 수를 볼 수가 없다. 아리따운 자태는 주방의 그림처럼 다시 〈여인행〉을 지은 듯하다. 더욱이 등에 업힌 어린 아이가 주방의 그림에는 없는 것임에랴. 멋스러움에 신운神韻이 감도니, 주방의 그림과 비교해 본다면 어느 쪽이 나을지 모르겠다. 부설거사 扶薛居士가 보다.

주방은 당나라의 화가다. 소동파가 주방의 나인 그림을 보고 하도 예뻐서 〈속여인행〉이란 시를 지었다는 것이다. 당연히 소동파의 문집에는 이 작품이 실려 있다. 그런데 이 글을 지은 사람이 왜 지금 네수의 시를 볼 수 없다고 하는지 알 길이 없다. 부설거사란 사람에게는 소동파의 문집이 없었던 것인가. 어쨌거나, 이 그림이 아주 잘 그린 그림이며, 은근히 주방의 그림보다 낫다는 식의 평가인데, 글쎄과연 그런 것인지는 모를 일이다.

읽어보았지만, 이 그림을 이해하는 데 요긴한 정보를 담고 있는 것은 아니다. 사실 이 그림을 인용한 것은 처네를 두르고 아기를 업고

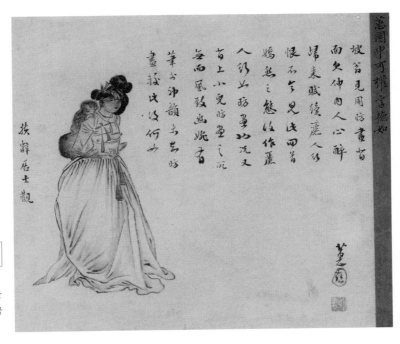

1 젖 먹이기│신한평, 간송미술관
2 아기 업은 여인│신윤복, 국
립중앙박물관(중박 201005-188)

있는 여자가 가슴을 내놓고 있기 때문이다. 그 가슴을 자세히 살펴보
면, 젖꼭지가 불어 있다. 등에 업힌 아이를 보면 알겠지만, 수유 중의
엄마인 것이다. 아기를 업고 있는 여성은 유운홍의 〈기녀도〉(전체 그
림은 300쪽 참조)에서도 볼 수 있다. 아이는 엄마에게 업혀 얼굴을 빠
끔 내밀고 있다. 엄마의 젖가슴은 저고리 아래로 드러나 있는데, 역
시 불어 있다. 동아대학교에서 소장하고 있는 〈미인도〉의 여성 역시
젖가슴을 저고리 아래로 드러내고 있다. 이 그림은 젖꼭지를 끈으로
살짝 가리고 있지만, 저고리 위의 겹쳐진 주름으로 그 풍부한 볼륨이
느껴진다.

조선조의 가부장제는 여성의 신체 노출을 금기시하였다. 즉 여성의 벗은 몸이 노출되는 것을 비도덕적인 일로 여겼던 것이다. 특히 젖가슴은 성性을 상징하는 것이기에 더더욱 노출하는 것을 금했다. 하지만 수유하는 젖가슴, 특히 아들을 낳은 사람은 자연스럽게 젖가슴을 드러낼 수 있었다. 여성이 저고리 아래로 젖가슴을 드러낸 그림은, 이 여성이 아들을 낳은 여성이란 뜻이다. 생각해 보면, 필자가 국민학교를 다닐 무렵 버스 안에서 혹은 전차 안에서 아이에게 젖을 먹이는 여성을 만나는 일은 그리 드물지 않았다. 보고서 이상하다고 생각하는 사람도 없었다. 19세기 말에서 20세기 초의 사진을 보면 젖가슴을 내놓고 다니는 여자를 종종 볼 수 있는데, 바로 이런 풍속의 연장이다(〈아들 자랑〉).

사람이 태어나 사람 꼴을 갖추려면 젖을 먹어야 하니, 젖 먹는 일처럼 중차대한(?) 일도 없다. 하지만 이 중차대한 일에 대한 기록은 아마도 없을 성싶다. 즉 자식을 낳고 젖을 먹여 키운 일을 기록한 어머니는 없을 것 같다는 것이다. 특이한 체험이 아니라서 그렇기도 하고, 또 한편으로는 중세의 여성은 기록을 남길 수 없는 소수자이기 때문이기도 하다. 젖을 먹고 자란 자식이라도 딸의 경우는 거의 기록을 남기지 않는다. 오직 양반 남성만이 어머니에 대한 기록을 드물게 남기고 있지만, 여기에서도 어머니가 젖을 먹여 자신을 키웠다는 사실은 언급하지 않는다.

한데 이상하게도 유모에 대한 기억은 있다. 얼마나 일반화할 수 있을지는 모르지만, 내로라하는 양반가에서는 유모가 아이에게 젖을 먹이는 경우가 많았던 것으로 보인다. 빙허각憑虛閣 이씨李氏(1759~

1 기녀도 중에서 아기를 업고 있는 여성의 젖가슴이 붙어 있다.
2 미인도 필자 미상, 동아대학교박물관
3 아들 자랑(20세기 초) 구한말까지만 해도 가슴을 내놓고 거리를 활보하는 여성이 많았다. 이것은 집에 젖먹이 아이가 있다는 자랑이기도 했다.

1824)가 쓴 《규합총서閨閤叢書》는 조선 후기 경화세족가문의 생활문화를 고스란히 전하고 있는데, 당연히 젖먹이는 요령도 소개하고 있다.

> 어린 아기를 처음 젖 먹일 때, 밤 잔 젖을 먼저 짜서 먹이고, 밤이거든 유모를 멀리 뉘어 혹 더러운 젖에 아기 입 코가 눌리어 숨이 막히지 않도록 조심조심하여라.[27]

밤을 넘긴 젖은 짜서 버리고 새 젖을 나오게 하여 먹이고, 유모를 멀리 있게 하여 유모의 젖에 아기의 입이나 코가 눌려 막히지 않도록 하라는 것이다. 유모의 존재를 기정사실화하고 있는 것이다. 이런 이유로 해서 유모에 대한 기억이 남았던 것이 아닌가 한다. 실학자 성호 이익은 자기 유모에 대한 제문[28]을 남기고 있다. 이 글에 의하면 이익이 네댓 살 때 유모가 죽었으며 자신은 당시에 어리고 지식이 없었지만, 유모의 이름이 승정承貞이라는 것과 얼굴에 마마 자국이 있다는 것, 성품이 곱고 말이 찬찬했다는 것, 또 자신을 붙들어주고 껴안아주고 했다는 것을 떠올렸다. 하지만 그의 성이 무엇인지, 나이가 몇인지, 언제 세상을 떴는지, 어디에 묻혔는지는 모른다고 하였다. 단지 유모가 개에게 물린 뒤 미친 개의 고기를 먹었다가 독이 발작해 죽었다는 것 그리고 서대문 길옆에 묻었다는 것, 남편 아무개가 그 일을 맡았다는 것을 떠올린다. 수십 년이 흐른 뒤 그 남편이 그곳을 찾아갔지만 결국 어디에 묻혔는지 알 수가 없었다는 것도 떠올린다. 유모는 아들과 딸이 있었는데 딸은 자신보다 나이가 많았고 아들은 그보다 어렸는데, 모두 서토西土(평안도와 황해도)로 흘러가서 죽었는지 살았는지도 모른다는 것이다. 이익은 40년 전에 죽은 유모를 떠올리며 자신이 살 날 역시 얼마 남지 않았다면서 제사 한 번 올린 적이 없는 유모를 기억하고, 집 옆에 작은 단을 쌓고 해마다 술잔을 올려 자기 죽기 전까지는 그만두는 일이 없고자 한다고 말하고 있다. 이익의 유모는 아마도 평민이었을 것이다. 가련한 평민 여성이 이익의 붓 끝에서 그 존재를 겨우 드러낸 셈이다.

오재순吳載淳(1727~1792)은 자신에게 젖을 먹였던 유모 장씨張氏에 대한 묘지명[29]을 짓는다. 그는 서문에 자신의 유모에 대한 기억을 길게 떠올린다. 자신이 스무 살 남짓 되었을 때 장씨는 살아 있었다고 한다. 사람됨이 곧고 조심스럽고 어질고 욕심이 적었다고 한다. 장씨는 남편을 잃고 과부로 30년을 살다가 나이 예순둘에 죽는다. 오재순은 스무 살에 등과해 장씨가 죽은 이듬해에 비로소 조정에 벼슬하게 된 것을 장씨가 모두 보지 못했다고 하면서, 자신은 장씨의 노고에 대해 갚을 길이 없다고 한다.

친모가 젖을 먹이지 않고 유모를 구해 젖을 먹인 데는 어떤 이유가 있었을 것이다. 친모가 아이를 낳고 사망하거나, 병들거나 혹은 젖이 나오지 않거나, 모자라거나 하는 사연이 있을 것이다. 그런 사연이 있어도 양반집이나 부잣집에서는 유모를 구할 수 있지만, 그럴 형편이 안되는 사람은 어찌했을까? 따지고 보면 젖을 먹이는 게 어머니 개인의 문제로 보이지만, 그 이면에는 사회의 그림자가 있다. 1783년 정조는 《자휼전칙字恤典則》을 인쇄해서 서울과 지방에 나누어주는데, 이것은 버려진 아이들이 걸식을 하다가 굶어죽는 것을 구제하는 시행세칙들이다. 모두 소개할 수는 없고, 버려진 젖먹이를 구제하는 것만 들어본다.

버려진 아이를 거두어 기르는 일은 이렇게 한다. 떠돌며 구걸하는 여자 중에서 젖이 나오는 사람을 가려서, 한 사람에게 아이 둘을 맡긴다. 젖이 나오는 여자에게는 하루에 쌀 1되 4홉, 장 3홉, 미역 세 줄기를 준다. 떠돌며 구걸하는 여자가 아니라 해도, 혹 거두어 기르기를 원하는 사람이 있을 경우, 그가 가난한 나머지 잘 먹지 못해 젖을 먹이기 어렵다면, 아이 하나를 맡기고 하루에 쌀 1되 장 2홉 미역 두 줄기를 준다.[30]

조선 후기에 와서 흉년과 수탈 등으로 인해 농민들이 자기 살던 땅을 떠나 유민이 되는 일은 일상적인 일이었고, 그중에는 자식을 유기하는 이 또한 허다했다. 가장 안타까운 것은 젖을 먹어야 할 어린아이들이었다. 참고로 말하자면, 세상에 가장 듣기 고통스러운 소리는 배가 고파 울부짖는 아이 울음소리다. 버려진 아이들은 조정의 고민이 아닐 수 없었기에 《자휼전칙》이 나오게 된 것이었다. 요컨대 버려진 젖먹이를 거두어 키우면 관에서 식량을 지급하겠다는 말이었다. 정조의 생각은 아름답다. 하지만 법을 만든 그 정신이 아무리 아름다워도 실제 시행은 보증하지는 않는다. 《자휼전칙》이 반포되고 17년이 흐른 뒤 정약용은 〈오누이有兒〉란 시를 쓴다.

오누이 둘이서 나란히 걸어가네.
누이는 북상투 동생은 쌍상투

누이는 이제 겨우 말 배울 나이
동생은 더벅머리 늘어뜨리고

어미 잃고 울면서
갈림길 헤매이네.

그들 잡고 물어보니
목이 메어 말 더듬네.

오누이는 버려진 아이들이다. 정약용은 그들의 울음 섞인 말을 듣고 옮
긴다.

아버진 집 떠나고
어머닌 짝 잃은 새

쌀뒤주 바닥나
사흘을 굶었다오.

엄마하고 나하고 흐느껴 울어
눈물 콧물 두 뺨에 얼룩지는데

어린 동생 울면서 젖을 찾으나
젖은 이미 말라서 붙어버렸소.

어머니 내 손 잡고
어린 것 이끌고서

산골마을 다니며
구걸해서 먹었다오.

어촌장에 이르러선
엿도 사서 먹였는데

이 길가 버드나무 밑에 와서는
어미 사슴 새끼 품듯 안고 재워서

아이는 포근히 잠이 들었고
나도 역시 죽은 듯 잠들었는데

잠 깨어 이리저리 살펴보았으나
어머닌 여기에 없었답니다.[31]

어머니가 사준 엿을 입에 물고 잠들었던 오누이가 깨어보니, 어머
니가 간 데 없다. 어린 젖먹이 동생을 어찌할 것인가. 정약용은 여자
아이의 말을 옮긴 뒤 백성들이 본성마저 잃었다고 탄식한다. 그리고
한마디 덧붙인다. 자신이 갑인년(1794)에 암행어사가 되었을 때, '고
아를 보살펴 고생 없이 하라'는 정조의 당부를 떠올린다. 정조는 아마

도 《자휼전칙》의 내용을 정약용에게 말했을 것이다. 하지만 17년의 세월이 흐른 뒤 이 시에서 보이는 풍경은 《자휼전칙》이 휴지가 되었음을 증언하고 있다.

아무리 좋은 정책을 마련해도 그 정책을 실현하는 시스템이 불량하면 소용이 없다는 것을 정약용의 시에서 깨닫게 된다. 국가 시스템보다는 차라리 민간의 자율적인 상호부조에 희망을 거는 편이 나을지도 모르겠다. 그 일례로 《심청전》을 보자. 심봉사가 아내 곽씨 부인이 죽자, 어린 심청을 안고 젖동냥을 하러 다니는 대목은 《심청전》의 그 황당무계한 재생담再生談에 견주어 눈물겨울 정도로 사실적이다. 심청이 젖을 먹지 못해 기진하자, 심봉사는 어쩔 줄을 모르고 밤을 새는데, 날이 밝아 우물가에 두레박질 소리가 들리자 문을 와당탕 열고 소리친다.

"우물에 오신 부인 뉘신 줄은 모르나, 칠일 안에 어미 잃고 젖 못 먹여 죽게 된 이 아기 젖 좀 먹여 주오."
"나는 과연 젖이 없소마는, 젖 있는 여인네가 이 동네 많사오니 아기 안고 찾아가서 젖 좀 먹여달라면 뉘가 괄시하오리까?"

심봉사는 그 말을 듣고 한 손으로 심청을 안고 한 손으로 지팡이를 짚고 더듬더듬 아이 있는 집을 찾아가서 젖을 달래서 먹인다. 이로부터 젖동냥이 시작되고, 여자들의 덕으로 심청은 목숨을 이어간다. 가장 감동적인 장면은 다음 장면이다. 어떤 여자가 심청을 안아 젖을 먹이고 심봉사에게 건네며 하는 말이다.

厚德하신
洞里夫人
이 아이 젖 좀
먹여 주오

1 심청전의 삽화 심봉사가 심
청의 젖동냥을 다니는 장면을
묘사한 삽화.
2 심청전 표지 1952, 세창서관
3 금계랍(키니네) 약병(20세기
초) 말라리아 특효약 금계랍은
아이들 젖 뗄 때도 유용했다.

"여보시오, 봉사님. 어려이 알지 말고 내일도 안고 오고 모레도 안고 오
면 이 애 설마 굶기리까?"
"어질고 후덕하셔 좋은 일을 하시오니 우리 동네 부인댁들 세상에는 드
므오니 비옵건대 여러 부인 수복강녕하옵소서."[32]

외적 강요나 자신의 필요에 의한 도움이 아니라, 타인의 고통에 대한 자발적인 공감에 의한 도움, 또 그 도움이 내면화되어 있는 공동체 의식으로 조선이란 사회가 유지된 것은 아닌가.

　　젖 먹이는 여성의 그림에서 시작하여 너무 무거운 이야기로 마치는 것 같다. 약간 가벼운 이야기 하나 덧붙이자. 지금은 세상이 거꾸로 된 세상이라 사람 아이에게 소젖을 먹이지만, 예전에는 모두 모유를 먹는다는 점이다. 모유를 먹일 때 곤란한 것은 아기 젖을 뗄 때 아주 애를 먹었다. 말라리아 특효약으로 쓰는 키니네를 한자어로 금계랍金鷄蠟이라고 하는데, 이게 아주 쓰다. 해서 아기들 젖을 뗄 때 금계랍을 젖꼭지에 발라 아이들이 젖을 싫어하게 만들었던 것이다. 그런데 이규경李圭景(1788~1856)의 《오주연문장전산고五洲衍文長箋散稿》를 보면, 〈젖을 떼도 아이가 엄마를 찾지 않게 하는 방법 변증설〉[33]이란 글이 있다. 아이의 젖을 떼는 약방문을 옛사람이 만든 데는, 그만한 이유가 있기 때문이라는 것이다. 즉 아이가 한참 젖을 먹을 때 엄마가 죽으면, 아이가 엄마를 찾아 보채며 우는 것을 차마 볼 수 없기에 이런 방문이 생겼다는 것이다. 이어 그 방문을 소개하는데, 좀 황당하다. 즉 산치자, 자황雌黃, 주사朱砂 등을 가루를 내어 청유淸油와 경분輕粉을 넣어 이겨놓았다가 아이가 잠잘 때 눈썹에 발라주면 아이가 깨나도 젖을 찾지 않는다는 것인데, 믿거나 말거나다.

　　꼭 한마디 덧붙이고 싶다. 나는 아기 키우는 데 우유 먹이는 것은 반대다. 왜 사람이 소의 젖을 먹고 살아야 한다는 말인가. 엄마에게 특별한 병이 있거나, 젖을 먹이지 못할 불가피한 사정이 없으면 자기가 낳은 아이에게 자기의 젖을 먹여 키우는 것이 도리에 맞지 않을까?

바느질 조선 여인의 시서육예

針線

六 조영석趙榮祏(1686~1761)이란 사람이 있다. 화가로 유명한 인물인데, 화원 쪽은 아니고 양반이다. 벼슬이야 돈녕부 도정都正에 그치고 말았지만, 집안은 당대 최고의 양반가다. 그는 그림에 특출한 재능이 있어 당시 사대부들 사이에 소문이 났다. 영조 24년 숙종의 어진御眞(왕의 초상화)을 다시 그릴 때 영조는 그 소문을 듣고 조영석을 불러 붓을 잡고 모사 작업에 참여하게 하였으나, 조영석은 작은 기예를 가지고 윗사람을 섬기는 자는 선비의 축에 들지 못한다는 《예기》의 한 구절을 들어, 왕명을 끝내 거부하고 만다. 그림 그리는 일로 임금에게 잘 보이는 것은 선비가 할 일이 아니라는 것이다. 그의 말에 영조도 어쩌지 못한다.

이런 조영석이 〈세 여자의 재봉일〉과 같은 풍속화를 남기고 있는 것이다. 여자 셋이 재봉에 열중하고 있는데 맨 왼쪽 여자는 바느질을 하고 있고, 중간의 여자는 무언가를 접고 있고, 맨 오른쪽의 여자는 가위로 천을 자르고 있다. 흥미로운 것은, 이 그림 시리즈는 모두 70여 첩이나 되었고 그것에 이덕무의 친구인 연객煙客 허필許泌과 유득공柳得恭(1749~1807), 이진李璡 등이 평을 달았다는 것이다. 이 그림에 대한 허필의 평은 이렇다.

1 사제첩 표지 | 조영석의 소묘를 모은 화첩.

한 계집 가위질하고
한 계집 주머니 접고
한 계집 치마 기워
세 계집 모여 간姦 자가 되니,
사기 접시를 엎을 만하네.[34]

　이것으로 가운데 여성이 주머니를 접고 있다는 것을 알 수 있다. 약간 빗나가는 이야기지만 조영석의 그림이 모두 남아 있다면 대단히 중요한 자료가 되었을 터인데 지금 확인되는 그림은 이것뿐이다. 어디선가 나오기를 기대한다.

　김준근의 〈옷감 다루기〉를 보자. 오른쪽 끝에는 바느질을 하고 있는 여자가 그리고 그 위에는 가위로 옷감을 자르고 있는 여자가 있다. 그림의 중간 위쪽 부분에는 여자 둘이 마주 앉아 다듬이질을 하고 있다. 왼쪽에서는 다림질 중이다. 이 모든 일들이 옷과 관련된 여

성 노동의 대부분이다. 나는 어려서 이 모습을 모두 보았다. 어머니는 옷본을 따라 옷감을 잘라 바느질하였다. 숯불을 괄하게 피워 벌건 숯을 무쇠 다리미에 넣고 옷을 다렸다. 그리고 다듬이질을 하였다. 이제 화로에 피울 숯을 사러 가는 일도 없고 다듬이질을 하는 일도 없다. 문득 떠오르는 한 장면. 어머니는 누나에게 광목을 펼쳐 저편에 서서 끝쪽을 잡게 하고는 힘을 주어 탁탁 잡아당겼다. 몇 번을 반복한 뒤 착착 개어 다듬잇돌 위에 얹어 다듬이질을 시작했다. 그리워라, 그 리드미컬하고 경쾌했던 다듬이질 소리여. 이제 다시는 들을

 다듬잇돌과 방망이

반짇고리
가위
골무 실패
숯다리미

수가 없구나.

오늘날 집에서 옷을 지어 입는 사람은 없다. 모두 사서 입는다. 옷의 치수를 재어 맞추어 입는 일도 드물다. 그렇게 하는 사람은 아주 돈이 많은 사람일 것이다. 대개의 경우 기성복을 사 입을 뿐이다. 나는 조선시대에는 오늘날처럼 기성복을 파는 가게가 없었을까 하고 궁금해 했는데, 문헌을 뒤적여 보니 서울 시전市廛에 옷 파는 가게가 있다. 19세기 문헌인 《동국여지비고東國輿地備攷》를 보니, 잡곡전 서쪽에 의전衣廛이 있고 여기서 남녀의 의복을 팔았다는 것이다.[35] 물론 어떤 옷을 팔았는지는 알 수가 없다. 옷을 파는 것도 서울이기에 가능했을 것이다. 다른 지방이라면 옷 파는 가게가 있었을 리 만무하다. 그러니 옷 짓는 일은 거의 대부분 집 안 여성의 몫이었다. 아니, 오래 전부터 남성은 재봉을 여성의 몫으로 정해 두었다. 《예기禮記》의 〈내칙內則〉은 재봉, 곧 바느질을 여성의 노동으로 규정하고 있다. "여자는 열 살이 되면 집 밖으로 나가지 않는다. 여자 스승은 상냥한 말씨, 부드러운 얼굴로 명을 따르고, 삼을 쥐고 생명주실과 누에고치를 다루고, 비단과 끈을 짜는 등 여자의 일을 배워 의복을 짓는 것을 가르친다." 《예기》의 이 구절은 조선시대 수신교과서인 《소학》에 인용되어 조선 여성의 성역할을 규정하는 데 이용되었다. 예컨대 위의 허필의 시를 인용한 이덕무는 《사소절士小節》 〈부의婦儀〉에서 이렇게 말하고 있다.

부인이 만약 옷을 짓고 옷감을 짜는 일과 조리를 할 줄 모른다면, 이것은 장부가 시서詩書과 육예六藝을 모르는 것과 같다. 이런 까닭에 《예기

禮記)에서 "비단과 둥근 끈을 짜고, 바느질을 한다"고 말한 것이다.[36]

여성에게 재봉은 남성에게 시서육예詩書六藝, 곧 인문적 교양과 같다. 이 인문적 교양을 바탕으로 하여 남성은 사회적인 활동, 곧 벼슬을 하고 출세를 한다. 사뭇 불평등한 비유다.

이렇게 해서 옷감을 짜고 옷을 짓는 일은 여성의 몫이 되고, 여성은 철 들 무렵이면 가정에서 자연스럽게 이런 일을 배워야 했다. 빙허각이씨의 《규합총서》 2권을 보면, 조선 후기 양반가의 여성이 맡았던 재봉 일의 내용을 소상히 알 수 있다. 2권의 소제목은 〈봉임칙縫紝則〉, 곧 재봉하는 법이다. 여기에는 재봉하기 좋은 날, 좋지 않은 날, 여러 가지 옷 짓는 법, 여자 신발·버선·각종 주머니·수저집·침구(이불·처네·요 등) 등을 만드는 법, 옷감 짜는 법, 수놓는 법, 흉배 만드는 법, 염색법 등 의복과 관련된 모든 사항을 언급하고 있다. 그중 도포 짓는 법을 소개해 보자.

길이와 너비는 각각 몸매에 따라 해야 하니, 정한 척도가 없되, 대개 등바대가 진동 밑에 닿아야 뒷모양이 맛깔고, 치달아 오르면 마땅치 못하다. 곧은 무를 깊이 어기지 말고 단만 여미라. 깃 달기는 가슴이 새가슴같이 내민 사람은 순연히 달고, 여윈 사람은 옆을 꽤 휘어야 앞이 씻은 듯하며, 안깃을 대여섯 푼만 더 길게 하며 머리를 숙여 꺾어 휘우듯 달아야 안자락이 빠지지 않는다. 옆 도련은 뒷길보다 두 푼만 줄여야 입은 것이 밴 듯할 것이니, 만일 채우면, 놓고 보기는 좋으나 입으면 두 편이 들린다. 뒷자락 도련을 귀를 많이 걷으면 무가 빠지니 올로 꺾다가 두

귀만 걷어라.[37]

도포가 지금 입는 옷이 아니고 요즘 옷을 지을 수 있는 사람도 드무니, 무슨 말인지 모를 것이다. 다만 옛날 옷 짓는 법이 이런 식이었다는 것을 확인해 보는 것도 나쁘지는 않을 것이다.

앞서 언급한 바와 같이 조선조의 거의 모든 여성 교육서는 여성을 규정하는 성역할의 하나로 재봉과 바느질을 꼽았다. 김굉필金宏弼(1454~1504)은 자신의 여러 딸에게 "훗날 너희들 시집을 가거든 오직 시부모께 순종하고 제사를 정성껏 지내고, 길쌈과 바느질에도 게으르지 말아라"[38]라고 했다고 한다. 이덕무만 하더라도 시집가기 전의 자기 누이를 가르치는 글 〈매훈妹訓〉을 지어 재봉과 바느질에 부지런할 것을 권하고 있다.

바느질을 하고, 옷감을 짜고, 음식을 할 때는 오직 깨끗이 하고 민첩하여야 한다. 옷을 단정히 입고 침상과 방석을 청결하게 소제하여라. 부지런하여 게으르지 않아야 착한 사람이라 이른다.[39]

이덕무는 이런 일은 몸종이 있다 해도 부인이 직접 익혀서 해야 할 것이라고 거듭 말한다. 한데 이렇게 엄숙하게 경전을 인용하여 바느질과 옷 짓기가 여성이 마땅히 담당해야 할 노동임을 밝혔지만, 때로는 이 지상 명령을 듣지 않은 여성도 이따금 있었던 것 같다. 특히 서울의 세력가 집안 여성들은 여종이 숱하게 있기 때문에 의복을 짓는 일 따위는 모두 침선비針線婢에게 맡길 뿐이다.

지금 풍속으로 말하자면 서울의 부인네들은 베 짜는 것을 모르고, 선비의 부인은 밥 짓는 방법을 모르니, 모두 누추한 풍습인 것이다. 이런 일을 하는 것을 수치로 여기니, 이런 사람을 부인이라 부를 수 있겠는가?[40]

그리하여 이런 사태가 벌어진다.

남자의 옷을 빨았다 하는데도 때가 남아 있고, 꿰맸다고 하는데도 터진 곳이 있고, 풀을 먹인 뒤에는 쌀풀이 덩어리째 남아 있고, 다리미질을 한 뒤에는 불구멍이 나 있고, 구겨지고 얼룩이 지고, 넓고 좁은 것이 일정하지가 않은 것은 모두 부인의 책임이다.[41]

매훈(妹訓) "나에게 두 누이가 있는데 다 비녀 꽂을 나이가 되었다. 어려서 들은 바가 없으면 장성함에 이르러 경계하기 어려우므로, 이 글을 지어 훈계하는 바이다. 무릇 16장이다"로 시작하는 이 글은 이덕무가 과년한 자신의 누이를 가르치기 위해 지은 것이다.

이런 것은 여성의 게으름의 소치라고 말한다. 하지만 바느질을 꼭 여자가 해야 하는 것이 아님은 두말할 나위도 없다. 나 역시 어릴 적에 반짇고리에서 바늘과 실을 꺼내 옷을 꿰매보기도 했는데, 적잖이 재미가 있었다. 세상에 원래 남자의 일, 여자의 일이 따로 있는 것은 아니다. 다만 가부장적 사회에서 자라다 보니, 자신의 의지와 별 상관없이 여자의 일, 남자의 일이란 구분을 받아들일 뿐이다. 나 역시 그렇다.

남녀의 일을 엄격히 구분한 조선시대지만, 남자가 바느질을 한 예도 있다. 조선 후기 명필로 유명한 윤순尹淳(1680~1741)의 어머니는 집이 어려워 삯바느질을 했다. 한번은 약속한 시간 내에 옷을 다 짓지 못하게 되자, 윤순이 대신 짓겠다고 하여 다음날 아침 기한까지 만들어주었다고 한다.[42] 이게 빈말이 아닌 것이 아들 윤득여尹得輿는 윤순의 행장에서 할머니(윤순의 어머니)가 늘그막에 병이 들어 늘 자리에 누워 있으면서도 손에서 일거리를 놓지 못하자, 병을 조리하는 데 방해가 될까 하여 재봉일도 윤순이 직접 대신 하여 할머니가 편안히 지내도록 했다고 한다.[43]

하지만 이것은 예외일 뿐이다. 재봉은 여자의 몫이었다. 대부분의 문헌들은 여성을 회억할 때 반드시 재봉에 능통했음을 언급한다. 몇 가지 사례를 보자. 17세기의 문장가 장유張維가 쓴 〈정부인 윤씨의 묘지명〉[44]을 읽어보자. 윤씨는 영의정을 지낸 이시백李時白(1581~1660)의 아내다.

이씨는 대족大族이었지만 오랫동안 집안이 몹시 가난하여, 고양高陽의 시골집에 내려가 살았는데, 부인은 낮에는 직접 길쌈을 하여 시부모의 겨울옷 여름옷을 만들어 올리고, 저녁이면 자기 방으로 돌아와 불을 밝히고 바느질을 해서 남편과 아이들의 옷을 지었다.

윤씨가 바느질에 열심이었다고 특별히 기록하고 있는 것이다. 이처럼 여성의 일생을 다루는 전기물들은 어떤 원형적 형태가 있고, 거의 모든 글들은 그 원형의 다양한 변주다. 어렸을 때부터 부덕을 갖추고 결혼 이후 성실한 노동으로 시부모와 남편을 섬기고 자식을 기르며, 친척과 화목하고 노비를 인격적으로 대우해 부렸다는 것이 원형이다. 길쌈과 재봉, 바느질에 능하고 부지런했다는 것은 필수 덕목으로 꼽힌다. 이항복李恒福(1556~1618)은 금계군 박동량朴東亮의 어머니인 숙부인 이씨를 이렇게 회고한다.

여덟아홉 살이 되자 부의婦儀와 여공女紅을 배운 일 없이도 능하였고, 바느질을 해놓은 것을 보면 손으로 한 것 같지가 않았다.[45]

이런 사례들은 아내와 어머니를 회고하는 행장이나 묘지墓誌, 제문에 판박이로 등장하는 것이어서 더 이상 들 것도 없다. 바느질은 훌륭한 여성임을 보증하는 상징이었던 것이다.

바느질은 여성이 남성을 먹여 살리거나 성취시키는 수단이기도 하였다. 삯바느질이 그것인데 우리가 잘 아는 〈허생전許生傳〉을 보면, 허생은 글만 읽어대고 아내가 삯바느질로 입에 풀칠하면서 살았다는 것이 아닌가. 허생은 겨우 입에 풀칠만 했지만 실제 삯바느질로 출세한 경우도 있었다. 반석평潘碩枰(?~1540)은 문과에 합격해 전라도, 경상도, 평안도, 관찰사를 지내고, 공조와 형조의 판서, 의정부 좌찬성까지 오른 청백리인데, 원래 천민이었다. 반석평의 조모는 손자가 학문에 뜻이 있는 것을 보고는, 반석평을 출세시켜 가문을 일으키고자 손자를 데리고 서울로 간다. 서울에서 조모는 셋집에서 살며 길쌈과 삯바느질로 손자의 뒷바라지를 하였다. 과연 반석평은 과거에 합격하여 의정부 좌찬성까지 지내고 청백리로 이름을 날리게 된다.[46] 조모의 길쌈과 삯바느질이 아니었으면 반석평은 오로지 천민의 삶을 살아야 했을 것이다. 이덕무는 일찍 죽은 여섯 살 아래 누이동생을 회고한다. 누이의 집에 갈 때마다 누이는 바느질품을 팔아 모은 돈을 꺼내 계집종에게 술을 받아오게 하고는 작은 술상을 차렸다. 이덕무는 그때의 다정했던 남매의 모습을 세세하게 떠올린다.

내가 술을 다른 그릇에 부어 너에게 마시라 권하면 너는 그 술을 받았고, 안주를 조금씩 떼어 아증阿曾을 먹였다. 하지만 이제 백번을 찾아간들 눈에 보이는 것은 모두 슬픔만 더하겠지.[47]

어째 가슴이 찡하다.

이처럼 삯바느질은 여성이 그나마 돈을 만질 수 있는 유일한 수단이었다. 조선 후기의 가사 〈복선화음기福善禍淫歌〉는 가난한 양반집에 시집간 김씨 부인이 열심히 노동하여 재산을 모으는 과정을 서술하고 있는데, 별별 돈벌이 중에 당연히 바느질도 들어 있다.

사이사이 틈을 타서 칠십 노인 수의壽衣 짓고

청사복건青紗幞巾 고운 의복, 녹의홍상綠衣紅裳 처녀 치장

어린아이 색옷이며 대신 입는 조복朝服이라.

　수의, 복건, 녹의홍상, 색동옷, 조복 등이 김씨 부인이 지었던 것이
다. 이것은 손끝이 매운 사람이 아니면 지을 수 없는 것들이다.

　지방에 둔 기생 역시 바느질과 상당한 관련이 있다. 재미있는 이야
기 한 토막. 이항복이 의춘宜春에 있을 때 병사兵使에게 옷을 꿰매어달
라고 했더니, 병사가 어린 여자 하나를 보내며 바느질을 천천히 하라
고 주의를 주어 보낸다. 밤에 수청을 들라는 것이다. 한데 이항복은

이렇게 말한다. "머리 깎은 중에게 빗이 무슨 소용이랴. 늙은 나에게 무슨 젊은 여자란 말인가." 깔끔한 거절이다. 원래 기생이 없던 서북 변 고을에 세종 때 기생을 둔 것도 변장邊將과 군관들의 빨래와 바느질 때문이었다. 그런데 이것도 문제를 일으킨다. 정약용은 《목민심서牧民心書》에서 지방관의 바느질을 두고 이렇게 비판한다.

안팎 의복은 관비官婢·관기官妓를 시켜서 바느질을 해서는 안 된다. 만약 부득이 남의 손을 빌려야 할 경우는 마땅히 침비針婢(이른바 침장針匠이라고 한다-원주)를 불러서 바느질집針家(읍마다 바느질 잘하는 바느질집이 있다-원주)으로 보내어 삯전을 주고 짓는 것이 좋다. 매양 보면 안 사람들이 온필 가는 누비감(속칭으로는 필누비匹縷緋–원주)을 억지로 침기에게 맡기면 침기는 자기의 비녀·팔찌나 솥단지 등을 팔아서 바느질집의 삯전을 갚는다. 원성이 하늘로 치솟을 뿐 아니라, 비녀나 팔찌, 솥단지 등속은 본래 몸을 팔아 얻은 것들이다. 이런 따위로 옷을 지어 조복朝服·제복祭服을 만들고, 부모가 낳아준 몸을 가리니, 임금을 공경한다고 할 수 있으며, 선조를 공경한다고 할 수 있으며, 부모가 낳아준 몸을 잘 지킨다고 할 수 있겠는가? 말하기도 더러운 것이다.[48]

바느질하는 비용을 아끼려고 관비나 관기에게 맡기면 결국 그들이 몸을 판 돈을 바느질집에 주고 바느질을 해오니, 원망이 쌓이지 않을 수 없다는 것이다. 과연 정약용의 말을 듣고 개선이 되었을까? 아마도 그렇지 않을 것이다.

바느질 이야기를 하다 보니, 문득 중고등학교 시절 국어교과서에 실렸던 〈조침문弔針文〉이 생각난다. 이 글이야 워낙 유명하니 모두 알 것이다. 부러진 바늘을 애도하는 글인데, 그때 궁금했던 것은 "연전에 우리 시삼촌께옵서 동지상사 낙점을 무르와 북경을 다녀오신 후에, 바늘 여러 쌈을 주시거늘", 곧 여러 친정이며 일가붙이와 종들에게도 나눠주었다는 것인데, 하필이면 바늘을 북경에서 사온 것일까 하는 의문이 들었던 것이다.

《동국여지비고》를 들추어 보니, 서울 시전에 바늘 파는 곳이 있다.[49] 곧 침자전針子廛에서 은침銀針과 크고 작은 보통 바늘을 판다는 것이다. 서울에서는 이곳에서 바늘을 구입했을 것이다. 그렇다면 지방이나 시골은? 시장이 있는 곳에는 바늘 파는 가게가 있었겠지만,

시전市廛 《동국여지비고》 중 침자전을 언급한 부분이다.

'바늘' 가는 세침은 옷을 수선하거나 제작하는 데 쓰였고, 큰 바늘은 가마니 등과 같은 편물을 꿰매는 데 사용하였다.

없는 곳은 일상생활에 필요한 온갖 잡살뱅이를 파는 행상인 '황화장수'나 방물장수가 팔았을 것이다. 하지만 바늘을 어디서 만들었는지는 도무지 알 길이 없다. 물론 《경국대전》 공전工典 경공장京工匠 조를 보면 공조, 상의원, 전설사典設司에 각각 침장針匠 2명이 소속되어 있다. 《동국여지비고》에도 여러 공장, 즉 여러 장인을 소개하면서 공조 소속 장인으로 침장 2명을 들고 있다. 침장은 다른 공장에 비해 그 수가 훨씬 적다. 이들이 국내에 사용되는 바늘을 모두 만들었을 리는 없다. 바늘은 아마도 북경에서 수입되었을 가능성이 크다.

서유문徐有聞(1762~?)은 1798년 서장관으로 북경에 파견된다. 《무오연행록戊午燕行錄》 11월 30일자의 기록을 보면 심양성瀋陽城의 거창한 상가들을 열거하며 가게마다 특색 있는 표시가 있다고 소개하는데, 바늘 가게는 "나무로 바늘을 만들어 걸었고 버선과 신을 그렸다"[50]고 하고 있다. 서유문은 12월 17일 방균점邦均店이란 곳에 도착한다. 그곳에 '강침强針'이라 쓴 현판이 걸린 가게가 있는데, 곧 바늘 만드는 가게였다는 것이다. 1832년 김경선金景善(1788~?) 역시 방균점이 "본래 바늘의 품질이 좋기로 이름난 곳"이라고 말하고 있다. 1778년 연행을 했던 이합李柙도 12월 25일 방균점에서 머물렀던 바,[51] 일행 중 어떤 사람이 값을 많이 치르고 바늘을 샀다고 말하고 있으니[52] 이곳의 바늘이 조선으로 수입되었던 것이 틀림없다.

중년을 넘어서자 어린 시절이 문득문득 떠오른다. 깜깜한 새벽에 소변이 마려워 일어나면, 어머니는 벌써 일어나서 바느질을 하고 있었다. 못쓰게 된 백열전등을 버리지 않고 두었다가, 양말을 기울 때 안에 넣고 기웠다. 지금 양말은 흔하디흔한 물건이다. 구멍이라도 나면 버리고 만다. 이것이 옳은 일인가. 사람들은 이제 제 옷을 만들지도 못하고 나물을 캘 줄도 모르고, 밥을 지을 줄도 모른다. 우리는 모두 전기가 없어지고 문명이 조금만 흔들려도 어떻게 살아갈지 모르는 반편이가 된 것이다.

바느질하는 여인(20세기 초) ¦ 화로 옆에서 아이들의 재롱을 보며 여인이 바느질을 하고 있다.

절구질

臼磨

조영석의 〈절구질〉을 보자. 허리가 굽은 늙은 할미가 절구질을 하고 있다. 옆에 운수도인雲水道人이란 사람이 쓴 화제는 이렇다.

관아재의 필법은 늘 신묘한 경지에 들어가니, 보는 사람이 어찌 사랑하지 않으랴?[53]

신묘한 경지에 들어갔는지는 알 수 없지만, 절구질하는 그림이라면 소리가 들려야 할 텐데 그림에는 아무 소리도 느껴지지 않는다. 마치 시간이 정지된 듯한 박수근의 납작한 그림을 보는 것 같다. 나만 그렇게 보는 것인가?

지금의 십대 이십대들은 곡식을 '찧는다'는 말을 이해하지 못할 것이다. 하얗게 도정한 쌀을 사서 먹기 때문에 쌀의 생산과 가공, 유통 과정을 알지 못한다. 찧는다는 것은, '쓿다'와 '빻다'를 포함하는 행위다. '쓿다'는 껍질을 벗기는 것이다. 쌀과 보리는 껍질이 있다. 껍질을 벗겨야 먹을 수 있으니, 절구질을 이 때문에 하는 것이다. 빻는 행위는 가루를 내는 것이다. 빻기 위해 사용하는 절구는 지금까지 도시의 가정에서 더러 쓰인다. 양념절구라는 것인데, 앙증스러울 정도로 작고 예쁘게 만든 절구다. 여기에 참깨를 콩콩 빻는 것은 드물지만 지금도 볼 수 있는 풍경이다. 한데 조선시대라면 이야기가 다르다. 거의 매일 쌀과 보리를 찧어야 한다. 곡식은 껍질을 벗기지 않은 상태로 보관하고, 나날이 먹을 것만 가져다 찧어서 밥을 지어 먹었다. 아마도 거피去皮를 한 쌀과 보리를 보관하게 된 것은, 근대에 와서 기계식 정미소가 생기고 난 이후의 일일 것이다.

1 절구질[1] 조영석, 간송미술관
2 나무절구와 공이[2] 농가의 필수품 중 하나가 절구다. 곡식을 찧거나 빻는 데, 떡을 치는 데도 절구가 두루 쓰였다.
3 절구질(20세기 초)[3] 절구질은 요령이 필요할 뿐만 아니라 무척 고된 노동이었다. 이런 절구질은 대개 여성의 몫이었다.

　　조영석의 그림에서 보듯, 절구질은 대개 여성의 몫이었다. 왜냐고? 밥을 짓는 것이 여성의 일이었으니, 절구질이 여성의 몫일 수밖에. 그런데 조선만 그렇지 중국은 꼭 그렇지도 않았다. 1832년 10월 동지사 서경보徐耕輔(1771~?)의 서장관으로 북경에 파견된 김경선은 《연원직지燕轅直指》에서 자신의 견문 중 따로 항목을 설정할 수 없는 것을 모아 〈유관별록留館別錄〉으로 정리했는데, 거기에 "크고 작은 일로서, 수레 몰기, 밭 갈기, 나무하기, 물 긷기, 절구질, 씨 뿌리기, 베

짜기, 재봉일은 모두 남자가 한다"[54]고 하였다. 절구질이나 농사일, 바느질은 모두 남자의 몫이라는 것이다.

절구질은 보통 힘든 노동이 아니다. 그래서 생겨난 것이 디딜방아다. 디딜방아 역시 인력을 필요로 하지만, 팔이 아닌 다리의 힘을 이용한다. 발로 절구에 곡식을 넣고, 발로 절굿공이를 움직이는 것이다. 〈추수〉를 보자. 위쪽에는 타작을 하고 있고, 아래쪽에는 절구질을 하고 있다. 위쪽은 김홍도의 〈타작〉에서처럼 곡식을 털고 있는데, 앞에 놓인 것은 알곡을 잘 훑기 위해 만든 것이다. 그 위쪽에는 역시 타작 그림에서 으레 나오는 지주가 자리를 펴고 앉아 있다. 그림 아래에 아낙네 셋이 디딜방아를 밟고 있는 것이 보인다. 이처럼 여러 사람이 한꺼번에 밟도록 하기 위해 디딜방아의 디디는 부분은 대개 갈라져 있다.

디딜방아는 이국에서도 볼 수 있었다. 홍대용 洪大容(1731~1783)은 1765년에 북경에 가서, 여행의 체험과 청의 선진적 문물 중 조선이 배울 만한 것을 기록해 《연기燕記》를 쓰는데, 그중 〈기용器用〉이란 글에서 청의 디딜방아의 우수성을 이렇게 소개하고 있다.

디딜방아는 곧은 나무를 써서 두 사람이 밟는 법이 없다. 돌확과 돌공이로 말하자면, 공이는 둥글고 짧아 그 크기가 확 안에 거의 다 차도록 되어 있고, 확은 비스듬히 바깥쪽으로 낮게 설치하였다. 이렇게 해두지 않으면, 잘 찧어지지 않는다. 한 사람이 아주 부지런히 밟아 찧으면 겨울에도 옷에 땀이 베인다. 하루에 두 섬의 좁쌀을 찧을 수 있다고 한다.[55]

이용후생을 염원하는 실학자의 눈에는 둘로 갈라진 조선의 디딜방아보다 나무 하나를 쓰는 청의 디딜방아에서 배울 것이 많았던 것이다. 물론, 홍대용의 이런 주장은 실용화되지 않았다.

디딜방아는 사람의 힘을 이용하는 것이라서 그래도 힘이 들기 마련이다. 사람의 손이 가지 않는 방아가 있으면 더 좋은 일이 아닌가. 해서 물레방아가 나왔다. 물의 힘을 이용하여 절구질을 하는 것이 통방아(구유방아라고도 한다)와 물레방아다. 통방아는 시냇가에 만든다. 통나무를 깎아서 만드는데 한쪽은 공이를 달고 다른 한쪽 끝은 시냇물을 끌어들여 담는 '구이통(다른 말로는 구유라고도 한다)'을 만든다. 구이통에 물이 가득 차면 물의 무게로 인해 공이 쪽이 들리면서 구이통의 물이 쏟아진다. 그러면 공이가 절구 속의 곡식을 친다.

통방아 그림은 흔치 않다. 아마도 김준근의 〈물방아〉가 거의 유일한 것으로 보인다. 짚으로 지은 둥근 움막 안을 보면 머리를 수건으로 싼 아낙네가 비를 들고 확에서 튀어나오는 곡식을 쓸어 넣고 있다. 이 물레방아가 움직이는 힘은 물론 움막 밖의 물에 있을 것이다.

1 추수┃필자 미상, 개인 소장
2 타작┃김홍도, 《단원풍속도첩》, 국립중앙박물관
3 디딜방아┃발로 디뎌 찧는 방아다. 확이라는 구멍에 곡식을 넣고 방아공이로 곡식에 힘을 가해서 곡식을 찧는다. 디딜방아는 곡식을 찧는 이외에 떡을 찧거나, 고추를 빻기도 하며, 메주콩을 이기는 등 요긴한 것이어서 부엌과 가깝게 설치되었다.

물방아(수침) 김준근, 함부르크 민족학박물관. 통방아라고도 한다. 수로에서 물받이로 물이 떨어져 물받이가 무거워
지면 내려앉아 물이 쏟아지고 빈 물받이가 다시 올라와 물을 받는 일이 반복되는 동안 방아의 공이가 아래위로 움직
여 확 안의 곡식을 찧는다.

움막 왼쪽을 보면, 물을 끌어들이는 나무로 만든 수로가 있고, 수로의 물은 구이통에 떨어지고 있다. 구이통에 물이 가득 찼다가 비워지면서 공이가 움직이고, 곡식이 찧어지는 것이다.

통방아가 조금 더 진화한 것이 물레방아다. 물레방아는 요즘 공원이나 음식점에도 흔히 설치되어 있으니 누구나 알 것이다. 커다란 수차에 구유를 여럿 만들고 그 구유에 찬 물의 힘으로 수차가 돌아가며 굴대를 돌리고, 굴대에 연결된 손이 방아의 한쪽을 눌러 공이가 움직이게 하는 것이다.

통방아나 물레방아는 당연히 수량이 풍부한 계곡이나 하천이 있어야 한다. 정엽鄭曄(1563~1625)은 1617년 윤4월 금강산을 유람하는데, 금강산 절의 승려들이 탁발한 곡식을 백천교 아래 수고촌稤庫村에 두고 찧어 절로 가지고 간다고 하였다. 해당 부분을 읽어보자.

중 몇 명이 그곳을 지키고 있었다. 계곡물로 방아를 만들어 밤낮 곡식을 찧으니, 사람의 힘을 조금도 들이지 않는다. 이 일을 처음 계획한 사람은 정말 지혜롭다 하겠다.[56]

윤휴尹鑴(1617~1680) 역시 1672년 8월 금강산을 유람했는데, 9일에 정엽이 도착했던 곳에서 유점사 중들의 물방아 수십 곳이 있다고 말하고 있다. 대개 여기서 쌀을 찧어 지고 고개를 넘어간다는 것이다. 이처럼 수량이 풍부한 곳이라야 물방아로 방아를 찧을 수 있었던 것이다. 한데 금강산의 방아가 통방아인지 물레방아인지는 분명하지 않다.

이 외에 연자방아(연자매)도 있는데, 오른쪽 사진에서 보는 것처럼 큰 돌로 위짝 아래짝을 만들고 위짝에 소나 말을 매어서 돌리게 한다. 최덕중崔德中은 1712년 12월 군관으로 북경에 다녀와서 《연행록》을 쓴다. 그는 옥전현 부근 마을을 지나면서 연자방아를 본 것을 이렇게 전하고 있다.

관關 안팎 마을에는 방아 찧기나 절구질이 아예 없었다. 크고 둥근 펀펀한 바위 위에 다듬은 돌 하나를 얹어 나무막대기를 찔러 넣고 멍에를 진 나귀가 돌면서 갈게 하자, 절로 흰 쌀이 되어 나왔으니, 괴이한 일이었다.[57]

괴이하다고 말하는 것을 보아, 최덕중은 아마도 연자방아를 처음 본 것 같다. 정말 괴이한 일이다.

이뿐이 아니다. 조선조의 시나 산문에 종종 나오는 수대水碓는 통방아 혹은 물레방아를 말하는 것인데, 이것도 흔한 것은 아니었던 모양이다. 정약용이 정조에게 올린 상소를 보면, "연자방아와 물방아는 중국에서는 사용한 지 이미 오래고, 환담桓譚도 상세히 말한 적이 있지만, 우리나라는 아직도 발로 밟는 방아를 쓰고 있고, 풍애風礙(풍차)와 윤격輪激(수차) 같은 것은 들어본 적이 없습니다"[58]라고 말하고 있다. 하지만 연자방아나 물방아 그림이 남아 있고, 문헌에도 더러 나타나는 것을 보면, 널리 사용되지는 않아도 없었던 것은 물론 아니다. 아마도 수량이 풍부한 곳이 드물어서 그런 것일 터이다.

좀 한가한 이야기지만 물레방아라 하면 어딘가 좀 낭만적인 구석이

연자방아(20세기 초) 곡식을 탈곡 또는 제분을 하는 방아로 연자매라고도 한다. 한번에 많은 곡식을 찧거나 빻을 때 주로 사용하며, 둥글고 판판한 돌판 위에 그보다 작고 둥근 돌을 옆으로 세워 얹어 아래위가 잘 맞닿도록 하고 마소가 끌고 돌린다. 마을마다 하나씩 있어 공동으로 사용하였으며 이곳을 연자방앗간 또는 연자맷간이라 하였다.

있지 않은가. 예전에 이발소에서 보던 그림에는 늘 물레방아가 있었다. 한쪽에는 푸른 산이 있고, 그 아래 시냇물이 흐르고, 논이 있고, 초가집이 있고, 그 마당에 닭이 있고, 개가 있고, 지붕에는 붉은 고추가 있고, 곱게 차려 입은 아가씨가 물동이를 이고 있고, 저 건너편에는 나무를 한짐 지고 오는 그런 그림 말이다. 그 그림에는 또 예외 없이 물레방아가 있었다. 〈메밀꽃 필 무렵〉에서 허생원이 처음 보는 처녀와 관계를 맺었던 곳도 물레방아가 아니었던가.

절구질 이야기가 물레방아까지 샜다. 다시 절구로 돌아가자. 어릴 적 내가 살던 동네 뒷산에는 절구를 만드는 사람이 있었다. 아이들은 그 사람을 돌깨쟁이(돌도끼장이)라고 불렀다. 석공石工보다는 훨씬 리얼한 이름이 아닌가. 그 돌깨쟁이는 1미터 남짓한 큼직한 화강암 덩어리에 붉은 주사로 둥근 원을 그리고, 정으로 돌덩어리를 먼저 거칠게 다듬었다. 돌깨쟁이의 작업장 부근에는 만들다 그만둔 돌절구가 팽개쳐져 있었다. 부근에는 떨어져 나온 돌조각이 지천이었다. 허리가 잘록한 돌절구가 완성되면 돌깨쟁이는 무거운 돌절구를 지게에 지고 산을 내려갔다. 어디로 가서 파는지는 알 길이 없었다.

이제는 절구질은커녕 방앗간도 찾아보기 어려운 세상이다. 쌀을 비롯한 곡식은 할인매장의 한 구석에서 포장되어 팔리고 있다. 절구질처럼 힘든 노동이 사라진 것을 두고 서글퍼할 일이야 없겠지만, 한편 생각해 보면, 우리가 먹는 음식물이 어떻게 생산되었는지 모를까 걱정이다.

봄나물 캐기

누구의 밥상에 오를까

採種

八 　마군후馬君厚의 〈나물 캐기 ①〉라는 그림이 있다. 오세창吳世昌 (1864~1953)의 《근역서화징槿域書畵徵》을 들추어 보니, "자는 인백 仁伯이고 장흥長興 사람이다. 그림을 잘 그렸다"고 나와 있을 뿐 그 이상 의 정보는 없다. 생몰년도 알려져 있지 않은데, 대개 19세기 사람으로 짐작할 뿐이다. 그림은 〈나물 캐기 ①〉 외에 몇 점이 전하지만, 그 그림 에도 다른 정보는 없다. 아쉽지만, 이 정도로 만족하는 수밖에 없다.

　나물 캐는 그림은 여럿 전하는데, 그중에서 이 그림이 가장 사실에 가까울 것이다. 머리를 질끈 묶은 여자 둘이 나물을 캐러 나왔는데, 한 여자는 보채는 아이에게 젖을 물리고 있고, 한 여자는 호미질을 하면 서 젖 먹이는 여자와 이야기를 나눈다. 점심밥을 담은 광주리가 있는 것을 보아, 나물 캐기에 하루를 보내기로 작정을 하고 나선 모양이다.

　작자 미상의 〈나물 캐기 ②〉는 봄나물을 캐는 여자 둘을 그린 것이다. 오른쪽의 여인은 비 촉촉이 내린 어느 봄날 시누이와 함께 산나물을 캐 러 나왔다. 그림 위쪽에 화제畵題가 있는데, 번역하면 다음과 같다.

　　적은 비나마 촉촉하니
　　봄나물 나왔을 걸.
　　어린 시누이를 데리고
　　나물 캐러 가보자.
　　저 새벽의 꽃을 보니
　　부모님 생각나네.
　　얼른 돌아가서
　　어머니 아버지께 바치리라.[59]

1 나물 캐기村女採種 ①¹ 마군후, 소장처 미상
2 나물 캐기採蔬圖 ②¹ 필자 미상, 국립중앙박물관(중박 201005-188)

과연 화제와 같이 머리를 틀어 올린 여인이 머리를 땋은 젊은 아가씨와 한참 봄나물을 캐고 있다. 그림의 왼쪽 위를 보면, 붉은 꽃이 핀 관목이 있으니 확실히 봄이다. 이 말고 젊은 여인의 왼쪽에 어린아이가 땅을 보며 뭔가를 하고 있는데, 그림이 희미하여 확실하지는 않다.

남은 그림 하나는 윤두서尹斗緖(1668~1715)의 〈나물 캐기 ③〉다. 그림으로 보자면, 윤두서 쪽이 가장 잘 그린 것임은 두말할 필요가 없다. 나물은 캐는 것이 있고, 뜯는 것이 있고, 꺾는 것이 있다. 뿌리 채 먹는 나물은 캠대로 캐고, 뿌리를 먹지 않고 잎을 먹는 것은 뜯고, 고사리처럼 줄기를 먹는 것은 꺾는다. 〈나물 캐기 ③〉의 왼쪽 여자가 손에 들고 있는 것이 바로 캠대다. 도대체 무슨 나물을 캐는가? 우리가 익히 아는 쑥이며 냉이, 달래, 민들레, 곰취, 원추리 등이 아닐까?

봄이면 도시에서도 쑥을 캐는 광경을 종종 볼 수 있다. 내가 사는 해운대 신시가지의 뒷산은 장산이다. 아파트를 나와 조금만 걸어가면 곧 산으로 접어든다. 2월 말이면 차가운 기운이 여전히 남아 있기는 하지만, 볕이 드는 곳은 제법 따뜻하다. 천변 양지바른 쪽에는 쑥 캐는 사람들이 더러 보인다. 꼭 〈나물 캐기 ②〉와 같다. 쑥 캐는 사람이 보이면 상투적이지만, '곧 봄이네' 하는 감탄사를 발하지 않을 수

나물 캐기[采艾圖 ③] 윤두서, 해남 윤영선 소장. 서민 부녀 둘이 나물을 캐고 있다. 산과 들에서 나는 남새와 푸새로 만들어 먹는 나물은 가장 대표적인 반찬이었다.

가 없다. 이처럼 나물을 캐는 모습은 언제나 따스하고 정겹게 느껴진다. 앞의 그림에도 그런 따스함과 정겨움이 있다.

매일 나물을 먹지만 정작 나물이 무엇인가 물으면 대답이 금방 나오지 않는다. 하기야 일상적인 것, 너무나 익숙한 것을 물으면 원래 답이 나오지 않는 법이다. 나물은 먹을 수 있는 식물이다. 그것은 나무일 수도 있고, 채소일 수도 있다. 뿌리, 잎사귀, 줄기 어느 것도 다 나물이 된다. 다만 생것 그 자체로는 나물이 아니다. 가공의 손길이 닿아야 한다. 생것이나 삶은 것에 참기름과 간장, 된장 따위의 조미료를 넣어 무쳐야 나물이 되는 것이다. 아마도 산과 들에서 나는 푸새와 밭에서 길러 얻는 남새를 한국 사람처럼 다양하게 가공해서 먹는 민족도 없을 것이다. 서양의 샐러드는 나물에 비하면 그 종류와 가공의 다양성이 한참 모자란다.

나물은 언제부터 먹었을까? 고기가 맛있는 것은 누구나 아는 사실이다. 고기는 맛도 있고 열량도 높다. 하지만 고기는 귀한 것이다. 고기와 곡물의 교환 비율은 6대 1정도 된다. 즉 곡물 6킬로그램을 가축에게 먹이면 고기 1킬로그램이 생산된다. 고기가 부족해서 나물을 먹게 되었던가. 이것도 부인하지 못할 것이다. 하지만 역사적 이유도 있다. 서긍徐兢은 《고려도경高麗圖經》에서, 고려는 불교를 독실하게 믿어 짐승을 잡는 것을 좋아하지 않고 사신을 대접하기 위해 양이나 돼지를 잡기는 하지만, 그 방법이 서투르고 조리법 역시 형편이 없었다고 한다.[60] 고려시대의 식생활을 잘 알 수 없지만, 아마도 고기를 아주 드물게 먹었고, 반찬의 주류가 채소, 곧 나물이었음을 짐작할 수 있다.

그렇다면 한국 사람들은 무슨 나물을 먹었던가. 앞서 인용한 〈도문대작〉에는 허균이 맛있게 먹었던 온갖 음식이 열거되어 있다. 떡과 과실, 새와 짐승의 고기, 수산물 그리고 채소 등이다. 허균이 꼽은 채소를 보자. 양념류도 섞여 있지만, 대부분은 나물이다. 고사리·아욱·콩잎·부추·미나리·배추·송이·참버섯·가지·외·호박·무는 어디서나 나고 맛이 좋다고 하고, 그 외에 채소로 죽순·원추리·순채·석전石蓴·요목·표고·홍채·황각·청각·참가사리·우무가사리·초시椒豉·삼포蔘脯·여뀌·동아·산겨자·다시마·올미역·김·토란·생강·겨자·파·마늘 등은 특별한 산지를 꼽으며 그 산지의 것이 각별한 맛이 있노라고 소개한다. 허균이 꼽은 나물을 지금도 다 먹는지는 알 수가 없다. 홍채, 초시 등 언뜻 보아 알아듣지 못하는 것이 있기 때문이다.

허균은 아마도 요리는 하지 않았을 것이다. 그러니 요리를 담당했던 여성의 나물 요리 하나를 들어보자. 빙허각 이씨는 《규합총서》에서 죽순나물 요리법을 이렇게 소개하고 있다.

죽순을 얇게 저며 썰어 데쳐 담갔다가 쇠고기와 꿩고기 같은 것을 많이 두드려 넣고 표고버섯·석이버섯붙이를 후추를 갖추어 양념하여 기름 많이 치고 밀가루 약간 넣어 볶아 쓴다. 만일 먼 데서 절여 온 죽순이거든 날포 물 갈아가며 짠 맛 우려낸 뒤에 써라.[61]

그런데 쇠고기, 꿩고기를 많이 두드려 넣는다니, 어찌 좀 사치스럽다. 나물의 정신에 어긋나는 것이다. 하기야 이것은 19세기 조선 최고 양반가의 나물이니 어찌 그렇지 않으랴. 빙허각 이씨는 서유본徐有本의 아내다. 서유본은 《좌소산인집左蘇山人集》이란 문집을 남기고 있고, 또 서양 기하학에 정통했던 학자다. 이렇게 말하면 잘 알아듣지 못하겠지만, 그의 동생 서유구徐有榘(1764~1845)는 《임원경제지林園經濟志》란 거창한 저술을 남긴 학자다. 서유본·서유구의 아버지인 서호수徐浩修(1736~1799)는 규장각 직제학을, 조부 서명응徐命膺(1716~1787)은 홍문관 대제학을, 서명응의 동생 조부 서명선徐命善(1728~1791)은 영의정을 지냈다. 이런 집안이니 나물 반찬에도 고기가 잔뜩 들어갔던 것이리라.

나물은 소박한 생활의 상징이었다. 한석봉韓石峯(1543~1605)은 시조에서 소박한 삶을 찬양한다.

짚방석 내지 마라 낙엽엔들 못 앉으랴.
솔불 켜지 마라 어제 진 달 돋아온다.
아희야, 박주산채일망정 없다 말고 내어라.

달빛이 뜰에 가득한 밤이다. 짚으로 짠 방석조차 필요 없다. 낙엽에 앉으면 그만이다. 관솔불도 켜지 마라, 달빛이 내려앉지 않느냐? 이때 한 잔 탁주濁酒가 없을 수 없다. 안주는 산나물山菜이면 그만이다. 이처럼 나물은 소박하고 맑은 생활의 상징이다.

나물은 유쾌한 식품이기도 하다. 정약용은 〈천진암에서 놀고 난 뒤 기념으로 쓴 글〉[62]에서 나물을 먹은 모임을 회고한다. 1797년 여름 정약용은 형제 일가들과 어울려 집 가까운 강으로 가서 그물을 친다.

크고 작은 고기 50여 마리를 잡는다. 고기가 얼마나 실했으면, "작은 배가 고기 무게를 견디지 못해 물에 잠기지 않은 부분이 몇 치밖에 안 되었다"고 한다. 그 고기를 일행은 배불리 먹는다.

정약용은 일행에게 "옛날 진晉나라 장한張翰은 벼슬을 하다가 자기 고향 강동의 농어와 순채가 생각나 벼슬을 그만두고 돌아갔습니다. 물고기는 우리가 맛을 보았고, 지금은 산나물이 한창 향기로울 때이니, 어찌 천진암으로 가서 놀지 않을 수 있겠습니까?"라고 제안한다. 이 말에 형제 네 명과 일가 서너 명이 천진암으로 향한다. 글을 직접 읽어보자.

산으로 들어서자 초목이 울창하였다. 산속에는 가지가지 꽃이 만개하여 짙은 향기가 코를 찔렀고, 온갖 새들이 목구멍을 울려 맑고 매끄러운 소리를 주고받았다. 길을 가면서 새 소리를 듣고 서로 돌아보며 몹시 즐거워하였다.

천진암에 이르자 술 한 잔에 시 한 수를 읊으며 하루를 보냈고, 사흘이 지나서야 집으로 돌아왔다. 지은 시는 모두 20여 수고, 먹은 산나물은 냉이, 고사리, 두릅 등 모두 56종이었다.

정약용 일행은 사흘을 머물고 무려 56종의 나물을 먹고 돌아온다. 아, 유쾌한지고. 화목한 가족과 일가가 모여 강과 산을 찾아 술을 마시고 시를 짓고 산채를 먹으며 보내는 여름 한철은 얼마나 행복했을 것인가.

이처럼 나물은 소박한 삶의 상징이었고, 정약용의 경우처럼 가족과 함께 누리는 유쾌한 행복의 표현이기도 하였다. 하지만 나물은 굶주

림과 가난의 상징이기도 하였다. 조선시대에 나물을 캔다는 것은 곡식이 바닥이 나서 굶주리기 시작한다는 것을 뜻하기도 했다.

흉년이 들어 곡식이 없으면 자연히 기대는 것은 나물이다. 《태종실록》 9년(1409) 윤4월 22일조를 보면, 수원부사 이지강은 1년 전 6월부터 수원에 부임하여 농사의 실상을 직접 조사한 결과를 보고한다. 다음은 보고 내용이다. "직접 논밭을 둘러본 결과 풍년은 아니지만 완전히 실농하지는 않았다. 하지만 올해 3, 4월에 백성들이 관청에 몰려와서 먹을 것이 없다고 하소연을 하였다. 그들이 정말 궁핍한지는 알 수 없지만 나물 캐는 사람이 산과 들을 덮고 있고 사족의 집에서조차 관가에서 주는 적은 곡식을 달라고 바라니, 빨리 나라의 창고에서 곡식을 풀어 구제해 줄 것을 바란다." 역시 굶주릴 때는 나물을 뜯어 연명했던 것이다. 며칠 뒤인 27일 태종이 세자에게 "나는 백성들이 굶주린다는 말을 들으면 마음이 아프다"라고 하자, 세자는 "신이 듣자오니, 백성들 가운데 굶주림으로 인하여 나물을 캐다가 죽은 자도 있다고 합니다"고 하였다. 태종과 세자(양녕대군)의 이말은 아마도 진심이었으리라!

세종 시대는 조선조 5백 년 동안 가장 풍요로운 시대였음에도 굶주리는 사람이 허다하였다. 《세종실록》 26년(1444) 4월 27일조를 보면, 진무鎭撫 김유율, 박대손 등은 지방 여러 곳을 돌아본 뒤 돌아와서 "쌓아 둔 곡식은 많아야 1, 2두에 지나지 않았습니다. 적은 사람의 경우 1, 2되밖에 없었고, 혹 다 먹어버리고 남은 것이 없는 사람도 있었습니다"라고 보고한다. 기근이 들었던 것이다. 두 사람은 덧붙여 나물만 먹는 자도 있으며, 부종이 난 사람도 있다고 보고한다. 이어 23일

병조판서 정연은 청안 지방의 일부 사람들은 나물만 캐서 먹고 있는 실정이라는 자신의 목격담을 보고하였다. 그리고 자신이 다른 사람을 시켜서 얻은 정보에 의하면 '나물을 캐는 백성이 들판을 뒤덮고 있으며 먹는 것이라고는 오직 나물뿐'이라는 것이다.

나물에 의지하여 사는 백성들의 처참한 삶은 조선 후기가 되면 점차 심해진다. 정약용은 1809년의 심한 흉년에 자신이 목도한 백성들의 참상을 보고 모두 시로 옮겼던 바, 〈다북쑥采蒿〉〈뽑히는 모拔苗〉〈메밀蕎麥〉〈보리죽熬麩〉〈승냥이와 이리豺狼〉〈오누이有兒〉 등 여섯 작품이 그것이다. 〈다북쑥〉[63]을 보자. 작품의 서문에서 정약용은 이렇게 말한다.

〈다북쑥〉은 흉년을 슬퍼한 노래다. 가을도 되기 전에 백성들이 굶주리는데 들에는 풀 한 포기 없고 부인들은 다북쑥을 캐어 죽을 쑤어서 끼니를 대신한다.

다북쑥이란 별것이 아니고, 곧 쑥이다. 굶주리는 백성들이 주림을 견디지 못해 쑥을 캐어 죽을 쑤어 먹었던 것이다. 그런데 〈다북쑥〉의 서문 아래에 여섯 작품 전체에 해당하는 서문이 있다. 읽어볼 만한 것이니 인용한다.

기사년己巳年에 나는 다산 초당에 머물고 있었다. 이해에 큰 가뭄이 들어 지난해 겨울부터 봄을 거쳐 금년 입추에 이르기까지 붉은 땅이 천리에 연했다. 들에는 풀 한 포기 보이지 않았고 유월 초에는 유랑민들이 길을 메워 눈 뜨고는 차마 볼 수 없는 참상이어서 살 의욕마저 잃어버린 것 같았다. 생각건대 나는 죄를 지은 몸으로 멀리 유배된 몸이라 사람 축에 끼이지도 못하는 처지였다. 오매초烏昧草를 조정에 바치려 해도 방도가 없고 유민도流民圖 한 장도 바칠 수 없었다.

때때로 내가 본 바를 적어서 시詩를 지었다. 처량한 쓰르라미나 귀뚜라미와 더불어 풀밭에서 슬피 우는 것과 같은 시들이지만, 성정性情의 올바른 것을 구해서 천지의 화기和氣를 잃지 않으려 했다.

오랫동안 써 모은 것이 몇 편 되기에 이를 〈전간기사田間紀事〉라 이름했다.

백성의 고통에 공감한 리얼리스트 정약용의 모습이 약여하지 않은가. 이제 〈전간기사〉의 첫 작품인 〈다북쑥〉을 읽어보자.

다북쑥을 캐네, 다북쑥을 캐네.
다북쑥이 아니라 새발쑥이네.

양떼처럼 떼를 지어
저 산등성이 넘어가네.

푸른 치마 붉은 머리
허리 굽혀 쑥을 캐네.

다북쑥 캐어 무얼 하나.
눈물만 쏟아지네.

쌀독엔 쌀 한 톨 없고

들엔 벼 싹 다 말랐네.

다북쑥 캐어다가

둥글게 넓적하게

말리고 또 말려서

데치고 소금 절여

죽 쑤어 먹을 밖엔

달리 또 무얼 하리.

전간기사田間紀事 정약용, 《여유당전서》 1집 권5. 기사년(1809)에 사람들이 굶어죽고 유민이 길을 메우는 참상을 본 정약용이 이를 시로 엮은 것이다.

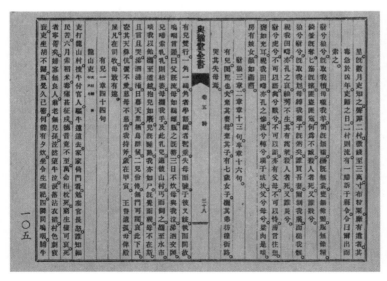

다북쑥을 캐네, 다북쑥을 캐네.
다북쑥이 아니라 제비쑥이네.

명아주 비름나물 다 시들었고
소귀나물 떡잎은 그대로 말랐네.

풀, 나무 다 타고
샘물까지 말랐네.

논가엔 우렁이마저 없어지고
바다에도 조개, 소라 사라져 버렸네.

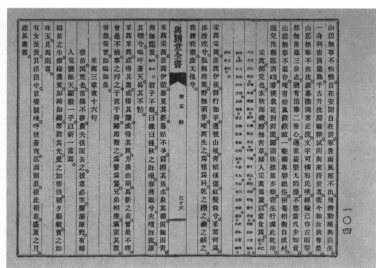

높은 분네 실제로 살피진 않고
흉년이다, 기근이다 말만 앞세워

이번 가을 넘기기 어려운 판에
내년 봄 가서야 구휼救恤한다네.

유랑걸식 떠난 남편
그 누가 묻어주리.

오호라 하늘이여
어찌 이리 무정한고

다북쑥을 캐네, 다북쑥을 캐네.
캐다가 보면 들쑥도 나오고

캐다가 보면 뺑쑥도 나오고
캐다가 보면 또 다북쑥이네.

흰쑥이랑 푸른쑥이랑
미나리 싹까지

모두 캐도 모자랄 텐데
골라서 캘 수 있나.

걷어내고 부여잡아
바구니에 쓸어담고

돌아와서 죽을 쑤니
아귀다툼 벌어졌네.

형제간에 서로 뺏어
온 집안이 떠들썩

원망하고 꾸짖기가
올빼미 같네.

　읽기 고통스럽다. 하지만 이것이 조선의 리얼리티다. 지금도 아래쪽 서민들의 사정도 이와 크게 다르지 않을 것이다.
　다시 여인의 나물 캐는 그림으로 돌아가 보자. 그림 속의 여인들이 캐는 나물은 소박한 삶의 상징인가 아니면 가난의 상징인가? 그도 저도 아니면 가족과 단란하게 함께 먹을 저녁식사의 찬거리인가. 바라건대 맨 마지막의 것이었으면 한다. 지금 세상의 나물은 가난도 아니고, 소박도 아니다. 어떤 사람들은 채식이 인간을 살리고 지구를 살리는 유일한 수단이라고 주장하는데, 나물이야말로 한국인에게 가장 부합하는 즐거운 채식의 방편이 아니겠는가.

그
네
뛰
기

담장을 넘어 세상을 만나다

鞦韆

九 조선 후기 풍속화가 조선의 문화에 끼친 공헌이라면, 여성의 삶을 시각적으로 드러내었다는 것이다. 남성의 언어가 은폐하고 있는 여성의 삶이 풍속화를 통해서 비로소 드러난다. 물론 풍속화가 애당초 여성만을 겨냥했거나, 여성을 해방시키려 했다는 의미는 아니다. 풍속화는 인간의 일상적 생활을 재현하는 것이기에 여성이 빠질 수 없었던 것이다. 가부장제는 남성이 훨씬 중요한 존재라고 말하고 있지만, 그것은 남성의 주장일 뿐이다. 여성은 결코 동의하지 않는다. 남성은 세상의 반일 뿐이다. 그러니 나머지 반인 여성의 존재를 생활 속에서 어떻게 지울 수 있을 것인가. 각설하고 풍속화가 우리에게 전해준 여성의 모습을 감상해 보자.

신윤복의 〈그네〉다. 젊은 여성 셋이 등장하는데, 오른쪽의 여성이 시방 그네에 막 올라탄 장면이다. 저 길고 풍성한 가체加髢를 보라. 아마도 한껏 사는 집안의 젊은 아가씨일 터이다. 그네를 묶은 나무는 늙은 배롱나무인가? 무슨 나무이거나 가지 하나가 길게 뻗어 능청거린다. 왼쪽 나무 아래 담뱃대를 물고 있는 여성은 아마도 결혼을 한 같은 집안의 여성일 가능성이 크다. 그리고 이 여성의 오른쪽에 서 있는 분홍색 저고리의 여자는 아직 어린 티가 역력하다. 유득공柳得恭 (1749~1807)의 《경도잡지京都雜志》에 의하면, 단옷날 그네를 탈 때 어린 소녀들이 붉고 푸른색의 새 옷을 갖추어 입고 창포탕으로 얼굴을 씻는다[64] 하였으니, 아마도 그 풍습을 따른 어린 소녀일 터이다. 물론 그림이 전하는 정보량이 적어서 어떻다고 단정하지 못하겠다.

그네야 언제 타도 그만이지만 여성의 외출을 억제했던 조선 후기 사회라면, 역시 그네를 타는 날은 단오다. 역시 유득공의 《경도잡지》

1 그네 신윤복, 국립
중앙박물관(중박 201005-188)

2 경도잡지 유득공이 조
선 후기에 지은 세시풍속
지다. 이 책에는 18세기 말
서울 사람들의 의복, 식생
활, 기물, 취미, 오락, 음
악, 세시풍속 등 각종 생활
상에 대한 다양한 정보가
수록되어 있다.

126

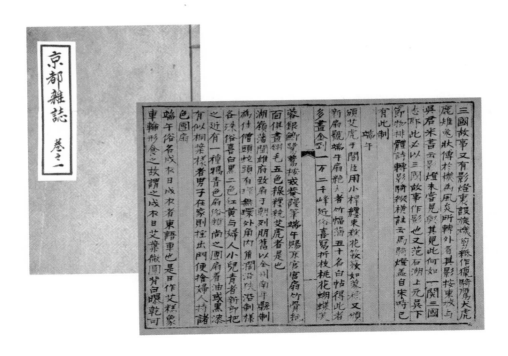

를 보면, 단옷날이면 시정의 여성들이 그네를 많이 뛴다고 전하고 있다. 다음 그림은 김준근의 〈단옷날의 그네뛰기〉다. 그림의 오른쪽 상단 구석에 '단오추천端午鞦韆'이라 적혀 있으니, 단옷날 그네뛰기를 그린 것임은 두말할 필요도 없다. 그림을 살펴보자. 푸른 소나무가 네 그루 있고, 그중 한 그루의 휘어진 가지에 그네를 매달았다. 여자 둘이 붉고, 푸르고, 노란 치마저고리를 날리며 한창 그네를 뛰고 있다. 그 좌우에는 여자들이 나와서 구경을 한다. 여자들은 부채를 들

朝鮮旺元山港金俊根

1 단옷날의 그네뛰기 ¦ 김준근, 개인 소장
2 그네뛰기(추천하는 모양) ① ¦ 김준근, 소장처 미상

고 있는데, 소나무 사이의 여인과 그네 바로 오른쪽의 여인은 부채 윗부분이 살짝 들어간 미선尾扇을 쥐고 있고, 맨 왼쪽 여인과 맨 오른쪽 여인은 둥근 부채를 쥐고 있다. 부채 역시 단옷날과 관련이 있다. 공조工曹에서 부채를 만들어 임금에게 바치면 임금은 이 부채를 다시 신하들에게 나누어주었던 것이다. 이것을 단오부채라 한다. 물론 이 그림의 부채가 임금님이 하사한 것은 아니겠지만.

소나무 아래 모인 여자들을 보자. 그네를 뛸 차례를 기다리고 있을 것이다. 재미있는 것은 소나무 아래에 큰 광주리를 놓고 앉아 있는 여자다. 광주리 옆에는 소반이 있고 소반 위에는 그릇이 놓여 있다. 술과 안주 따위를 늘어놓은 것일 게다. 한데 여자는 길고 흰 물건을 입에 물고 있다. 요즘으로 치자면 담배를 피우는 줄 알겠지만, 김준근 시대에는 권련이 없었다. 물고 있는 것은 엿이다. 어떻게 아냐고? 여자의 바로 뒤에 삿갓을 쓴 사내가 엿목판을 매고 엿을 팔고 있기 때문이다. 엿장수가 파는 엿은 가락엿이고, 여자는 이제 막 엿장수로부터 엿을 사서 입에 물었던 것이다. 〈그네뛰기 ①〉 역시 김준근의 작품이다. 그네를 뛰고 있는 두 여성에게만 초점을 맞춘 것이다.

김준근은 그네 뛰는 모습을 그린 그림 두 점을 더 남기고 있다(〈그네뛰기 ②, ③〉). 〈그네뛰기 ③〉은 앞의 것과 같은 방식의 그네지만, 〈그네뛰기 ②〉의 그네는 땅에다 그네 기둥을 박고 그네를 만든 것이다. 이런 그네를 땅그네라고 한다. 김준근의 그림이야 수준은 신윤복만 못하지만, 그네뛰는 모습을 훨씬 동적으로 그려냈다.

그네뛰기는 약간 성적인 뉘앙스가 있다. 곧 단옷날 그네뛰기는 젊은 남성과 여성의 로맨스를 만드는 계기가 되었던 것이다. 저 유명한

미선尾扇
태극선太極扇
원선圓扇

1 그네뛰기② 김준근, 함부르
  크 민족학박물관
2 그네뛰기③ 김준근, 함부르
  크 민족학박물관

《춘향전》의 한 구절을 보자.

수화유문水禾有紋 초문草紋 장옷, 남방사 홑단치마 훨훨 벗어 걸어두고,
자지紫芝 영초英綃 수당혜繡唐鞋를 썩썩 벗어 던져두고, 백방사白紡絲 진
솔 속곳 턱 밑에 훨씬 추고, 연숙마軟熟麻 추천鞦韆 줄을 섬섬옥수 넌짓
들어 양수에 갈라 잡고, 백릉白綾 버선 두 발길로 섭적 올라 발구를 제,
세류細柳 같은 고은 몸을 단정히 느니는데, 뒷 단장 옥비녀, 은죽절銀竹
節과 앞치레 볼작시면, 밀화장도蜜花粧刀, 옥장도며 광원사廣元紗 겹저고

리 제 색 고름에 태가 난다.[65]

보다시피 모르는 한자말이 많지만, 그저 비단옷 입고 비단신 신고, 옥비녀 하고, 옥장도 차고 그네 줄에 올랐다고 알아들으면 그만이다. 한마디 곁들여 보태자면, 《춘향전》이 민족의 고전이네 뭐네 하면서 잔뜩 떠받들면서도, 정작 한글로 이렇게 옮겨놓아도 한자를 모르면 무슨 뜻인지 알지 못한다는 것이다. 사대주의니 뭐니 하지 말고 짬을 내어 한자, 한문 좀 배우면 해로울 것은 없을 듯하다. 각설하고, 이제 춘향이 그네를 타는 모습을 보도록 하자.

"향단아, 밀어라"
한 번 굴러 힘을 주며 두 번 굴러 힘을 주니 발밑에 가는 티끌 바람 좇아 펄펄 앞뒤 점점 멀어 가니 위에 나뭇잎은 몸을 따라 흐늘흐늘 고고 갈 제, 살펴보니 녹음 속에 홍상紅裳 자락이 바람결에 내비치니, 구만장천九萬長天 백운 간에 번갯불이 쐬는 듯, 첨지재전홀언후瞻之在前忽焉後라, 앞에 어른하는 양은 가벼운 저 제비가 도화桃花 일점一點 떨어질 제 차려 하고 좇는 듯, 뒤로 번듯하는 양은 광풍에 놀란 호접胡蝶 짝을 잃고 가다가 돌치는 듯, 무산선녀巫山仙女 구름 타고 양대상陽臺上에 내리는 듯, 나뭇잎도 물어 보고, 꽃도 꺾어 머리에다 실근실근.
"이애, 향단아, 그네 바람이 독하기로 정신이 어찔하다. 그넷줄 붙들어라."

조선시대 그네 타는 장면에 관한 묘사로 이보다 더 자세하고 아름다운 것은 없을 터이다. 그네뛰기를 제재로 삼은 한시가 꽤나 있지만

1 대춘향전 표지 | 발행 연도 및 발
행처 미상
2 도상옥중화 표지 | 1952, 세창서관
3 옥중가인 표지 | 1925, 대창서원

《열녀춘향수절가》를 따라갈 것은 없다.

곱게 단장한 미인이 훨훨 하늘로 날아올라갔으니, 이것을 본 이도령 넋이 나갈 수밖에 없다. 넋이 나간 젊은 사내는, 서시西施, 우미인虞美人, 왕소군王昭君, 반첩여班婕妤, 조비연趙飛燕 등의 역사 속 미인의 이름을 주워섬기면서, 그런 미인이 나타날 수 없으니 이 미인은 도대체 어떤 미인이냐고 반문한다. 그 다음 이야기는 불문가지다. 사소한 실랑이 끝에 두 청춘남녀는 결혼식 생략하고 그날 밤 한 몸을 이룬다. 그네가 맺어준 사랑이었던 것이다.

《춘향전》의 그네뛰기로 맺어진 사랑은 소설 속의 허구일 뿐인가. 성종 때 최대의 성적 스캔들의 주인공이었던 어우동을 보자. 어우동의 파트너 중 한 사람인 수산수守山守 이기李驥가 어우동을 만났던 장소 역시 남대문 밖 그네 뛰는 곳이었다. 이기는 이도령처럼 어우동이 남대문 밖에서 그네뛰는 모습을 보고 홀딱 반했던 것이다.[66] 그네뛰기가 남녀가 만나는 계기가 되었던 것은 남성도 그네뛰기를 즐겼기 때문이었다. 김매순金邁淳(1776~1840)의 《열양세시기洌陽歲時記》에 의하면, 단오에는 젊은 남녀가 그네뛰기를 하는데 서울이나 지방이나 다 그렇고 관서 지방이 특히 심하다는 것이다.[67]

하지만 그네가 반드시 사랑을 약속하지는 않는다. 앞서 엿장수 그림에서 소개했던 〈덴동어미 화전가〉의 주인공 덴동어미의 인생 파란 역시 그네뛰기와 관련이 있다. 덴동어미는 원래 순흥 읍내 임이방의 딸이었다. 곧 아전 집안 출신이다. 그녀는 열여섯에 예천 읍내 장이방의 아들과 결혼을 한다. 그 이듬해 덴동어미는 남편과 함께 친정에 온다. 때마침 단오였다. 신랑은 그네를 뛰러나간다. 그런데 이것이

덴동어미의 비극의 시초였다. 신랑은 삼백 장 높이의 그네를 뛰다가 그넷줄이 끊어지면서 추락하여 숨이 끊어진다. 아직 '신정新情이 미흡한데' 덴동어미는 나이 열일곱에 과부가 되고 말았다. 그네는 사랑을 만드는가 하면, 사랑을 끊어버리기도 했던 것이다. 너무 우울하구나.

그네뛰기와 널뛰기는 조선의 여성들이 유일하게 즐기는 스포츠(?)였다. 여성들은 농사일, 물 긷기, 빨래 등의 노동이 아니면 집밖으로 나설 수가 없었다. 오직 허락된 명절에만 그네뛰기, 널뛰기와 같은 즐거운 스포츠를 할 수 있었다. 그네를 뛰고 널뛰기를 하면서 높이 솟아올랐을 때 여성은 자신에게 가해진 공간의 제약을 넘어 다른 세상을 볼 수 있었던 것이 아니겠는가?

한시에는 그네뛰기를 제재로 한 수많은 작품이 있다. 하지만 그런 것들보다는 서정주의 〈추천사〉 한 편을 권하고 싶다.

향단香丹아, 그넷줄을 밀어라.
머언 바다로
배를 내어밀듯이
향단아
이 다소곳이 흔들리는 수양버들나무와
베갯모에 놓이듯 풀꽃더미로부터
자잘한 나비새끼 꾀꼬리들로부터
아주 내어밀 듯이, 향단아

산호珊瑚도 섬도 없는 저 하늘로

나를 밀어올려다오.

채색彩色한 구름같이 나를 밀어올려다오.

이 울렁이는 가슴을 밀어올려다오!

서西으로 가는 달 같이는

나는 아무래도 갈 수가 없다.

바람이 파도를 밀어올리듯이

그렇게 나를 밀어올려다오.

향단아

　춘향은 서쪽으로 흘러가는 저 달처럼 산호도 섬도 없는 저 하늘로, 곧 푸르디푸른 바다와 같은 아무 것도 없는 텅 빈 저 하늘로 아주 떠나 그곳에 빠져버리고 싶다고 한다. 그래, 단오의 그네는 여성이 담장을 넘어 세상을 만날 수 있는 자유의 기회가 아닌가. 풍속화를 보고 원고를 쓰다가 문득 유리창 너머 푸르른 하늘을 보니, 홀연 나 역시 춘향의 생각에 동조해 저 바다 같은 바다로 빨려 들어가고 싶다. 우리는 너무 갑갑하게 살고 있지 않은가.

식도락의
즐거움

• 역모를 꾀하던 한 일당이 거사 전 대궐 밖의 개 잡는 집에서 개
장국을 사 먹고 대궐로 향한다. 그런가 하면 냉면에 반해 객지의 쓸쓸함도 냉면으로
달랠 수 있어 고향 꿈도 자주 꾸지 않게 되었다고 하는 선비도 있다. 어지간히 냉면
맛에 반했었나 보다. 여름에는 냉면이 있다면, 눈 내리는 겨울에는 친구들과 어울려
벙거짓골에 구어 먹던 고기 맛이 조선 식도락가들의 침샘을 자극하였다.

개장국

역모전 개장국 한 그릇

개가 나오는 풍속화는 여럿이 있다. 김홍도의 〈점심〉을 보면 들밥을 먹는 농부들을 물끄러미 바라보는 개가 있고, 이 책의 서두에서 다룬 김득신의 〈짚신 삼기〉(44쪽 참조)에도 더운 여름 혀를 내밀고 쌕쌕대는 강아지가 있었다. 하지만 개가 그림의 주인공은 아니다. 개가 주인공이 된 그림으로 말하자면, 이암李巖(1499~?)의 〈강아지들〉과 김두량金斗樑(1696~1763)의 〈등 긁는 개〉를 들 수 있다. 이외에도 개를 그린 그림은 다수 전한다. 개인적이기는 하지만 이 두 사람의 그림이 가장 좋다. 김홍도의 개 그림도 남아 있기는 하지만, 썩 끌리지 않는다. 이암의 〈강아지들〉에서 보이는 강아지는 얼마나 순진하고 귀여운가. 또 김두량의 〈등 긁는 개〉는 뒷발로 제 몸을 한참 긁고 있는 장면인데, 가려운 표정을 실감나게 포착하고 있다. 사실주의 회화의 한 정점을 보는 듯하다.

〈강아지들〉과 〈등 긁는 개〉에는 인간이 등장하지 않는다. 그런 점에서 〈강아지와 놀기〉와 〈개백정〉은 일상 속의 개를 그렸다는 점에서 앞의 그림과는 다르다. 〈강아지와 놀기〉는 신광현申匡顯(19세기)의 그림이다. 어린아이가 앞서 달리며 강아지를 부르고 강아지는 열심히 쫓아간다. 아이들은 예나 지금이나 강아지를 좋아한다. 이처럼 어린이가 좋아하는, 어린이와 어울려 노는 강아지는 애완견이다. 반면 김준근의 〈개백정〉을 보면 사정이 전혀 다르다. 사내, 곧 개백정이 개를 끌고 있고 개는 끌려가지 않으려고 앞발로 줄을 잡아당기고 있다. 불쌍한 생각이 왈칵 든다. 이 경우 개는 개장국의 재료일 뿐이다. 애완견과 식용견의 구분은 있지만 그 선은 명확하지 않다. 인간의 태도에 따라 애완견이 식용견이 되기도 하고, 식용견이 애완견이 되기도 하

1 강아지들花鳥猫狗圖 | 이암, 호
암미술관
2 등 긁는 개犬圖 | 김두량, 국립
중앙박물관
3 견도犬圖 중에서 | 필자 미상,
소장처 미상

는 것이다. 〈강아지와 놀기〉의 애완견은 언제 〈개백정〉의 식용견이
될지 모르는 것이다.

애완견의 역사는 오래다. 동아시아의 정치교과서인 《서경書經》에는
개에 관한 글 한 편이 실려 있다. 〈여오旅獒〉라는 글이다. 주나라가 은
나라를 멸망시키고 천하를 장악하자 사방에서 공물을 바친다. '여족
旅族'이 보낸 것은 큰 개('오獒'는 개란 뜻이다)였다. 여족이 바친 개는
식용이 아니고 애완의 대상이었음은 물론이다. 여족의 개를 보고 소
공召公이 무왕武王에게 이렇게 충고한다. "개와 말은 지금 이곳의 풍
토에 맞지 않으니 기르지 마시고, 진귀한 새와 기이한 짐승은 나라에
서 기르지 마시기 바랍니다" 이것은 왕이 애완동물에 빠져서 국정을
게을리하고 또 이런 것들을 구하느라 백성을 괴롭힐까 하여 하는 소
리다. 어쨌거나 〈여오〉를 보면 애완견의 역사가 아주 오래되었음을
알 수 있다.

조선시대 문헌에 애완견의 존재를 찾기란 어렵다. 다만 연암燕巖
박지원朴趾源(1737~1805)의 〈취하여 운종교를 거닐고 쓴 글醉踏雲從橋
記〉[68]에서 개를 '애완'하는 흔적을 볼 수 있을 뿐이다. 어느 여름 날
밤 박지원은 박제도朴齊道(박제가의 형), 이희경李喜經, 이희명李喜明,
원유진元有鎭, 이덕무, 서유린徐有隣 등과 어울려 술을 마시고, 운종가
종각 아래를 걷는다. 직접 읽어보자.

이때 3경 4점이 벌써 지나 달빛이 더욱 훤하게 비치고,
사람 그림자는 모두 열 발이나 늘어났다. 돌아보니 오싹
하여 무서운 생각까지 들었다. 길거리에 개들이 어지러

이 짖어댄다. 큰 개 한 마리가 동쪽에서 다가
왔는데 희고 수척했다. 여럿이 둘러 앉아 쓰
다듬으니, 좋아서 꼬리를 흔들고 오랫동안
고개를 숙이고 서 있었다.

박지원은 이어서 이 개는 몽고가 원산이
라는 것, 말처럼 크고 사나워 길들이기 어렵
다는 것, 중국에 들어간 것은 작은 종자이고
우리나라에 들어온 것은 더 작은 종자라는
것, 하지만 우리나라 개보다는 그래도 크다
는 것, 중국에 간 사신을 따라 조선으로 들
어온다는 것 등 관련 정보를 늘어놓는다. 재
미있는 것은 개의 이름이다. 보통 이 개를
호백胡白이라 하고 그중에서 작은 종자를
'발발이'라고 한다는 것이다. 요즘의 '발바
리'란 애완견은 아마도 이 개를 지칭하는 것
일 터이다. 다시 더 읽어보자.

무관懋官(이덕무의 자)이 취하여 개에게 '호백
豪伯'이란 자를 지어주었는데, 어느 틈엔가
사라지고 없다. 무관이 서운하여 동쪽을 향
해 서서 흡사 오래된 친구를 부르듯 '호백
이!' 하고 세 번을 불렀고, 일행이 한바탕 껄

1 강아지와 놀기招狗圖 신광현,
국립중앙박물관(증박 201005-188)
2 개백정屠犬 김준근, 기산 김준근
조선풍속도-매산 김양선 수집본,
숭실대학교 한국기독교박물관

漢 屠

껄 웃었다. 그러자 길거리에 개떼가 마구 달리
며 더욱 큰 소리로 짖기 시작하였다.

어떤가? 개에게 자까지 지어주었으니 이
덕무가 개를 가장 '애완' 했던 모양이다.
호백이는 어떻게 되었을까? '애완' 은 그
날로 끝나고 개장국이 되지 않았을까? 이제
개장국 이야기를 해보자. 유득공의 《경도잡
지》에 의하면 개장국을 먹는 것은 복날 풍속
이다.

개고기를 총백蔥白(파의 밑동)과 섞어 푹 찐
다. 닭고기나 죽순을 넣으면 맛이 더욱 좋다.
이것을 '개장狗醬' 이라 부른다. 혹 국을 끓여
고춧가루를 뿌려 흰 쌀밥을 말아서 먹기도
한다. 이것을 먹고 땀을 내면 더위를 물리치
고 허한 기운을 보충할 수 있다.

유득공은 "《사기》에 진秦나라 덕공 2년 처
음으로 복날 제사를 지냈다. 사대문에서 개
를 잡아 충재蟲災를 막았다"고 한 것을 복날
에 개를 잡아먹는 풍습의 시초로 보고 있
다.[69] 《예기》 〈내칙內則〉에도 개고기에는 차

조가 잘 어울린다고 하고 있다.

유득공의 기록에 의하면 개장은 원래 개고기를 찐 음식이었고, 지금의 국에 밥을 말아 먹는 스타일과는 달랐던 것으로 보인다. '개고기를 푹 찐다'는 부분의 원문은 '난증爛蒸'이다. 찐다는 의미의 '蒸'자를 쓰고 있다. 그리고 '혹 국을 끓여又作羹'라고 하고 있으니, 원래 개장은 찌는 요리였던 것이다. 개고기찜으로 말할 것 같으면 정조의 어머니인 혜경궁 홍씨의 회갑연 때도 올랐으니, 왕실에서도 먹는 요리였던 것이다. 시시한 요리가 아닌 것이다.

순조 때 홍석모가 쓴 《동국세시기》에도 개장에 대한 기록이 있는데, 《경도잡지》와 동일하다. 다만 '시장에서도 많이 판다市上亦多賣之'는 부분만 추가되어 있다.[70] 이 자료에 의하면 개장국은 조선 후기 시장에서도 많이 파는 음식이었던 모양이다. 〈개백정〉 역시 영업용 개장국을 끓이기 위해 개장수가 개를 끌고 가는 모습을 그린 게 아닐까? 어쨌거나 서울 시내에 개장국을 파는 집이 있었던 것은 분명하다. 《정조실록》 1년(1777) 은전군恩全君 이찬李襸을 추대하려는 역모를 꾀한 일당을 심문하는 과정에서 개장국 이야기가 나온다. 정흥문이란 자의 자술서에 "7월 28일에 대궐 밖의 개 잡는 집에서 강용휘와 제가 개장국을 사 먹은 뒤 같이 대궐로 들어갔습니다"[71]라는 말이 있다. 곧 서울에 개장국을 상시적으로 파는 가게가 있었던 것이다.

지금도 개장국은 판다. 한데 개장국 외에는 그냥 삶아 먹거나 전골로 먹어 그다지 요리법이 다양하지 않다. 하지만 조선시대에는 매우 풍부한 개고기 요리가 있었다. 개고기 요리법으로 연대가 상당히 올라가는 것은 숙종조의 인물인 홍만선의 《산림경제》 2권에 실린 〈치선

治膳〉의 개고기 요리다. 물론 〈치선〉은 소, 돼지 등 여러 고기 요리를 소개하고 있다. 여기에 두 가지 개고기 요리가 있는데, 첫째는 양념 한 개의 살을 동아冬瓜 속에 넣고 소금을 넣은 진흙으로 싸서 은근한 불 속에 넣어 익혀 먹는 요리다. 둘째는 개고기의 뼈를 발라 솥에 안친 뒤 내장을 양념과 함께 뼈 위에 얹고, 질그릇을 거꾸로 솥 위에 얹어 거기에 물을 넣은 뒤 불을 은근히 때어 솥 안의 고기를 익히는 방식이다. 첫 번째 요리법은 《구선신은臞仙神隱》이란 명나라 책에서 인용한 것이고, 또 하나는 《속방俗方》에서 인용한 것인데 《속방》은 아마도 책이 아니고 당시 민간의 요리법으로 보인다.

《산림경제》보다 약간 앞서 편찬된 요리서로 이현일의 어머니 정부인貞夫人 안동장씨張氏(1598~1680)가 쓴 《음식디미방》이 있다. 장씨의 생몰년이 홍만선보다 상당히 앞서고, 또 《음식디미방》이 1670년(현종 11)에서 1680년(숙종 6) 사이에 엮어진 것을 생각한다면, 아마도 《산림경제》보다는 앞서 편찬되었을 것이다. 이 책에 개장, 개장꼬지 누르미, 개장국 누르미, 개장찜 등의 요리와 또 '누렁개 삶는 법', '개장 고는 법' 등의 조리법이 실려 있다. 그중 '개장 고는 법'을 보자.

개를 잡아 갈비와 내장과 살을 뼈는 발라 버리고 매우 깨끗이 빤다. 솥에 넣고 간장 한 되, 참기름 한 종지, 참깨 한 되를 볶아 넣고, 후추, 천초를 넣어 물을 조금 붓고, 솥뚜껑을 뒤집어 덮는다. 그 뚜껑에 물을 부어 뜨거워지거든 다른 물로 갈기를 열 번쯤 하면 고기가 잘 무르거든 갈비는 찢고 내장은 썰어서 쓴다.[72]

이것은 《산림경제》에서 인용한 《속방》의 방법과 유사하다. 아마도 이런 방식이 현종 숙종 연간에 널리 유행한 것이 아닌가 한다. 또 이 방법은 빙허각 이씨의 《규합총서》에도 그대로 나온다.[73] 약간 이야기가 옆으로 새지만 《규합총서》에는 개고기 요리법이 이것 외에는 없다.

《음식디미방》의 개고기 요리법 중에서 내가 가장 재미있게 생각한 것은 '개장'이다. 보통 개장국, 즉 요즘 말로 보신탕을 예전에 개장이라 했는데, 여기서 말하는 개장은 그 개장이 아니다. 곧 개고기 순대다. 개의 창자에 개고기를 양념하여 소로 넣어 찐 것이니, 지금의 순대와 꼭 같은 것이지만 이제 아주 사라지고 없는 요리다.

《음식디미방》 외에 다양한 개고기 요리법을 보자면, 훨씬 후대의 자료로, 전통 요리법이 그대로 남아 있는 책이 있다. 《조선무쌍신식요리제법朝鮮無雙新式料理製法》의 〈개장〉[74]이 그것이다. 개장이라 하고는 괄호 안에 '지양탕地羊湯'이라 써놓았는데, 예전에는 개를 '지양地羊'이라 불렀던 모양이다. 이 글에서 개장은 백숙으로 하여 먹는 게 맛도 좋고 보기에도 좋다고 서두를 꺼낸 뒤 갖가지 개고기 요리를 열거한다.

된장에 하여 먹는 것이 습속이라 개를 퇴하여 하나니보단, 온통으로 그슬려서 칼로 긁어가며 씻어서 각 떠 놓고, 내장 빼어 말갛게 씻어 놓고, 고기는 피를 빼지 말고 삶되 먼저 토장물에 미나리 한 손만 뿌럭지로 기럭지 채 짚으로 묶어 놓고 호두 여남은 개를 온통으로 구멍을 깨지 않게 활비비로 서너 구멍을 뚫어 놓은 후에 끓여 대강 익거든 미나리와 호도는 건저 버리라. 개 내음새를 그 두 가지가 다 빼어내나니라.

146

1 규곤시의방閨壺是議方의 정본 표지[1] 안동장씨 부인이 1670년경에 저술한 이 책의 원제목은 "음식디미방飲食知味方", 즉 '음식의 맛을 아는 법'이란 뜻이다. 이 책은 각종 음식의 조리법을 기록한 조선 최초의 조리서다.

2 음식디미방의 원문 중에서[1] 이 책에는 개고기 음식이 여럿 나온다. 개찜, 개의 창자에 소를 채운 순대, 삶은 개고기를 꼬치구이 하는 법, 개갈비 만드는 법 등이 실려 있다.

'퇴하다' 는 '튀하다' 는 말이다. 곧 새나 짐승을 물에 넣었다가 꺼내어 털을 뽑는 것을 튀한다고 한다. 즉 이렇게 하지 말고, 개를 그슬려서 털을 태우고 칼로 긁어가며 씻어서 각을 뜨란 말이다. 그 다음은 미나리와 호두를 넣어 개 냄새를 없애는 방법인데, 재미있는 것은 호두에 활비비로 구멍을 몇 개 내어서 넣으라는 것이다.

그럼 이제 어떻게 요리를 하는가.

그 후에 부추가 제일이요, 파가 둘째니, 아무 것이든지 기럭지로 써서 흠뻑 무르도록 끓인 후에 고기와 부추를 꺼내어 고기는 손으로 뜯고, 해골을 쪼개서 골을 내어 놓고, 여러 가지 뼈와 살이 대강 붙어 있을 터이니, 국물에 도로 넣어 한소끔 끓이고, 고기는 고추와 파를 이기고 기름과 깨소금과 후춧가루와 계핏가루를 치고 부추나 파를 대강 이겨 모두 한데 주물러 넣고 그대로 겨자를 찍어 먹거나 국물에 넣어 국수 말아 먹나니라.

계핏가루를 치는 것과 국수를 말아먹는 것은 요즘 볼 수 없는 방법이다.

이 요리법은 또 개장을 잘 하려면 삶을 때 양지머리나 업진(소의 가슴에 붙은 고기)과 사태와 대구와 해삼과 전복을 넣고 끓여내어 먹으면 좋다고 말하고 있는데, 부재료가 더 비싼 게 아닌가.

어쨌든 별별 요리법을 다 소개한 뒤에 평양과 영남 지방 고유 요리를 소개한다. 창자와 기름을 따로 난도亂刀하여 갖은 고명과 함께 끓였다가 국을 뜰 때에 양념과 같이 위에다가 얹는 것이 평양식이요, 내장만 따로 양념하여 쪄서 먹는 것이 영남의 '연봉찜'이라고 한단다.

이런저런 갖가지 방법이 있지만 개고기를 구워먹는 요리법은 보지 못했다. 한데, 이규경의 《오주연문장전산고》의 〈산구준여변증설山膗餯餘辨證說〉에 개고기 구이가 나온다. 곧 개고기 정육을 기름과 간장으로 조미를 하고, 꼬치에 파와 함께 꿰어 굽는 것이다.[75]

개고기는 서울 시내에서 팔기까지 한 전통 음식이지만, 먹는 사람과 안 먹거나 못 먹거나, 먹기를 반대하는 사람이 뚜렷이 갈린다. 근대 이후에 와서 나뉜 게 아니고, 조선시대에도 그랬다. 이유원李裕元의 《임하필기》에는, 북경에 가서까지 개고기를 삶아 대령하라고 해서 먹은 심상규沈象奎(1766~1838)와 남의 집 잔치에 나온 개장국을 보고 '손님에게 대접하는 음식'이 아니라며 먹지 않았던 이종성李宗城(1692~1759)의 일화가 나란히 소개되어 있다.[76] 개고기 마니아와 개고기 반대론자는 조선시대 때부터 있었던 것이다.

조선시대 개고기 마니아를 꼽자면 중종 때 권신權臣 김안로金安老(1481~1537)가 있다. 이팽수란 자는 김안로의 비위를 맞추느라 봉상시 참봉이 되자 크고 살진 개를 골라 사다가 요리해 올린다. 김안로는 이팽수의 개고기 구이를 침이 마르도록 칭찬했고 이팽수는 이 공으로 승정원 주서가 되었다. 승정원 벼슬은 아무나 하는 것이 아닌 청직이다. 이팽수는 개고기로 주서가 되었으므로 '가장주서家獐主書'란 별명을 갖게 되었다.[77] 가장이란 '집노루'란 뜻인데, 개고기를 '가장'이라 불렀던 것이다.

어떤 미친 인간은 개고기 요리가 맛이 없다고 요리한 사람을 죽이기까지 하였다. 《효종실록》 즉위년(1649) 8월 19일조를 보면, 사간원

정언 이정영이 강원감사 유석柳碩이란 사람을 탄핵하고 있다. 유석은 국상 중 공석에서 고기를 먹었고 심지어 가장家獐을 먹기까지 했는데, 맛이 없다고 요리한 사람을 매를 쳐서 죽였다는 것이다. 한심한 인간이 아닌가.

개고기는 또 성균관 유생들에게 공급하는 별미이기도 하였다. 윤기尹愭(1741~1826)란 문인은 성균관에서 오랫동안 학생으로 있었는데, 그가 성균관의 풍속을 노래한 한시에 개고기에 관한 부분이 있다. 학생들에게 주는 특식을 '별미'라 하는데, 매달 1일과 6일이 드는 날 아침에 대별미大別味를 제공한다. 고직이는 전날에 미리 유생들에게 물어보고 요구하는 것을 구해 올린다. 3일과 8일이 드는 날은 소별미날이다. 이날은 생선을 올린다. 국을 끓이거나 구워서 올리는데 양이 적어서 유명무실했다고 한다. 그 외 명절 등의 별식이 있는 날이 있는데 복날도 거기에 들어간다. 초복에는 개고기를 주었고, 중복에는 참외 두 개, 말복에는 수박 한 통을 주었다고 한다. 윤기는 초복의 개

고기가 사소한 것 같지만, 중복의 참외보다 낫다고 말하고 있다.[78] 조선시대에도 국립대학에서 초복에 주는 보신탕이 학생들에게 가장 인기가 있었던 것이다.

개고기를 먹느냐 먹지 않느냐 하는 것은 지금도 계속되는 논쟁이다. 나는 어쩔 수 없는 자리에 끼면 마지못해 수저를 들지만, 일부러 찾아다니며 먹지는 않는다. 집에 강아지를 키우고 난 뒤로 그렇다. 이제 아주 안 먹으려 한다.

반중잡영泮中雜詠 중에서 | 윤기, 《무명자집無名子集》 시고 책2. 윤기가 성균관에서 20년간을 머물면서 보고 느낀 것을 220여 수의 시로 옮긴 책이다. 1773년 생원시에 합격한 이래로 대과에 합격하려는 포부를 지니고 성균관에 출입을 하였는데, 평소에 옛사람에게서 듣고 문헌을 통하여 접한 성균관에 관한 고사를 모아 시로 짓고, 끝에는 관리들의 부정과 파당의 폐해로 인해 옛 모습을 잃고 쇠락한 성균관의 모습을 한탄하는 내용의 시를 덧붙였다.

냉면

어느 냉면주의자의 냉면 그림 보기

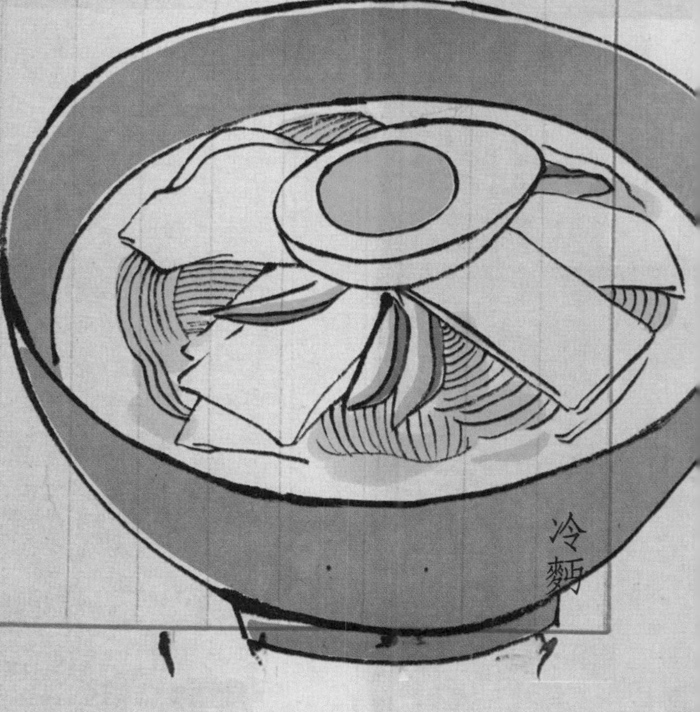

冷麺

언젠가 잡문에다가 나 자신을 냉면주의자라고 썼을 정도로 나는 냉면을 좋아한다. 한자리에 앉아서 냉면 세 그릇을 다른 사람이 한 그릇을 다 먹기도 전에 먹은 일도 있을 정도다. 다만 요즘은 자제하는 편이다. 체중이 불어나면 한 번 크게 꺾인 몸에 큰 지장이 있을 것이라는 담당 의사 선생님의 충고(아니 명령!)에 따라, 가급적 탄수화물의 섭취를 줄이려는 것이다.

부산에도 꽤나 냉면을 잘하는 집이 있어 수시로 찾아간다. 한데 이 집에서 입을 닦으라고 내어놓는 종이 상자에 냉면을 뽑는 그림이 있다. 서양화풍이 아닌 한국화풍이다. 가게의 주인에게 어디서 구한 그림이냐고 물었더니, 바빠 죽겠는데 무슨 한가한 질문이냐는 식으로 딱 세 음절로 답한다. "몰라요!"

냉면주의자답게 나는 공부하는 도중 혹 냉면에 관한 문헌이며 그림을 발견할 수 있을까 싶어 음식에 관한 이야기가 나오면 유심히 살펴보곤 했는데, 무소득이었다. 그러던 중 냉면 뽑는 그림을 보았으니 묻지 않을 수 있었겠는가. 해서 물어본 것인데 대답하는 품이 너무 박절하여 더 물어볼 엄두가 나지 않았다. 그러던 어느 날 김준근의 풍속화를 보던 중 발견한 것이 〈국수 누르는 모양〉이다.

보다시피 냉면틀이 있고 아래에 큰 솥이 있다. 시방 냉면 국수가 틀에서 나오고 있고 사내는 왼손에 나무젓가락을 쥐고 국수를 젓는다. 골고루 익으라는 것이다. 웃음이 절로 나오는 부분은, 왼쪽의 냉면틀을 엉덩이로 누르고 있는 사내의 모습이다. 사내는 사다리를 타고 올라가서 엉덩이에 자신의 체중을 실어 국수틀을 누르고 있다. 떨어지면 안 되기 때문에 오른손으로는 밧줄을 쥐고 있다. 방 안에는 장죽

을 문 여인이 국수 뽑는 것을 보고 있다. 이 여자가 아마도 이 남정네들을 지휘하는 주인일 것이다.

　이 그림의 냉면 뽑는 방식은 평양식이다. 냉면 뽑는 데도 여러 가지 방식이 있다고 하면 웃겠지만, 사실이 그렇다. 《별건곤》(41호) 1931년 7월호는 송작생松雀生이란 필자의 〈진기珍奇! 대진기大珍奇, 여름철의 8대진직업8大珍職業〉이란 글을 싣고, 여름철의 진기한 직업으로 여덟 가지를 꼽았는데, 여기에 냉면장수가 들어 있다. 냉면장수 외에는 세탁업자, 빙수장수, 아이스크림 장수, 마작구락부, 목욕탕, 야시장, 빈대약장수 등 일곱이다. 냉면장수는 일명 '눌러 먹고 사는 사람'이다. 읽어보자.

평안도 같은 데는 여름보다 겨울냉면을 더 맛이 있고 운치 있는 것으로 알지마는, 서울에서는 여름철에 냉면을 많이 먹는다. 아니 평안도에서도 실제 양으로 많이 먹기는 여름이다.

그것이야 어찌 되었던 여름철에 눌러 먹고 사는 사람이야 냉면집밖에 또 무엇이 있으랴. 서울에도 지금은 냉면집이 해마다 늘어난다. 값으로 치면 어느 집이나 보통 15전이지만은 솜씨에 따라 맛이 각각이다. 연조로나 깨끗하기로는 종로 평양루가 몇 째 아니 가지마는, 순평양식으로 닭고기 많고 국물 맛 좋기로는 무교정武橋町 진평옥眞平屋이 제일일 것이다. 그러나 배달이 신속치 못한 것이 한 흠점이다.

국수의 누르는 방법도 평양식과 서울식이 다르다. 서울에서는 분공이

위에 여러 사람을 타고 앉아서 내리 누르지마는, 평
양에서는 새다리梯子 같은 것을 놓고 한 사람이 분공
이 위에다 등을 대고 거꾸로 매달려서 그 새다리를
한 칸 한 칸씩 발로 뻗디디며 누른다. 냉면 많이 먹는
나라 사람으로 아직까지 냉면 누르는 무슨 편리한 기
계 하나를 발명하지 못한 것은 참 냉소冷笑할 일이
다. 어떻게 누르든지 누르기는 누른다. 여름철에 눌
러 먹고 사는 사람은 오직 그 친구들이다.

그러니까 냉면을 뽑을 때 서울식은 압력을 가하
기 위해 여러 사람이 냉면틀 위에 겹쳐서 올라가고
분공粉工이 최후로 위에 올라타지만(이 방식은 머릿
속에 그림이 그려지지 않아 유감이다), 평양식은 새다
리, 곧 사다리 위로 올라가 그 계단을 거꾸로 밟으
면서 힘을 주어 면을 누르는 것이다. 그러니 이 그
림은 평양식이다. 또 하나 눈에 띄는 것은 이 당시
서울의 순평양식 냉면은 닭고기를 얹어 주었다는
것이다. 이것은 완전히 잊힌 것인데, 1924년에 나
온 《조선무쌍신식요리제법朝鮮無雙新式料理製法》의
〈여름냉면〉에 의하면, 가게에서 파는 냉면은 "고기
나 닭국을 식혀서 금방 내린 국수를 말고 한가운데
다가 어름 한 덩이를 넣어 만든다"[79] 하였다. 요즘
쇠고기 편육을 한 조각 얹어주는 것과는 사뭇 달랐

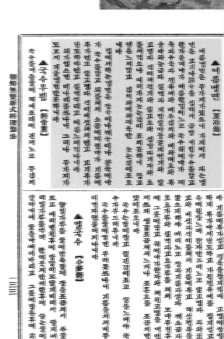

던 것이다.

국수는 유구한 역사를 자랑하는 음식이다. 그 유구한 역사에 걸맞게 만드는 방식도 다양하다. 우리나라의 경우, 썰어내는 칼국수와 눌러서 뽑는 냉면(혹은 막국수)의 두 가지 방식이 대종을 이룬다. 자장면을 만드는, 늘려서 뽑는 방식은 아마도 자장면이 들어오고 나서부터 유행한 것일 터이다. 물론 썰거나 누르는 방식도 한국만의 방식은 아니다. 국수를 먹는 곳이라면 모두 통용되는 방식인 것이다. 어쨌거나 이 그림 속의 국수틀을 보는 순간 나는 30년도 더 된 대학시절이 문득 떠올랐다. 1학년 새내기 때다. 대학생이 되어 좋았던 점은 도시락을 싸 가지고 다니지 않아도 된다는 것이었다. 학교 앞 국숫집에서 점심을 해결하는 때가 많았는데, 국숫집 아저씨는 〈국수 누르는 모양〉처럼 생긴 국수틀에 압력을 가하는 막대기(상당히 높았다)를 점프를 하여 잡고는 한참 대롱대롱 매달려 국수를 눌렀다. 씹을 때 약간 쫄깃한 식감이 있는 국수의 값은 100원 남짓 했던 것으로 기억한다.

냉면을 뽑는 그림은 〈국수 누르는 모양〉이 유일할 것 같다. 사람들이 냉면 먹는 모습을 그린 그림은 보지 못했다. 아마도 없을 것이다. 다만 국숫집으로 추정하는 사진은 남아 있다. 〈거리의 냉면집〉 사진이 그것인데, 처마 끝에 둥근 종이 술이 날리는 것을 볼 수 있을 것이다. 이건 냉면을 판다는 뜻이다. 최근까지 그러니까 1980년대 후반까지 서울 시내에서 냉면을 파는 집은 저 둥근 종이 술을 내걸었고, 그것을 보고 멀리서도 냉면을 파는구나 하고 알 수가 있었다. 이것도 하나의 풍물인데, 왜 모두 없앴는지 안타깝기 짝이 없다.

지금 한국 사람들이 그렇게 좋아하는 냉면이지만, 냉면에 관한 문

1 조선무쌍신식요리제법 표지ㅣ 이용기가 1924년에 출간한 고전 요리서다. 제목의 조선무쌍은 조선 요리 만드는 법으로서는 이만한 것은 둘도 없다無雙라는 의미다.

2 조선무쌍신식요리제법 중에서ㅣ 이 책은 밥 짓는 법부터 장 담그는 법, 술 담그는 법, 차 만드는 법, 정과 만드는 법 등 다양한 요리법을 담고 있는데 그림은 여름냉면 요리법이 소개된 부분이다.

헌은 극히 드물다. 어느 날 장유張維(1587~1638)의 문집을 읽다가 냉
면에 관한 시를 보고 환호작약했던 기억이 지금도 새롭다. 〈자줏빛
육수에 냉면을 말아 먹고紫漿(冷麪)〉란 시다.

높고 시원하게 터진 집 너무 좋은데
별미別味의 맛에 더욱더 놀라노라.
노을 빛 비치는 자줏빛 육수에
옥가루 눈꽃이 고루 담겼구나.
집어 입에 넣자 향기가 감돌고

냉기가 몸에 오싹해 옷을 끼어 입는다.

나그네 시름 이제부터 풀어지리니

고향 꿈도 이제 자주 꾸지 않으리라.[80]

장유는 냉면에 아주 반하여 객지의 쓸쓸함도 냉면으로 달랠 수 있어 고향 꿈도 자주 꾸지 않게 되었다 하니, 냉면 맛에 어지간히 반했나 보다. 어쨌거나 장유는 16세기 말 17세기 초의 인물이니 조선 중기에 이미 냉면이 있었던 것으로 보인다. 다만 제목이 〈자줏빛 육수에 냉면을 말아 먹고〉인데, 육수가 자줏빛인 이유를 모르겠다.

장유의 기록 뒤로는 종종 냉면에 관한 기록이 보인다. 가장 널리 알려진 것은 1849년에 홍석모가 쓴 《동국세시기》의 기록이다.

메밀국수를 무김치, 배추김치에 말고 돼지고기를 섞은 것을 냉면이라고

한다. 또 여러 가지 채소와 배, 밤, 쇠고기, 돼지고기 썬 것과 기름간장을

메밀국수에다 섞은 것을 골동면이라 한다. 평안도 골동면이 으뜸이다.[81]

이것은 11월의 풍속이니, 음력 11월이면 지금의 12월이나 1월이다. 한겨울에 먹는 시식이었던 것이다.

재미있는 점은, 김치 국물에 만 것을 '냉면'이라 하고 비빈 국수를 '골동면'이라고 한다는 것인데, 평안도 골동면이 으뜸이라는 것은 분명 요즘의 비빔냉면을 두고 말하는 것이다. 그렇다면, 요즘 비빔냉면을 함흥냉면이라고 하는 것과는 차이가 있는 것이 아닌가. 어찌 된 일인지 알 길이 없다. 다만 조선조와 일제시대의 문헌을 보면 늘 나오는 것이

평양냉면이요, 이따금 해주냉면, 황주냉면, 서울냉면을 입에 올릴 뿐 함흥냉면은 나오지 않는다. 정약용은 서흥도호부사瑞興都護府使 임성운 林性運에게 주는 시에서 "시월이라 관서에 한 자나 눈이 쌓이면, 겹겹이 휘장에 푹신한 담요로 손님을 붙잡아두고, 벙거짓골에 사슴고기 구워 주고 길게 뽑은 냉면에 푸른 배추김치를 내어오네"[82]라 하고 있는데, 서흥 역시 황해도의 고을이다. 이상하게도 문헌에 언급되는 냉면은 모조리 평양 아니면, 황해도 지방의 것이다. 최영년崔永年(1856~1935)은 《해동죽지海東竹枝》에서 "개성 서쪽은 모두 냉면을 잘 만든다. 평양은 그중 냉면의 최고 명산지다"[83] 하였으니, 아마도 냉면은 본디 황해도에서 평안도에 걸친 음식이었을 것이다. 한데 사정이 이렇다면 함흥식 냉면은 어떻게 되는 것인가?

각설하고, 냉면을 해 먹자면 그림에서 보는 바와 같이 국수틀이 있어야 한다. 한데 이 국수틀이라는 것은 집집마다 구비할 수 있는 것이 아니다. 홍석모가 서울의 11월 시식으로 냉면을 꼽은 것은 지금처럼 냉면이 시정의 음식점에서 팔리는 음식이었기 때문이다. 즉 냉면집은 조선 후기 서울에서 성업 중이었다. 19세기 사람인 유만공柳晚恭(1793~?)이 남긴 자료를 보자. 유만공은 《세시풍요歲時風謠》란 시집에서 서울의 풍물을 한시로 읊었는데, 77번째 작품이 바로 냉면집을 읊은 것이다.

왕년의 군치리집, 그 이름 자자하여
요즘 길거리 술집 으레 군치리집이라지.
평양냉면과 개성 산적을 판다지만

그 맛내기 어려우니 그를 어이하리오.

군치리집이라 부르는 술집에서 서경, 곧 평양의 냉면과 송경 곧 개성의 고기구이를 판다는 것이다. 이 시에 주석이 붙어 있는데, 이렇다.

술집에는 옛날에 군치리란 사람이 있었는데, 술을 잘 빚는 것으로 이름이 나서 지금도 술집을 군치리집이라 한다.

곧 군치리집이 술집이고, 여기서 냉면을 팔았던 것이다. 그는 《세시풍요》의 다른 시에서 "냉면집, 탕반집 길가에서 권세를 잡고 있으니, 다투어 들어가려는 사람들 세도가 문전 같네"[84]라고 말하고 있으니, 19세기 전반 서울 시정의 음식점에서 냉면집이 가장 인기가 있었던 것이다. 그렇다면 이 냉면가게는 언제부터 있었던가. 18세기의 유명한 학자 황윤석黃胤錫(1729~1791)의 일기인 《이재일기頤齋日記》에 1768년 7월 7일 과거시험을 치고 나서 점심때 냉면을 시켜 먹은 기록이 남아 있으니 적어도 18세기 중반에는 서울 시내에 냉면집이 있었던 것이고, 또 이것은 하루아침에 생기지 않았을 것이니 18세기 초반이나 17세기 말까지 거슬러 올라갈 수 있다.

냉면이 얼마나 인기가 있는 것이었냐 하면 순조 임금도 즐길 정도였다. 이유원李裕元(1814~1888)의 《임하필기林下筆記》를 보면, 순조는 즉위 초년에 달빛이 고운 한가로운 밤이면 군직軍職과 선전관宣傳官을 불러 달구경을 했는데 하루는 군직에게 '너희들과 함께 냉면을 먹고 싶다'면서 냉면을 사오란다. 나갔던 사람들이 돌아왔는데 한 사람은 냉면을 안 사오고 돼지고기를 사왔다. 왜 사왔냐고 물으니 냉면에 넣어 먹을 것이란다. 순조는 아무 말도 않고 냉면을 나누어줄 때 그 사람을 두고 "그는 따로 먹을 것이 있을 것"이라면서 냉면을 주지 않았다. 이유원은 "이 일은 측근 시신侍臣이 자못 본보기로 삼을 만한 일이다"[85]라고 말하고 있지만 그 이유를 모르겠다. 어쨌거나 냉면이 얼마나 맛이 있었으면 임금이 시정의 냉면을 신하를 시켜 사오게 한단 말인가.

어쨌거나 냉면은 북쪽의 음식이고 조선조가 끝날 때까지 평안도, 특히 평양의 음식이었다. 냉면에 관한 기록은 20세기 전반의 잡지와 신문에 더러 보이는데 거의 평양냉면을 들먹이고 있다. 1924년 《개벽》에 실린 '청오靑吾'란 필자의 〈잡관잡감雜觀雜感〉[86]이란 기사는 평양을 여행한 기행문인데, 여기에 냉면 이야기가 나온다.

개벽 | 1920년에 창간된 월간 종합 잡지다. 민족주의적 지향을 갖고 있었으므로 창간호부터 압수되는 등 시련을 겪다가 일제에 의해 1926년 8월에 폐간되었다. 1934년 11월 차상찬이 속간하여 4호를 내였으나, 1935년 3월 1일 다시 폐간되었다.

평남平南은 냉면국冷麵國

냉면이 평남 음식물 중 명품이라는 말은 경성京城에서도 이미 배불리 들었다. 그런데 실제에 본즉 참 과연 명물이다. 요리법도 요리법이어니와 맛도 좋고, 먹기도 퍽 잘들 먹는다. 어디를 가든지 별식도 냉면이오, 점심도 냉면뿐이다.

다시 말하면 평남에는 냉면을 제하고는 요리가 별로 없다 하야도 가하다. 특히 평양은 냉면의 본산지로 냉면가冷麵家도 많고 팔리기도 잘한다. 한집에서 흥성興成 잘될 때는 일수입日收入 300원까지 된단다(一器 보통 15전). 나도 10여 일 동안에 20여 기器을 먹었는데 갈 때마다, 냉면집에, 서기고 살만토치소, 맛박어치소 계모芥子도 주고 외집芥茱 한 그

룻 주소 하던 소리가 아직까지 귀에 쟁쟁한다.

'서기고 살만토치소', '맛박어치소'가 무슨 소리인지 알 수가 없으
나, 평양이 냉면의 대본영인 줄은 확실히 알겠다.

냉면의 대본영은 틀림없이 냉면 마니아, 곧 냉면주의자를 낳기 마
련이다. 1929년 12월호 《별건곤》에는 〈사시명물四時名物 평양냉면〉[87]
이란 제목의 글이 있는데, 김소저金昭姐란 필명의 작자가 냉면주의자
를 자처하고 나선다.

별건곤 1926년에 창간된 월간
잡지다. 《개벽》의 뒤를 이어 개벽
사에서 창간하였다. '취미 잡지'
라고 표방하였으나, 단순한 오락
물은 아니고 교양물과 민족적 성
격을 띤 기사가 실리기도 하였다.
1934년 7월 1일에 9권 6호, 통권
74호로 종간되었다.

봄, 봄바람이 건듯 불어 잠자던 모란대牧丹臺에 나무마다 잎 트고 가지마
다 꽃 피는 3, 4월 기인 해를 춘흥春興에 겨워 즐기다가 지친 다리를 대동
문大同門 앞 드높은 2층루에 실어 놓고 패강浿江(대동강) 푸른 물 따라 종
일의 피로를 흘려보내며, 그득 담은 한 그릇 냉면에 시장을 맺출 때!
여름, 대륙적 영향으로 여름날 열도熱度가 상당히 높은 평양에서 더위가
몹시 다를 때 흰 벌떡대접에 주먹 같은 어름덩이를 띄워 감추고 서리서
리 얼킨 냉면! 여름에 더위를 물리치고 개자芥子와 산미酸味에 권태를 떨
쳐버린다.
가을, 수년을 두고 그리던 지기를 만나 패성浿城에 맞아다가라도 버들사이
로 비치어오는 달빛을 맞으며 흉금을 헤쳐놓고 고회古懷를 설화說話할 때
줄기줄기 기인 냉면이 물어 끊기 어려움이 그들의 우정을 말하는 듯할 때!
겨울, 조선 사람이 외국 가서 흔히 그리운 것이 김치 생각이라 하듯이
평양사람이 타향에 가 있을 때 문득문득 평양을 그립게 하는 한 힘이 있
으니, 이것은 겨울의 냉면 맛이다. 함박눈이 더벅더벅 나리울 때 방 안

에는 바느질 하시며 《삼국지三國誌》를 말씀하시는 어머니의 목소리만 고요히 고요히 고요히 울리고 있다. 눈앞에 글자 하나가 둘, 셋으로 보이고 어머니 말소리가 차차 가늘게 들려올 때 "국수요 ……" 하는 큰 목소리와 같이 방문을 열고 들여놓는 것은 타래타래 지은 냉면이다. 꽁꽁 어른 김치죽을 뚫고 살얼음이 진장 김치국에다 한 저箸 두 저箸 풀어먹고 우루루 떨어서 온돌방 아랫목으로 가는 맛! 평양냉면의 이 맛을 못 본이요! 상상이 어떻소!

사시사철 냉면을 먹지 않을 수 없지만, 그래도 이 냉면주의자의 겨울냉면 맛에 가장 끌린다.

지금 서울에는 모모한 냉면집이 성업 중인데, 거의 예외 없이 찾아가서 먹어야 한다. 하지만 과거 서울의 냉면집은 배달을 해주었다. 1931년 여름의 일이다. 종로 관훈동 양복점 주인과 그 친구 사이에 희한한 내기가 벌어졌다. 즉 냉면 배달부 한 사람이 놋그릇에 냉면 80그릇을 담아 자전거를 타고 양복점까지 배달할 수 있느냐는 것이다. 내기 같지도 않은 내기로 열이 오른 두 사람은 급기야 제삼자를 시켜 냉면집에 전화로 가능 여부를 물었고, 냉면집에서는 불황으로 파리를 날리다가 이게 웬일인가 하여 할 수 있다고 답하였다. 논쟁을 벌이던 두 사람은 냉면집에 냉면 80그릇을 주문했다. 냉면집에서 사람을 보내어 정말인가 묻자, 틀림없는 주문이며 만약 80그릇을 한 사람이 자전거로 배달해 주면 배달부에게 상금 5원까지 지급하겠다고 거듭 확약하였다.

냉면집에서는 과연 한 사람을 시켜 냉면 80그릇을 배달했다. 자전거를 타고 한 손에 냉면 80그릇을 받쳐 들고서 양복점에 도착했던 것이다. 성사 여부를 감시하는 양복점 측의 감시원과 냉면이 엎어질까 걱정한 냉면집 식구 수삼 명이 따랐음은 물론이다. 세어보니, 80그릇이 아니라 거기에 한 그릇을 더한 81그릇이었다. 양복점에서는 장난으로 벌인 일이 사실이 된 것을 후회하고 배달된 냉면에 무슨 트집이라도 잡을까 하여 검사에 검사를 거듭했으나, 아무런 하자가 없었다는 이야기다.[88] 전화로 냉면을 주문하면, 큰 목판에다 냉면 그릇을 얹는다. 한 손으로는 목판을 받쳐 들고, 다른 한 손으로 자전거를 운전하는 것이 냉면 배달부의 소임이었던 것이다.

냉면에 대한 기록은 일제시대 신문에 자주 보이는데, 거개 냉면을 먹고 식중독을 사람이 앓는다든가 아니면 사람이 죽었다는 이야기다. 아마도 비위생적 환경에서 만든 육수가 세균에 오염되었기 때문일 것이다. 신문기사 중 하나 눈길을 끄는 것은 냉면조합이란 단체가 평양에 있었고, 파업도 했다는 기사다. 1931년 2월 9일 《조선일보》 기사에 의하면, 평양면옥조합平壤麵屋商組合이 냉면 값이 하락했다는 이유로 임금을 25% 내리자, 2월 8일 평양 시내 24곳의 냉면집 노동자 279명이 일제히 파업을 단행했다는 것이다. 어떤가. 이때의 냉면집 노동자도 파업을 하면서 자신의 권익을 찾았다. 하지만 냉면집 노동자들의 파업 때문에 시민들이 점심을 못 먹게 되었다며 파업을 나무라는 말은 나오지 않았다.

냉면 이야기는 아마 책으로 엮으면 한 권은 나올 것이다. 다음 기회로 미루자. 한데 냉면 이야기를 하다 보니, 어찌 뜬금없이 냉면이 먹고 싶으냐!

냉면개시 광고 '《동아일보》
1945년 4월 25일 3면. 평양과 함흥 지역의 음식 냉면은 한국전쟁 이후 남한에 널리 퍼진다. 서울 오장동 냉면 골목은 냉면집들이 몰려 있어 여름철 냉면을 찾는 사람들로 북새통을 이루었다.

벙거짓골

한겨울 나무 아래서 구워 먹는 고기 맛

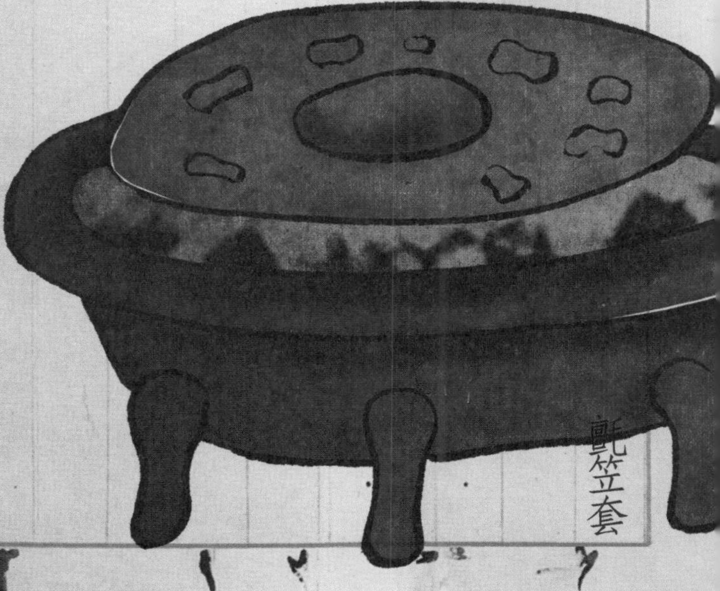

氈笠套

가끔 아주 흥미로운 그림은 남아 있지만, 정작 그 그림을 그린 사람에 대해 알려진 정보가 없을 때 답답하기 그지없다. 앞서 〈나물 캐기〉의 작자 마군후가 그런 사람이라 하겠는데, 여기 소개하는 성협成夾(19세기) 역시 그렇다. 오세창의 《근역서화징》에도 이름이 올라 있지 않으니, 어떤 내력의 인물인지 알 길이 없다. 답답한 일이지만, 어쩔 수가 없으니, 그림이나 보자.

제목은 〈고기 굽기 ①〉다. 다섯 명의 사내가 숯불을 괄하게 피운 불판에 둘러앉아서 고기를 구워 먹고 있다. 맨 오른쪽의 사내는 술병을 앞에 두고 한잔 쭉 들이키는 참이고, 바로 그 오른쪽의 사내는 왼손에는 구울 고기를 담은 접시를 들고 있고, 오른손으로는 구운 고기를 젓가락으로 집어 입으로 가져가고 있다. 입술을 약간 내밀고 있는 것으로 보아, 익은 고기가 뜨거워 불고 있는 것이다. 다시 그 왼쪽의 젓가락을 들고 고기를 집으려는 사내는 털이 달린 남바위를 쓰고 있다. 또 술 마시는 사내 아래쪽에 있는 사내는 두터운 복건을 쓰고 있다. 아마도 쌀쌀한 날인 듯하다.

재미있는 것은 흰 건을 쓴 사내다. 상주처럼 보이지만 그림만으로는 확신이 가지 않는다. 왼손잡이인 듯 왼손에 젓가락을 들고, 오른손에 역시 구울 고기를 담은 접시를 들고 있다. 친구들과 모여서 고기를 굽고, 한잔 쭉 들이키는 재미는 예나 지금이나 다를 바가 없을 것이다.

화제畵題가 있는데 읽어보면 다음과 같다.

술잔, 젓가락 늘어놓고 이웃 모두 모인 자리

버섯이며 고기며 정말 맛이 있네 그려

늙마에 이런 음식 좋아한들 어찌 식욕을 풀어보리

고깃간 지나며 입맛 다시는 사람일랑 본받지 말아야지

고기 굽기野宴 ①｜성협, 《성협풍속화첩成夾風(俗畵帖)》, 국립중앙박물관(중박 201005-188)

　이웃을 불러놓고 향기로운 버섯과 고기를 구워 먹으니 너무나 맛이 있다. 요즘도 그렇지 않은가. 친구들 불러 마당에서 소주 한잔에 삼겹살을 굽는 것이야말로 인생의 낙이다. 물론 마당이란 것이 도시의 삶에서 사라진 지 오래지만. 늙어지면 고기를 바친다. 하지만 늘 고기를 얻을 수는 없는 법이다. 그러니 고깃간 앞을 지나면서 입맛을 다시는 그런 사람일랑 본받지 말아야 할 것이다. 뭐, 이런 뜻이겠다.

다음 그림은 김홍도의 〈눈 속의 난로회煖爐會〉다. 그림 위쪽에 성가퀴가 있는 것을 보면, 아마도 서울 성곽 안팎의 어디쯤이다. 눈이 내린 뒤라는 것, 그리고 여자 둘이 끼어 있는 것을 제외하고는 〈고기 굽기 ①〉과 별로 다를 것이 없다. 역시 둥글게 둘러앉아서 고기를 구워 먹고 있다. 다만 고급스런 자리를 깔고 거기에 털가죽 방석까지 깔았으니, 제법 호사스런 자리다. 이 그림을 복제한 것이 필자 미상의 〈고기 굽기 ②〉인데, 눈만 쌓여 있지 않을 뿐 겨울옷을 차려 입은 것과 구도가 꼭 같다. 역시 겨울철인 것이다.

두 그림을 자세히 보면, 고기를 굽는 도구가 흥미롭다. 〈고기 굽기 ①〉을 자세히 보면, 가장자리가 둥글고 속이 움푹 파인 도구를 벌건 화로 위에 얹고, 고기를 구워 먹고 있다. 이것은 흡사 전립氈笠, 곧 벙거지를 거꾸로 뒤집어 놓은 것 같다. 벙거지는 곧 짐승의 털을 틀에 넣고 꽉 눌러서 만든 모자다. 벙거지의 가장자리에는 고기를 익히고, 움푹 파인 곳에는 국물을 끓인다. 고기를 구우면서 생긴 육즙은 움푹 파인 부분으로 들어간다. 국물이 고인 곳에서 다른 음식을 익힐 수도 있다.

유득공은 《경도잡지》에서 이 그릇에 대해 친절하게 해설을 해준다. "냄비 중에 전립투氈笠套라는 것이 있다. 그 형태가 전립과 비슷하기 때문이다. 채소를 가운데 익히고, 가장자리에 고기를 굽는다. 술안주나 반찬을 만들기에 좋다."[89] 그런데 이것은 서울의 겨울철 음식이었다고 한다. 19세기 중반의 문헌인 홍석모의 《동국세시기》(1849) 10월 풍속에 이런 말이 있다.

1 눈 속의 난로회煖爐會 | 김홍
　도, 〈사계풍속도병四季風俗圖屛〉,
　프랑스 기메 박물관
2 고기 굽기野宴 ② | 필자 미상,
　국립중앙박물관(중박 201005-188)

서울 풍속에 숯불을 화로 가운데 괄하게 피우고, 전철煎鐵을 얹은 다음, 기름간장, 달걀, 파, 마늘, 고춧가루로 만든 양념에 잰 쇠고기를 구워서 화롯가에 둘러앉아 먹는다. 이것을 난로회煖爐會라 한다. 이 달부터 추위를 막는 시식으로 먹는 것이니, 곧 옛날의 난란회煖暖會인 것이다.[90]

즉 벙거짓골이라 부르는 쇠고기 요리는 음력 10월 이후 날씨가 쌀쌀해지면, 추위를 막는 음식으로 먹었던 것이다. 〈고기 굽기 ①〉과 〈눈 속의 난로회〉가 모두 추운 날씨를 배경으로 하고 있는 것은 이 때문이다.

이와는 약간 다른 스타일도 있는데, 열구자悅口子란 것이다. 영조 때 홍문관 대제학을 지냈던 남유용南有容(1698~1773)은 친구 집에서 가까운 벗들과 술자리를 열고 시를 지었는데 이런 구절이 있다.

전립투 주로 전골을 끓일 때 쓰는 냄비다. 전립을 젖혀놓은 것과 같다 하여 전립투, 전립과라고도 한다. 무쇠로 만들었고 가운데가 움푹 패어 있어 국을 끓일 수 있도록 되어 있으며, 주변은 넓적해 여기에 고기를 익힐 수 있다.

깊은 술잔에 전심주傳心酒를 가득 붓고
은근한 불에 새로 열구자탕 끓이노라.[91]

이 시의 주석에 열구자탕에 대한 설명이 있다.

열구자는 작은 솥 이름인데, 생선과 고기를 던져 넣으면 즉시 익는다. 맛이 극히 맑고 연하다. 그러므로 열구자라 한 것이다. 옛사람들은 벗이 몇 명이 모이면, 술을 큰 사발에 담아 차례로 돌려가며 마셨다. 이것을 전심배傳心杯라고 한다.[92]

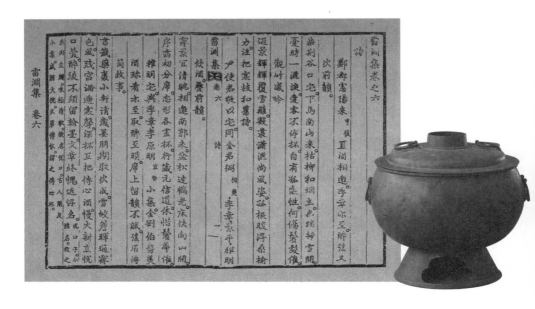

1 남유용의 시 《뇌연집雷淵集》
  권6
2 열구자(신선로) 여러 어육과
  채소를 넣어 끓이는 용구다. 신
  선로는 상 위에 놓고 열구자탕
  을 끓이는 용구와 신선로에 끓
  이는 열구자탕 모두를 말하기
  도 한다. 그릇 중앙에 숯불을
  담는 통이 있고, 그 둘레에 여
  러 가지 음식을 넣고 끓이게 되
  어 있다.

작은 솥에 생선이나 고기를 즉시 익혀 먹는다 했으니, 지금의 샤브
샤브와 같은 것이다. 앞에서 인용한 바 있는 《동국세시기》의 같은 글
에서도 "또 쇠고기나 돼지고기에 무, 외, 훈채, 계란을 섞어 장탕醬湯
(장국)을 만든다"고 하였으니, 무, 오이, 훈채, 계란을 베이스로 한 국
물에 쇠고기나 돼지고기를 익혀 먹는 것이다. 그리고 남유용의 말처
럼 큰 그릇에 술을 따라 친구들끼리 돌려 마신다 하였으니, 요즘 전
골냄비를 앞에 놓고 젊은이들이 술을 마시는 것과 다른 것이 전혀 없
다. 열구자, 곧 입을 즐겁게 한다는 이 요리의 이름은 지금은 전혀 쓰
지 않지만 알고 보면 딴 것도 아니다. 《동국세시기》에서 "열구자를
신선로라 부른다" 하였으니, 바로 신선로다. 하기야 신선로도 점점

잊혀가고 있지만 말이다.

신선로는 이제 규모 있는 한정식 집이 아니면 거의 찾아볼 길이 없게 되었지만, '벙거짓골'은 지금 한국 사람들 모두가 좋아하는 음식이다. 왜냐고? 벙거짓골을 '전립氈笠골'이라고도 하는데, 이 '전립골'에서 '립'자가 줄어서 '전골'이 된다. 전골은 지금 누구나 좋아하는 음식이다. 내가 사는 부산에는 해물탕을 '수중전골'이라 부르는데(아마도 수중水中의 모든 것이 한 냄비 안에 들어갔기 때문일 터이다), 아직도 벙거짓골과 꼭 같은 그릇을 쓰고 있다.

각설하고, 지금은 고기를 구워 먹는 것은 특별할 게 조금도 없는 일이다. 하지만 3, 40년 전만 해도 고기를 구워 먹는 것은 좀 특별한 일이었다. 고기, 특히 쇠고기는 국을 끓여 먹었지 구워 먹는 일은 좀 사는 집이라야 가능하였다. 나의 선배 한 분은 쇠고기국조차 군대 가기 며칠 전에 처음 먹었다고 한다. 그렇다 해서 쇠고기 구이 요리가 발달하지 않았다는 것은 아니다. 다만 쇠고기 요리, 특히 굽는 요리는 주로 서울에서 발달한 요리였지 지방이나 시골의 요리법은 아니었다. 말이 난 김에 쇠고기의 역사에 대해 간단히 살펴보자.

쇠고기를 본격적으로 먹기 시작한 것은 소를 부려 농사를 짓고부터일 것이다. 한데 이게 또 간단한 문제가 아니다. 앞서 《고려도경》을 인용해 고려 사람들의 육식에 대해 간단히 언급한 바 있는데, 이제 아주 본격적으로 인용해 보자.

고려는 정치가 아주 어질고, 부처를 좋아하여 살생을 꺼리기 때문에 임금이나 상신相臣이 아니면 양고기 돼지고기를 먹지 않고, 짐승의 도살도 서투르다. 오직 사신이 올 경우, 사신이 도착하기 전에 미리 키우고 있다가 사신이 도착하면 잡아서 쓴다. 짐승을 잡을 때는 짐승의 수족을 묶고, 뜨거운 불에 던져 넣어 숨이 끊어지고 털이 다 타서 빠질 때까지 기다렸다가 물을 붓는다. 만약 다시 살아나면 몽둥이로 쳐서 죽인다. 그런 뒤에야 배를 갈라 창자를 떼어내고 똥오줌을 씻어낸다. 그 고기로 국을 끓이고 굽기를 해본들, 악취가 계속 나기 마련이다. 그 서투른 솜씨가 이와 같다.[93]

고려 사람들은 불교를 믿기 때문에 고기를 먹지 않고, 또 소나 돼지의 도살에도 아주 서툴러 고려 사람들이 요리한 고기를 먹을 수가 없을 지경이라고 푸념을 한다. 불교는 신라 때도 국교였으니, 신라 사람들도 고기를 기피했던가. 조선 후기의 시인 조수삼趙秀三(1762~1849)은 〈세시기歲時記〉에서 신라 때는 정월 초하루가 되면 나라에서 스님을 모아 단향회檀香會를 베풀고, 스님 100명이 법의를 입고 경을 외고 온갖 놀이를 펼치는데 거기서 떡국과 '야설멱雪夜覓'을 제공했다고 한다.[94] 야설멱은 '대나무 꼬챙이에 쇠고기를 꿰어 구운 것以竹尖貫牛肉炙'이다. 즉 쇠고기 꼬치구이다. 스님이 참석한 불교 행사에 쇠고기 꼬치구이를 제공했다는 것인데, 이 신라의 풍습이 고려로 그대로 전해졌는지는 알 길이 없다. 또 조선 후기 사람인 조수삼이 신라 풍습이라고 전하는 이야기를 곧이곧대로 믿을 수도 없는 노릇이다.

어쨌거나 1392년 조선이 건국된 이후에는 불교의 자리에 유교가 들어섰으니, 종교적 이유로 쇠고기를 먹지 못할 것은 없었다. 또 국가의 여러 유교식 제사에 반드시 희생, 즉 동물을 제물로 바치게 되어 있었다. 당연히 짐승의 도살을 꺼리지 않는다. 고기를 먹는 것 역시 꺼릴 일이 아니다. 한데, 소는 또 농우農牛다. 쇠고기를 많이 먹으면 결과적으로 농사지을 소가 모자라게 된다. 그래서 소를 도살하지 못하도록 하는 법을 만들고, 어기는 사람은 처벌하기로 하였다. 하지만 고기를 먹으려는 욕망이 식을 리가 없다. 돈 있고 권세 있는 양반들은 쇠고기를 즐겨 먹었다. 성균관 유생들은 원래 등록금도 내지 않고 기숙사비도 없고 식사도 공짜다. 그런 유생들의 반찬으로 쇠고기가 빠지지 않고 밥상에 올랐다. 쇠고기를 먹는 것은 법으로 금지되어 있었지만, 그런 법이야 지키지 않아도 그만이었던 것이다.

한데 조선 전기의 쇠고기 요리가 어떤 것이었는지는 알 수가 없다. 구체적인 요리법을 기록한 조리서는 17세기에나 나오기 때문이다. 홍만선洪萬選(1643~1715)의 《산림경제山林經濟》는 숙종조에 편찬된 가정생활서인데, 이 책의 2권 〈치선治膳〉 어육魚肉에 쇠고기, 양고기, 돼지고기, 꿩고기의 조리법이 열거되어 있다. 그중 쇠고기 조리법을 보자.

고기 구울 때는 대꼬챙이에 꿰어 숯불에 올려놓는다. 기름, 소금, 장 등 갖은 양념에 재어두었다가 술과 초로 반죽한 밀가루풀을 발라 잽싸게 뒤집어가며 굽는다. 다 익으면 밀가루 껍질을 벗긴다(《거가필용居家必用》). 쇠고기구이炙牛肉는 삶은 뒤에 굽는다. 굽는 법은 앞에서 말했다(《거가필용》).

설하멱적雪下覓炙은, 쇠고기를 납작하게 썰어 칼등으로 두드려 연하게 만든 뒤 꼬챙이를 꿰고 기름과 소금으로 양념을 해서 꼭꼭 눌러두어 양념이 남김없이 배게 한다. 그 고기를 은근한 불에 굽다가 물에 넣었다가 급히 꺼내어 다시 굽는다. 이렇게 세 번을 하고는 다시 참기름을 발라서 구우면 고기가 아주 부드럽고 맛이 좋다(《서원방西原方》).

이 자료에서 두 가지 점을 눈여겨볼 필요가 있다. 첫째는 《거가필용》이란 책이다. 이 책의 정식 명칭은 《거가필용사류전집居家必用事類全集》(전 10권)인데, 《산림경제》에서 다룬 고기 조리법은 대부분 이 책에서 인용한 것이다. 《거가필용》은 역대 명현의 격훈格訓과 일상에 도움이 될 만한 지식들을 10권으로 묶은 책이다. 작자는 모르고, 다만 원대元代에 엮어진 책으로 추정한다. 아마도 이런 책이 들어와서 고기 굽는 것을 알렸을 것이다. 또 고려가 몽고의 지배를 받으면서 육고기를 먹는 문화가 차츰 퍼진 것이 아닌가 한다.

두 번째, 설하멱적을 소개하고 있는 《서원방西原方》은 그 출처를 알 수 없는 책이다. 보통 경험하여 얻은 약효 등을 소개하는 책을 '○○방'이라고 하는데, 아마도 '서원西原'이란 호(혹은 지명[95] 기타)를 가진 사람의 경험방이 아니었을까. 최영년崔永年(1856~1935)의 《해동죽지海東竹枝》에는 설하멱적을 개성부의 명물 요리로 소개하고 있기 때문이다.

이것은 개성부의 예로부터 전해져 오는 명물이다. 만드는 법은 소갈비나 소염통을 기름과 갖은 양념에 재워 굽는 것이다. 굽다가 고기가 반쯤 익으면 찬물에 담갔다가 다시 훈채葷菜로 조미해 굽다가 반쯤 익으면 냉수에 잠깐 담갔다가 재빨리 건져내어 센 숯불에 다시 구워 익힌다. 눈 내리는 겨울밤에 안주거리로 아주 좋다. 고기는 아주 부드럽고 맛이 좋다.[96]

곧 개성부의 전통 요리로 인식되었던 것인데, 추측컨대 몽고의 고려 지배기에 몽고인이 개경에 와 있었을 것이고, 거기에 몽고에 드나든 고려인들 중 대부분은 개성 사람이었으니, 설하멱적이 개경의 전통 요리가 된 것이 아닌가 한다. 물론 딱 부러진 증거를 내놓으라 하면 할 말은 없다.

이야기가 약간 옆으로 새지만, 고려시대에 쇠고기를 먹지 않았던 개성 사람들도 세월이 지난 뒤에는 쇠고기를 많이 먹었나 보다. 1768년 10월 5일 이덕무李德懋는 〈서해여언西海旅言〉[97]에서 개성 부근을 지나면서 이런 말을 남기고 있다.

> 말을 객점에다 매어 두고 어둠이 찾아들 무렵 걸어 남문南門으로 들어가 만월대滿月臺을 찾았다. …… 이어 느린 걸음으로 큰길을 걷노라니, 고기 굽는 냄새가 집집마다 풍겼고 저자의 흐릿한 등불 아래서 백정들이 소를 잡고 있었다.

고기 굽는 냄새가 집집마다 풍겨 나오고, 흐릿한 시장의 등불 아래서 백정들이 소를 잡았다 하니, 고기를 먹지 않는다고 하던 《고려도경》의 모습과는 얼마나 다른가. 하기야 서긍이 개성을 보았던 1123년과 이덕무가 개성을 여행했던 1768년 사이에는 645년이라 세월이 놓여 있다. 무엇인들 바뀌지 않으랴.

《산림경제》의 요리법이 얼마나 유행했는지는 알 길이 없다. 비슷한 시기에 나온 이현일李玄逸의 어머니 정부인貞夫人 안동장씨張氏(1598~1680)가 쓴 《음식디미방》에는 족탕, 양숙, 양숙편, 양볶이 등의 요리법이 나와 있지만, 정작 설하멱은 없다. 하지만 '동아적' 요리법에 대한 언급 중 "굵고 살찐 동아를 썰어 고기산적 꿰듯이 꿰어, 설하적雪下炙 꿰듯이 하여"[98]라고 말하고 있으니, 적어도 이 시기에 설하적이 요리를 담당했던 사대부가의 주부들에게 알려져 있었음을 알 수 있다.

이런 증거로 볼 때 설하멱은 조선 후기에 와서 꽤나 유행한 음식이 되었던 듯하다. 빙허각 이씨는 《규합총서》에서 진주좌반, 장볶이, 족편, 쇠곱창찜, 쇠꼬리곰 등의 쇠고기 요리와 함께 설하멱을 소개하고 있다.

등심살을 넓고 길게 저며 전골 고기보다 훨씬 두껍게 하여 칼로 자근자근 두드려 잔금을 예어 꼬치에 꿰어 기름장에 주무른다. 숯불을 싸게 피워 위에 재를 얇게 덮고 굽되, 고기가 막 끓거든 냉수에 잠가 다시 굽기를 이처럼 세 번 한 후, 다시 기름장, 파, 생강 다진 것과 후추만 발라 구워야 한다.[99]

세부적인 것만 차이가 날 뿐 《산림경제》의 것과 꼭 같다. 한데 지금 이 요리법은 사라지고 없다. 다시 부활했으면 하지만 이 귀찮은 요리법을 누가 재현한단 말인가. 아마도 설하멱적이 사라지고 벙거짓골과 열구자탕이 유행하게 된 이유는, 그 요리법의 어렵고 쉬움에 있었던 것은 아닌가? 물론 나만의 생각이다.

《음식디미방》이건 《규합총서》건 모두 양반가의 요리를 다루고 있다. 이런 요리를 보면 양반가에서 쇠고기를 많이 소비했음을 짐작할 수 있다. 그중에서도 특히 서울의 쇠고기 소비가 가장 많았다. 보통 소를 잡는 사람을 백정이라 하지만, 그것은 서울을 제외한 곳에서 그

규합총서 | 빙허각 이씨가 1809년(순조 9)에 엮은 의식주 관련 가정 백과사전이다. 이 책은 주식의酒食議, 봉임칙縫絍則, 산가락山家樂, 청낭결青囊訣, 술수략術數略의 총 5장으로 구성되어 있다. 특히 주사의에서는 장 담그는 법, 술 빚는 법, 밥과 떡뿐만 아니라 반찬류의 제조와 관리법을 다루고 있다.

렇다. 서울에서는 성균관의 노비들이 소를 잡아 쇠고기를 판매한다. 성균관의 주위 동네를 반촌泮村이라 하고, 그 동네에 사는 사람을 반인泮人이라 한다. 이들은 고려 때 안향安珦(1243~1306)이 성균관에 기증한 노비의 후손이라고 한다.

　반인들은 성균관에 소속된 노비이기 때문에 성균관에 노역을 제공하면, 당연히 성균관 재정에서 반인들의 먹고 살 물자나 방도를 마련해 주어야만 하였다. 임병양란 이후 성균관 재정이 어려워져 반인들이 먹고 살 길이 없게 되자, 조정에서는 반인들에게 소의 도살과 판매의 독점을 허락해 주었다. 반인은 일정한 세금을 바치고 쇠고기 가게를 열게 되었던 바, 그것을 현방懸房이라 한다. 현방은 고기를 달아 매놓고 파는 가게란 뜻이다. 현방은 시대에 따라 가게 수가 다른데 많을 때는 48개, 적을 때는 22개였다.

서울 시내에 쇠고기를 파는 데가 20곳이 넘었다는 것은 쇠고기의 수요가 그만큼 많았다는 뜻이다. 또 음식 중에서 쇠고기 요리를 으뜸으로 쳤음은 두 말할 필요도 없다. 박지원朴趾源(1737~1805)의 〈만휴당기晩休堂記〉란 글을 보면 벙거짓골로 고기를 구워먹는 장면이 나온다.

예전에 눈 내리는 어느 날, 나는 작고한 대부 김술부金述夫 씨와 함께 화로를 놓고 고기를 구워먹는 난로회煖爐會를 행한 적이 있다. 세속에서는 이것을 철립鐵笠(쇠벙거지)이라고 부른다. 온 방 안이 연기로 그을고 비린내와 누린내가 사람에게 배어들자 김공은 먼저 일어나서 나를 데리고 북쪽 마루 아래로 나아갔다. 그는 부채를 부치며 말하기를, "이렇게 맑고 시원한 곳도 있네그려. 가히 신선도 부럽지 않으이" 하였다.
잠시 뒤에 밖을 내다보니 여러 하인들이 심부름을 하느라고 처마 밑에 섰는데 너무 추워 발을 동동 구르고 있었고, 그 집의 자제들은 떠들다가 끓는 국물을 엎질러서 손을 데었다고 와자지껄 떠드는 소리가 그치지 않았다.[100]

눈이 내리는 날 친구들과 어울려 벙거짓골로 고기를 구워 먹었던 추억을 떠올린 것이다.

하지만 이것도 잘 사는 양반들의 식도락이지 서민들은 결코 누릴 수가 없었다. 서민들이 즐겨 읽었던 《흥부전》을 보자. 흥부는 워낙 가난한 탓에 자식들에게 옷을 다 해 입힐 수 없다. 큰 자루를 만들어 자식들을 쓸어 담고 사람 머리만한 구멍을 뚫는다. 자식들이 머리를 내놓을 구멍이다. 이러니 한 사람이 뒤가 마려우면 나머지도 모두 뒷간에 따라가야 한다. 한 놈이 일을 보는 동안 다른 놈들이 먹고 싶은 것을 줄줄이 늘어놓는다. 먹을 것이 없을수록, 먹지 못할 형편일수록 먹고 싶은 것은 더 많아지는 법이다. 한 놈이 "애고 어머니, 우리 열구자탕에 국수 말아 먹었으면" 하자, 또 한 놈이 "애고 어머니, 우리 벙거지전골 먹었으면" 하고, 거기에 또 한 놈이 "애고 어머니, 우리 개장국에 흰밥 조금 먹었으면" 하고, 또 한 놈이 "애고 어머니, 대초찰떡 먹었으면" 한다. 먹고 싶은 음식 랭킹 1, 2, 3위가 고기로 만든 것이다.

흥부 자식들의 소원은 뒤에 제비의 '보은報恩박'을 타면서 풀렸지만, 그것은 그래도 소설 속의 일이다. 이제까지 감상한 그림에서 고기를 구워 먹는 자리에, 세상 모든 사람이 끼어들 수 있게 된 것은 미국산이며 호주산이며 수입한 쇠고기가 넘쳐나는 20세기 끝자락부터다. 한데 그 쇠고기가 결코 안전한 먹을거리가 아니니 정말 어찌할 것인가.

조선요리 중에서 1940년 손정규가 조선의 요리를 일본어로 펴낸 조리서다. 사진은 이 책에 너비아니 조리법이 소개된 부분이다.

풍류

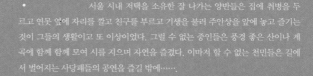

서울 시내 저택을 소유한 잘 나가는 양반들은 집에 취병을 두르고 연못 옆에 자리를 깔고 친구를 부르고 기생을 불러 주안상을 앞에 놓고 즐기는 것이 그들의 생활이고 또 이상이었다. 그럴 수 없는 중인들은 풍경 좋은 산이나 계곡에 함께 함께 모여 시를 지으며 자연을 즐겼다. 이마저 할 수 없는 천민들은 길에서 벌어지는 사당패들의 공연을 즐길 밖에……

취병

자연을 두르고 벌인 풍류놀음

翠屏

十三 〈후원유연後園遊宴〉은 김홍도의 〈사계풍속도병四季風俗圖屏〉 중 하나다. 〈사계풍속도병〉은 모두 여덟 폭인데, 이 그림은 그중 첫째 그림이다. 그림 속 공간은 크게 푸른 담장을 중심으로 둘로 나 뉜다. 그런데 이 푸른 담장이 몹시 궁금하다. 이것은 틀을 짠 뒤 그 속 에 나무를 심은 것이다. 즉 나무로 자연스럽게 담장을 만든 것이다. 운치 있는 이 담장을 '취병翠屛'이라 한다. 취병에 대해서는 앞으로 다시 언급하기로 하고, 우선 취병 안으로 들어가 보자. 취병 안 공간 에서는 젓대와 거문고 연주가 한창이다. 이 작은 연주회의 주인공은 아무래도 궤상에 오른팔을 얹고 손을 뺨에 기댄 채 음악을 듣는 사람 일 터이다. 그 오른쪽에는 갓을 쓰고 담뱃대를 문 양반이 있는데, 아 마도 주인의 초청을 받은 사람일 것이다. 그 뒤의 갓을 쓰고 도포를 입은 양반은 주인의 자제가 아닌가 한다. 그리고 이 양반과 이야기하 고 있는 사람은 상노인 듯하다.

거문고를 연주하는 사람과 젓대를 불고 있는 사람은 큰 갓과 가죽신 을 단정히 벗어놓았다. 이로 보아, 역시 양반일 것이다. 여자도 셋이 있 는데, 왼쪽의 여자는 가리마를 썼으니 당연히 기생이다. 다만 이 기생 이 의녀인지 침선비인지는 알 수가 없다. 오른쪽의 여자 둘 역시 기생 이 틀림없다. 양반가의 여성이 이런 자리에 끼일 수는 없기 때문이다.

취병 바깥에도 사람이 몇 보인다. 오른쪽에는 주안상을 차려 들고 들어오는 계집종 둘이 보이고, 왼쪽에는 담뱃대를 물고 남정네와 수 작을 하는 여자가 있다. 이 여자 역시 취병 안에 있는 기생들과 한패 일 것이다. 그 왼쪽의 남자 둘이 문제인데, 갓을 젖혀 쓴 꼴이 이미 술 을 한잔했거나 아니면 평소 행실이 좋지 않은 인사들인 듯하다. 하지

대금

1 후원유연(後園遊宴) ┃ 김홍도, 〈사계풍속도병〉,
프랑스 기메 박물관
2 연못가의 가야금(聽琴賞蓮) ┃ 신윤복, 《혜원전
신첩惠園傳神帖》, 간송미술관

만 도포와 두루마기를 제대로 차려 입은 것을 보면, 길거리의 왈패도 아니다. 아마도 기방에 드나드는 내놓은 오입쟁이가 아닐까?

어쨌거나 이 그림 속 공간은 예사 집이 아니다. 그림 위쪽을 보면 정교하게 쌓은 벽돌담이 있고 그 중간에 다시 지붕을 약간 돋우고 기와를 얹은 문이 있다. 벽돌담을 따라 내려오면 괴석을 가져다놓고 그 옆에 대나무를 심었다. 다시 그 앞에 나무를 다시 빗금무늬로 엮어(혹은 돌을 깎아) 화단을 보호하고 있다. 그 아래는 돌을 다듬어 사방을 메운 연못이 있다. 이건 정말 거창한 저택의 일부인 것이다.

《조선사람들, 혜원의 그림 밖으로 걸어 나오다》에서 나는 신윤복의 〈연못가의 가야금聽琴賞蓮〉의 공간 역시 서울의 큰 양반가나 중인부호와 같은 부잣집일 것이라고 했는데, 이 집 역시 김홍도가 살아 있을 당시 서울의 으뜸가는 저택이었을 것이다. 이런 저택에서 기생을 부르고 주안상을 차리고, 친구와 함께 음악을 감상하는 것이야말로 서울의 귀족화된 양반만이 누리는 즐거움이었다.

실제로 이런 집을 소유했던 사람에 대한 기록을 보자. 정조 10년 (1786) 6월 12일 장령 이사렴李師濂이 총융사 이방일李邦一(1724~1805)을 탄핵한다. 요지는 이방일이 5월 11일 자신의 정원을 수리하고 정자를 짓느라 돌과 나무를 요란스럽게 운반했다는 것이다.[101] 5월 11일은 정조의 아들인 문효세자文孝世子가 죽은 날이다. 어떻게 세자가 죽은 날 자신의 정원을 고쳐 짓는다고 거창한 공사를 요란스럽게 벌일 수 있겠느냐는 것이다. 정조 역시 괘씸한 생각에 조사를 명했던 바, 그것은 사실이었다.

이방일은 무신으로 경상좌도수군절도사, 남양부사, 좌·우포도대장, 어영대장, 삼도수군통제사를 거쳐 1786년 총융사가 된 사람이다. 한창 출셋길을 달리고 있던 참에 자신의 집을 호사스럽게 꾸미고 있었던 것이다. 그는 자신의 영향력 아래에 있는 각 군영의 목수, 기와장, 석공 등을 강제로 동원해 공사를 벌였고, 이것이 문제가 되고 말았다. 정조의 명에 의해 조사가 이루어졌는데, 이사렴의 상세한 보고는 이러했다.

이방일 부자의 정원과 집은 한동네 안에 연이어 쭉 뻗어 있습니다. 올해에 기와집 한 채를 사들여 넣으면 다음해에 이웃집 몇 채를 빼앗아 헐어버리는 식으로 만든 것입니다. 이른바 군관청軍官廳은 비록 그의 집 문밖에 있지만, 곧 자기 것이 될 땅이기에 이런 기이하고 화려한 집을 지은 것입니다.

목재며 석재를 운반할 때 소 방울 소리가 길을 울렸고, 들보와 마룻대를 세울 때는 영차 소리가 땅을 흔들 지경이었습니다. 거기다 장교와 하례下隸를 호되게 들볶고, 장인과 목수를 모질게 부렸습니다. 심지어는 같은 동네에 집을 짓고 사는 백성들 중에 장인과 목수가 있다 하여, 포졸을 많이 풀어 그들을 잡아다 부려먹기까지 하였습니다.

안팎으로 공사를 하는 곳이 굉장히 많아, 정원이니, 정자니, 안채니 하는 소리가 장인과 목수들의 공초에 나오기까지 하였으니, 이방일이 깡그리 덮고 숨기는 짓거리가 지극히 방자합니다.[102]

한동네에 길게 뻗어 있는 이방일 부자의 정원과 저택은 여러 민가를 사거나 빼앗은 뒤 자기 관할하에 있는 장교와 하례, 장인, 목수 그리고 자신과 상관없는 같은 동리에 사는 장인과 목수까지 강제로 동원해 지은 것이었다. 문제의 '취병'도 이 공사 안에 포함되어 있었다. 이방일은 자신이 포도대장으로 있을 때 휘하에 두었던 포교捕校 윤재신尹再莘을 시켜 공사를 감독하게 하였으므로 윤재신을 조사하였다. 윤재신의 말이다.

3월 초에 주장主將(이방일)이, "사당을 지금 중건하고 싶다. 네가 공사 감독을 맡으라" 하였기에 옛 사당을 헐고 세칸을 다시 지었습니다. 또 작은집의 이웃집을 사서 그곳에다 행랑과 창고를 지었습니다. 그밖의 정원과 정자, 연못, 석함石函, 가산假山, 현판懸板, 각석刻石 등으로 말하자면, 이렇습니다. 사랑 뒤 한 칸짜리 정자의 사방 벽에 현판과 편액扁額이 있었고, 취병翠屏으로 정자를 빙 둘러쌌습니다. 정자 앞에는 큰 석함이 있고, 석함 앞뒷면에 모두 글자가 새겨져 있었습니다. 석함 옆에는 또 돌로 만든 가산이 있고, 작은 사랑 앞에는 나무로 만든 가산이 있었습니다. 정자 주춧돌은 큰 돌로 새로 쪼아 바꾸었습니다.

이방일의 집은 석함石函과 돌로 만든 가산假山이 있었다 하니, 매우 고급스러운 주택이었던 것이다. 그리고 석함, 곧 석지石池에는 '詠樂沼后溪洞天'라고 새겨 잔뜩 멋을 내었다. 거기에 취병까지 만들었으니 오죽 사치스러웠으랴!

취병장翠屏匠 김귀빈金貴彬은 6월 7일 아들을 데리고 가서 11일에 돌아왔다고 한다. 취병장이란 취병을 만드는 장인이니 당시 취병에 대한 수요가 꽤나 있었던 것 같다. 어쨌거나 이방일은 세자가 죽은 날 건축

공사를 벌인 죄로 평해현平海縣으로 귀양살이를 가는 신세가 되었다.

취병을 두고 있는 집이라면 그림에서 보는 바와 같이 저택이다. 취병을 만드는 장인이 있을 정도니, 서울 시내에 이런 저택들이 꽤나 있었던 모양이다. 취병 안 연못 옆에 자리를 깔고 친구를 부르고 기생을 불러 주안상을 앞에 놓고 즐기는 일은 당시 잘 나가는 양반들의 생활이고 또 이상이기도 하였다.

참고로 이덕무의 〈벽옥란시고서碧玉欄詩稿序〉[103]를 보자. 벽옥란이란

동궐도 중 주합루 부분' 조선시대 독특한 조경 기법인 취병은 공간을 분할하는 담의 기능을 하면서도 공간의 아름다움을 더하는 미적 기능을 가지고 있다. 취병은 일부 상류층의 정원과 궁궐의 정원에만 사용되었다. 〈동궐도〉에서 부용정 주변에 둘러진 녹색 담이 취병이다.

이선보李善甫란 사람의 호다. 즉 이선보의 시집에 붙인 서문인 것이다. 한데 선보는 그의 이름이 아니고 자다. 실명은 찾을 수가 없다. 다만 이선보의 형은 이유수李惟秀(1721~1771)란 양반인데, 형조판서까지 지낸 꽤나 알려진 인물이다. 이덕무는 〈벽옥란시고서〉에서 이유수를 이렇게 회고한다.

들자니, 그의 백씨 완이공莞爾公은 근세의 이름난 재상이었다. 풍류와 문장이 시원스럽고 우아하여, 한시대의 가장 빼어난 인물들과 어울려 문장을 지으며 한가롭게 노닐기를 좋아하였다. 도성 동쪽에 있는 그의 누대樓臺는 서울에서 으뜸이라, 여기에 술자리를 베풀고 벗들을 불러모아 왕왕 거창한 잔치를 벌이기도 했는데, 거문고와 비파를 뜯으며 한껏 즐거움을 누리고 파하였다.

이런 형을 보고 컸기에 이선유 역시 쩨쩨하지 않고 풍류를 알았다는 것이다. 물론 이선보의 이야기는 여기서 알 바가 아니다. 이런 풍류 있는 삶이야말로 이 시기 양반들이 가장 선호하는 삶이었다는 것이다.

이유수가 형조판서를 지낸 데서 알 수 있듯, 이런 삶은 서울의 거창한 양반가가 아니면 불가능하였다. 정약용의 〈만어정기晩漁亭記〉104를 읽어보자.

전 수안군수遂安郡守 권공權公은 여러 대 경상卿相을 지낸 집안 출신으로, 조년早年에 과거에 합격해 재상의 물망이 있었다. 하지만 나이 들고 몸은 쇠하며 벼슬길이 순조롭지 아니하여 미관말직을 벗어나지 못하였다. 이에 마포가에 물러나 살며 매일 그물과 낚싯대를 쥐고, 서강西江에서 배를 타고 홀로 즐거워하였다.

공은 자신의 정자를 '만어정晚漁亭'이라 하였는데, 그 뜻인즉 '내가 고기잡이를 시작한 것이 늦었다'는 것이다. 정자 앞에 이름난 꽃과 기이한 나무를 많이 심고, 괴석과 진귀한 새를 길렀다. 정자 안에는 거문고 하나와 바둑판 하나를 마련해 두었고, 이웃의 여러 노인들이 찾아오면 주안상을 차려 함께 즐겼다. 높은 벼슬이야 얻지 못했지만, 그 즐거움으로 말하자면 벼슬하는 것보다 훨씬 나았다.

나는 권공의 손자 영석永錫과 좋이 지내는 사이라, 자주 만어정을 찾았고 그때마다 공을 뵙곤 했는데, 벌써 4,5년 전의 일이다. 나이보다 훨씬 젊은 얼굴에 흰 머리를 하고 마냥 즐겁고 기쁜 마음으로 지낼 뿐이고, 불평스러운 속내를 조금도 밖으로 드러내지 않았다. 나는 내심 탄복하는 마음을 억누를 수 없어, 이처럼 글을 지어 올리는 것이다.

권사언權師彦이란 사람이 마포 근처에 지은 만어정晚漁亭이란 정자에 붙인 기문이다. 권사언은 숙종 때 영의정을 지낸 권대운權大運(1612~1699)의 고손이다. 혈손은 아니고, 권대운의 증손인 권세달權世達의 양자로 들어간 것이다. 어쨌거나 남인 명가의 후손이다. 아마도 당쟁의 부침 속에서 뜻대로 출세하지 못하자, 늙마에 서울 마포 강가에 정자를 짓고 날마다 서강에서 낚시질을 했던 것이다. 늦게야 어부의 삶으로 돌아왔으니, 이것이 '만어晚漁'란 호의 유래다.

만어정 앞뜰에는 꽃과 나무, 괴석과 새를 길렀고, 거문고 한 틀과 바둑판 하나를 마련해 이웃의 같이 늙어가는 친구들을 불러 즐긴다.

후원아집도 | 필자 미상, 국립중앙박물관(중박 201005-188)

괴석과 새는 이미 〈후원유연〉에서 본 바 있다. 학이나 오리를 기르지 않았던가. 〈만어정기〉에 좀더 부합하는 그림은 〈후원아집도後園雅集圖〉다. 그림 아래쪽에 돌로 가를 두른 네모반듯한 연못이 있고 연꽃이 피어 있다. 어린 아이(아마도 이 집의 상노床奴일 것이다)가 낚싯대를 드리우고 있는 중이다.

연못 위쪽에는 사방관을 쓴 양반이 큰 소나무에 걸터앉아 두루마리를 펼쳐보고 있다. 아마도 서화일 것이다. 옆에 갓을 쓴 사내와 함께 점잖게 서화를 감상하는 중이다. 시선을 왼쪽으로 돌리면 바둑판을 놓고 두 남자가 한창 대결 중인데, 오른쪽의 남자는 열이 뻗치는지 맨상투 바람이다. 관전하는 훈수꾼도 없을 수 없으니, 탕건을 쓴 한 사내는 장죽을 물고 흑백의 전투를 여유 있게 감상하는 중이다. 다시 그림의 위쪽으로 시선을 옮기면 그림 오른쪽의 대부분을 차지하는 바위 언덕이 있고, 왼쪽에는 기와를 얹은 담장과 솟을대문이 있다. 정말 어느 대갓집의 후원인 것이다.

1 위기도圍碁圖 필자 미상, 국립중앙박물관(중박 2010 05-188)
2 바둑판과 바둑돌 바둑은 가장 점잖은 오락이었다. 조선 후기에는 국수國手라 할 만한 고수들이 나와 활약하였다. 두 사람이 마주 앉아 바둑판 위에 바둑돌을 한점씩 서로 번갈아 놓고 경기의 끝판에 이르러 각자가 차지한 '집'의 수효를 계산하여 승부를 겨룬다.

　필자 미상의 〈위기도圍碁圖〉와 〈투호도投壺圖〉를 보자. 몸을 심하게 뒤튼 소나무를 살리기 위해 막대기를 받쳐두었다. 그 그늘에 돗자리를 깔고 양반 넷이 앉았다. 바둑판을 사이에 두고 복건에다 심의를 입은 도학자 풍의 남자가 반상을 노려보며 착수하기 위해 바둑알 통에 손을 넣고 있다. 왼쪽의 갓을 쓴 사내는 이제 막 한 점을 놓고 있는 중이다. 이 사내의 왼쪽에는 정자관을 쓰고 사내가 부채를 쥔 채 관

3 투호도_{投壺圖} 필자 미상, 국립중앙박물관(중박 201005-188)

4 투호 두 사람 간에 혹은 두 편을 나누어 하던 놀이다. 한 사람씩 12개의 투호시_{投壺矢}를 던져 그 사람의 점수를 합하는 방식으로 놀이를 진행하였다.

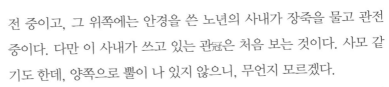

전 중이고, 그 위쪽에는 안경을 쓴 노년의 사내가 장죽을 물고 관전 중이다. 다만 이 사내가 쓰고 있는 관冠은 처음 보는 것이다. 사모 같기도 한데, 양쪽으로 뿔이 나 있지 않으니, 무언지 모르겠다.

〈투호도〉는 어떤가. 화살을 들고 겨냥을 하고 있는 사내와 그 반대쪽의 복건을 쓴 사내가 한창 겨루고 있는 중이다. 겨냥을 하고 있는 사내가 쓰고 있는 것은 와룡관인데 정조 등극 이후 오직 규장각 각신

1 행려풍속도병 | 김득신, 호암
미술관. 행려풍속이란 선비가
세속을 유람하면서 보는 풍정
을 담은 것이다. 주인공은 대개
나귀를 타고 가는 선비로 등장
한다. 대체적으로 4계절의 변
화가 뚜렷하게 보이는 소재들
로 그려졌다(왼쪽부터 차례대로 2
면부터 8면).
2 야연野宴 | 김득신, 〈행려풍속
도병〉 1면, 호암미술관

閣臣에게만 쓰기를 허락한 것이다. 이 사내는 아마도 규장각 벼슬아
치인 모양이다. 그림 아래에는 먹이를 찾는 오리 일곱 마리가 연못에
떠 있다. 이 역시 어떤 호사스런 풍경이다.

이제 다른 그림을 한 점 보자. 이런 풍의 그림은 종종 볼 수 있으니,
김득신의 〈행려풍속도병行旅風俗圖屛〉의 〈야연野宴〉이 그것이다. 〈후
원유연〉과는 달리 이 그림의 공간은 집 안의 어떤 공간이 아니라, 완
전히 야외다. 그림의 구도는 비슷하다. 그림의 양쪽에는 바위 언덕이
솟아 있고 그 사이에는 시냇물이 흐르고 있다. 시냇물 오른쪽 공간에
사람들이 여럿 앉아 있다. 이 공간은 약간의 인공을 더한 것이다. 원
래 이렇게 평평할 수 없지만, 사람들이 많이 찾기 때문에 땅을 평평
하게 고른 것으로 보인다. 이렇게만 그렸으면 약간 밋밋할 뻔한 그림
에 키 큰 소나무 둘을 배치하여 공간에 변화를 주고, 운치를 더했다.

사람들을 보자. 가장 오른쪽에 앉아 있는 사람이 시방 거문고를 타
고 있는 중이다. 이것은 앞의 〈후원유연〉과 동일하다. 그 왼쪽에 젊은

여자 둘이 앉아 흥을 돋는데, 아마도 기생으로 보인다. 그 왼쪽에 남자 다섯이 술병과 술잔, 안주가 들어 있는 찬합을 가운데 두고 앉아 있다. 술병 위쪽의 남자는 왼손을 뒤통수에 괴고 비스듬히 누워서 음악을 듣고, 술병 아래쪽의 남자는 왼팔을 땅에 짚고 거문고를 타는 남자를 바라보고 있다. 왼쪽의 네 명은 장죽을 물고 부채를 쥐고 앉아 있다. 다만 맨 아래쪽 남자는 갓을 쓰지 않고 맨머리로 있으나 자세히 보면 상투를 덮는 무언가 관_冠 같은 것을 쓰고 있는데, 정확히 무엇인지는 알 수가 없다. 그림 중간의 큰 소나무 뿌리 아래 소년이 하나 앉아 있는데, 아마도 심부름을 하는 어린 상노일 것이다. 그림 아래쪽을 보자. 두 여인이 보자기를 덮은 함지박을 이고 흙을 덮은 다리를 건너고 있다. 아래에는 위의 계곡에서 흘러내려 온 물이 흐른다. 두 여자 뒤를 따르는 소년은 목이 긴 병을 조심스럽게 들고 있는데, 보나마나 술병이다.

이 자리는 양반들의 들놀음이다. 계절은 봄이다. 왼쪽 바위 언덕 위의 작은 나무들을 보라. 흰 꽃과 분홍 꽃이 이제 막 피고 있다. 그리고 함지박을 인 여자들 앞쪽을 보면, 역시 흰 꽃이 피어 있다. 매화일 것이다. 이른 봄이다. 얼음이 풀리고 매화와 벚꽃, 복숭아꽃이 차례로 피고 날은 따뜻하다. 이런 날 친구들과 모여 앉아 거문고 연주를 들으며 술잔을 기울이는 그런 삶이 간혹 부럽기도 하다.

사족이지만, 이제까지 본 그림에 등장하는 악기는 대부분 거문고다. 사대부가 아니어도 거문고를 연주하지만, 사대부가 악기를 연주했다고 하면 거문고가 으뜸이다. 이따금 옛그림에 비파를 타는 장면이 나오기는 하지만, 그래도 가장 선호하는 악기는 거문고다. 지금 남아 있는 조선시대 악보도 대개 거문고 악보다. 《임원경제지林園經濟志》란 거창한 저술을 남긴 실학자 서유구徐有榘(1764~1845)는 죽을 때 시중드는 이에게 거문고를 타라 했는데, 곡이 끝나자 세상을 떴다고 한다. 학자의 죽음으로는 이것도 괜찮지 않은가.

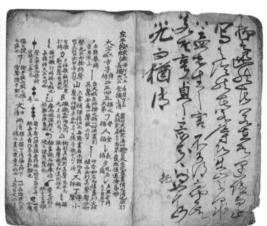

1 **어은보**柳遇譜 조선 숙종·영조 때 거문고 명인 어은 김성기의 가락을 엮은 거문고 합자보다. 영산회상, 가곡 등 조선 후기 양반들이 즐겨 타던 악곡들이 수록되어 있다.

2 **양양금**襄陽琴 전주류씨 함벽당종택, 경상북도유형문화재 제314호. 이 거문고는 1726년에 만들어진 숙종 때 양양부사와 순천부사를 지낸 류홍원柳弘源의 거문고다. 거문고는 오동나무와 밤나무를 붙여 만든 장방형의 통 위에 명주실을 꼬아 만든 여섯 줄을 걸치고 술대라는 나무 막대기로 줄을 치고 뜯어서 소리를 내는 악기다. 전통 음악에 사용될 뿐만 아니라 백악지장百樂之丈이라 하여 특히 선비에게 애용되었다.

3 **양금신보**梁琴新譜 선조 때 장악원 악사 양덕수가 저술한 거문고 악보다.

4 **삼죽금보**三竹琴譜 명금들의 탄법과 가락이 소개된 거문고 악보다(19세기에 편찬, 국립국악원 소장).

5 **금서**琴書 첩 형식으로 휴대할 수 있게 만들어진 거문고 악보다(20세기 초반).

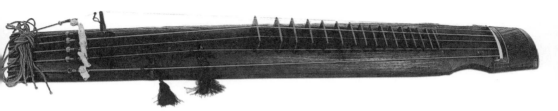

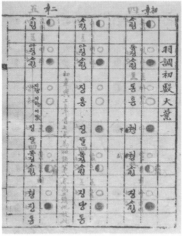
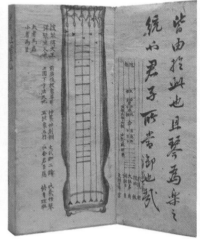

시회
풍습

양반 사회에서 시를 잘 짓는다는 것은

두 장의 그림을 보자. 〈옥계청유도玉溪淸遊圖〉는 이인문李寅文 (1745~1821)이 그린 것이고, 〈월야시음도月夜詩吟圖〉는 김홍도가 그린 것이다. 두 장은 같은 모임을 그린 것인데, 보다시피 그림이 아주 다르다. 즉 어떤 사람들이 모임을 갖고 이인문과 김홍도에게 기념으로 자신들이 모인 모습을 그려달라고 한 것인데, 서로 아주 다른 그림을 그렸다. 이인문의 그림은 높은 절벽 아래의 널찍한 공간에 사람들이 모여 있고, 김홍도의 그림은 사립문 안 초가집의 작은 문 안쪽 널찍한 공간에 사람들이 모여 있다. 어떻게 해서 이런 차이가 나게 된 것인가. 이 물음에 답하기 위해서는 한참 우회로를 걸어야 한다.

조선은 양반관료국가다. 다시 말해 양반이 관료가 되어 사회를 지배하는 국가다. 그런데 모든 양반이 관료가 되는 것은 아니다. 관료에는 고급 관료와 중하급 관료가 있다. 또 관료직에는 문반직과 무반직이 있지만, 문반직이 사실상 관료조직의 거의 전부를 차지하고 있었기에 일반적으로 관료라고 하면 문반직을 말한다. 이점을 일단 염두에 두자.

양반은 과거를 통해서 관료가 된다. 과거 합격은 고급 관료로의 진출을 보장하는 것이다. 요즘으로 치면 행정고시에 합격한 사람만이 고위 공무원이 되는 것과 같다. 물론 9급에서 출발해 아주 드물게 1,2급의 고급 관료가 되는 경우도 있지만, 아주 드문 일로 보아야 할 것이다.

관직체계에 고급 관료만이 있는 것은 아니다. 중앙집권제란 피라미드 구조여서 상층부를 이루는 고급 관료는 그 수가 매우 적다. 당연히 중하층 관료들이 많고, 이들이 행정 실무를 다룬다. 고급 관료는 보다 넓은 차원에서 정책을 고안하고 결정하는 역할을 맡는다. 그러므로 행정 일선에서 실무를 담당하는 관리가 필요한데, 이들을 보통

아전衙前이라고 한다. 아전에는 서울 관청에서 근무하는 경아전과,
지방 관청에서 근무하는 향리가 있다. 경아전은 또 서리胥吏 혹은 서
리書吏라고 부른다. 서리도 여러 종류로 나뉘고 또 그 사이에 높고 낮
음도 있지만, 여기서는 그런 복잡한 이야기를 굳이 할 필요가 없다.

조선시대의 기본 법전인 《경국대전》에 의하면 서울에 있는 아전,
즉 경아전은 약 1,500명 정도가 된다. 물론 이는 법전의 숫자이고, 꼭
이 수가 유지된 것은 아니다. 문서를 작성하고 발송하는 것, 세금을

징수하고 통계를 내는 것이 모두 이들의 소관이다. 따라서 이들은 관료국가에서 매우 중요한 존재였다.

《경국대전》에 의하면 서리는 취재取才란 간단한 시험을 보고 뽑았다. 시험과목은 《경국대전》, 훈민정음과 간단한 산수였다. 행정 실무에 필요한 지식만 간단히 테스트했던 것이다. 한데 이 취재는 효력이 별로 없었다. 영조 때 《경국대전》을 개정하여 《속대전》으로 만들었는데, 《속대전》에는 취재 조항이 삭제되고 없다. 그렇다면 어떻게 서리

1 옥계청유도玉溪淸遊圖 이인문, 한독의약박물관
2 월야시음도月夜詩吟圖 김홍도, 한독의약박물관

를 뽑았을까? 서리가 되려면 큰 양반가의 겸인傔人이 되어야만 하였다. 겸인은 '청직이'다. 대개 큰 양반가는 규모가 엄청나기 때문에 그 집안의 재정과 복잡한 일체의 사무, 그리고 집안 주인이 고급관료일 경우 외부에서 찾아오는 손님의 안내 등의 일을 맡을 사람이 필요하다. 이런 사람들은 양반가에서 일하기 때문에 한문을 쓰고 읽을 줄 알았다. 조선 후기 서울의 큰 양반가에는 예외 없이 겸인이 있었고, 어떤 자료에 의하면 한 양반가에는 겸인이 30명이나 있었다고 하니 겸인의 숫자는 결코 적지 않았던 것이다.

양반가의 겸인은 자신이 섬기던 양반이 고급 관료가 되면 그 연줄을 이용해서 관청의 서리가 되었다. 관청의 서리 중에서도 특별히 좋은 자리는 국가의 재정을 담당하는 관청, 예컨대 호조와 병조, 선혜청 같은 곳이나 인사권을 쥐고 있는 이조와 형조처럼 권력이 집중된 곳이었다. 이런 관청의 서리를 좋은 자리로 쳤던 것은, 당연히 재정을 다루는 과정에서 '검은 돈'에 손을 댈 수가 있었기 때문이었다. 실제 이들이 갉아먹는 재정은 상상을 초월하였다. 서리 자리가 돈이 된다는 것은 다음 사실을 통해서 분명히 알 수가 있다. 19세기가 되면 서리는 국가가 발령하는 게 아니라, 개인 간에 서로 사고파는 자리가 되었다. 예컨대 호조 서리 자리는 약 2,000냥에 거래되었고 이 돈을 전수전傳授錢이라 불렀다. 호조 서리 자리를 통해서 거대한 '검은 돈'의 수입이 없다면 서리 자리가 거래될 리 만무하다. 이런 판이니 국가의 재정이 서리들 손에서 모두 사라진다는 말이 나올 정도였다. 그럼에도 서리를 통제할 수 없었던 것은 이들이 양반가의 겸인이었기 때문이다. 서리가 착복한 돈을 자신이 섬기던 주인 양반과 나누었을 것은 짐작하기 어렵

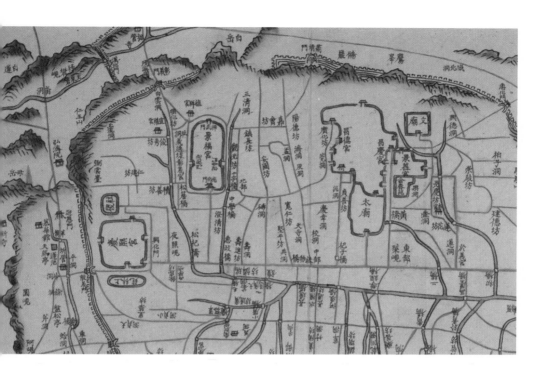

도성도의 부분 | 김정호, 《동여
도》(1852~1872). 경복궁을 중심으
로 서리들의 중심 거주지였던 삼
청동, 필운동, 누상동, 누하동의
위치를 확인할 수 있다.

지 않다. 이 외에도 승정원이나 홍문관처럼 임금을 가까이에서 모시는
관청의 서리 역시 명예로운 자리로 여기고 높이 쳐주었다.

18세기에는 중요한 관청의 서리를 도맡아 하는 신분이 따로 있었던
것으로 보인다. 이 시기의 문헌을 검토해 보면 대대로 중요 관청의 서
리를 맡았던 몇몇 가문을 지금도 추적할 수 있다. 이처럼 중앙관청의
서리를 맡은 신분은 서울의 특정 지역에 주로 거주하였다. 지금 서울
의 인왕산 기슭인 사직동 위쪽 필운동에서 삼청동 사이에 이르는 곳
이 서리들의 거주지였고, 그중에서도 필운동에서 누상동, 누하동 일
대가 핵심적인 거주지였다. 이곳은 서울 사람들이 '우대(한문으로는 상

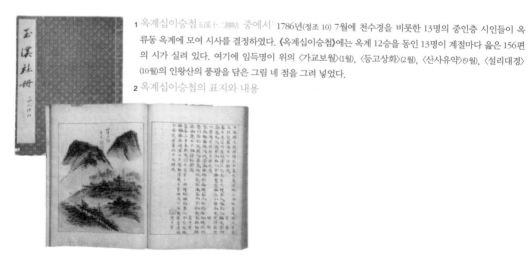

1 옥계십이승첩玉溪十二勝帖 중에서 1786년(정조 10) 7월에 천수경을 비롯한 13명의 중인층 시인들이 옥류동 옥계에 모여 시사를 결정하였다. 《옥계십이승첩》에는 옥계 12승을 동인 13명이 계절마다 읊은 156편의 시가 실려 있다. 여기에 임득명이 위의 〈가교보월〉(1월), 〈등고상화〉(2월), 〈산사유약〉(9월), 〈설리대경〉(10월)의 인왕산의 풍광을 담은 그림 네 점을 그려 넣었다.

2 옥계십이승첩의 표지와 내용

촌上村'라 불렀기에 서리를 '우댓사람' 또는 '상촌인'이라 불렀다.

이런 사실들이 이인문, 김홍도의 그림과 무슨 상관이 있는가. 당연히 관계가 있다. 두 그림은 《옥계청유첩玉溪淸遊帖》이란 시화첩詩畵帖에 실린 것이다. '옥계'란 인왕산 아래로 흐르는 시내를 말한다. 지금은 완전히 주택가가 되고 말았지만, 조선시대의 이곳은 솔숲이 우거지고 수석이 아름다운, 서울 시내에서 손꼽히는 경승지였다. 이 일대가 또 서리들의 집중적인 거주지다 보니 17세기 말 이래로 서리들이 한시漢詩를 읊조리는 곳으로도 유명하였다.

한시는 짓는 법을 익히기만 하면 누구나 지을 수 있다. 한시 같은 정형시가 원래 짓기 쉬운 법이다. 한데 누구나 지을 수 있는 한시지만 조선시대에는 사실상 양반의 전유물이었다. 한문을 익히고 한시를 짓고 하는 지식을 습득할 수 있는 기회와 또 한시를 지어서 유통시킬 수 있는 인적 관계 역시 양반만이 가질 수 있었던 것이다. 그런데 17세기 중기 이후 서리가 하나의 신분층이 되자 이들도 한시 창작에 뛰어들었다. 서리직을 수행하자면 한문을 읽고 쓸 줄 알아야 했으니, 한시를 지을 기본적인 역량을 이미 갖춘 셈이다. 거기에 상당한 경제적 여유도 가지게 되었다. 놀 만한 처지가 된 것이다. 이에 이들은 친구, 동료들과 한시를 짓는 서클을 만든다. 이 서클을 시사詩社라 하는데, 요즘으로 치면 문학동인이다. '우대'에 거주하는 '우댓사람'들의 시사는 16세기 말에 나타나 19세기 말 20세기 초까지 이어진다. 그중에서 1786년 13명의 경아전들이 모여서 만든 옥계시사玉溪詩社가 가장 유명했고 또 활동도 활발하였다.

옥계시사는 일명 송석원시사松石園詩社라고도 부르는데, 옥계시사의 맹주인 천수경千壽慶(?~1818)의 호가 송석원이었기 때문이다. 송석원은 또 천수경이 거주하고 있는 집 일대를 부르는 이름이기도 하였다(지금의 옥인동 일대). 특히 이 일대는 순종 황제의 아내인 윤비尹妃의 큰아버지 윤덕영尹德榮이 1914년 프랑스풍의 대저택을 지은 곳이기도 하다. 1956년에 찍은 사진에는 그 건물이 우뚝 솟아 있는 것을 볼 수 있다. 내가 1998년에 찾아갔을 때 저택 대문의 기둥이 하나 남아 있었는데 지금도 있는지 모르겠다.

송석원시사의 구성원 대부분은 규장각 서리였다. 정조는 1776년 규장각을 설치해 당대 최고의 인재를 불러모았다. 각신은 이전까지 홍문관 관원이 누렸던 최고의 영예를 넘어서는 대접을 받았다. 정조는 규장각의 서리까지도 당시 서리 중 가장 뛰어난 인재를 끌어모았다. 이런 까닭에 규장각 서리는 선리仙吏라고 불러 서리 중에서 가장 명예로운 자리로 쳤던 것이다. 이들의 자부심은 대단했고, 또 그 자부심에 어긋나지 않게 문학적 재능이 출중했다. 송석원시사가 200년이 넘는 서리들의 시사 전통에서 전성기를 누렸던 데는 그만한 이유가 있는 것이다.

송석원시사는 가끔 자신들이 모여 지은 시를 모으고, 자신들 내부에서 그림을 잘 그리는 사람[예컨대 임득명林得明(1767~?)]이나 이인문, 김홍도 같은 화가에게 의뢰해 시회 광경을 그림으로 그려 시화첩을 꾸미기도 하였다. 그중 하나가 여기서 소개하는 이인문과 김홍도의 그림인 것이다. 이 그림은 1791년 유둣날 밤 송석원에서 아홉 명의 동인들이 모임을 갖고 그때 지은 시를 모은 시화첩에 있다. 이 모임에 참여한 사람은 김낙서, 천수경, 지덕귀, 정예중, 최원식, 김의현에 화보和甫, 양여良汝, 태보台輔 등 이름은 알 수 없고 자字만 밝혀진 세 사람을 합하여 모두 아홉 명이었다. 이름이 알려진 여섯 명 중 천수경을 빼고는 모두 규장각 서리다.

이인문의 그림을 보자. 높은 바위 절벽이 있는데, 이곳은 필운대弼雲臺다. 그림에는 작은 글씨로 '松石園'이라 써놓았지만 실상 사람들이 앉아 있는 곳은 필운대 아래다. 필운대는 지금의 필운동 배화여자고등학교 뒤에 있다. 이항복李恒福은 결혼 후 장인(권율權慄 장군)의 집에서 살 때 자신의 호를 필운이라 하고 바위에다 '弼雲臺' 세 글자를 새겼다. 이후로 이곳을 '필운대'라고 불렀다. 필운대는 서리들의 집단 주거지에 있었기에 서리 시인들이 술을 마시고 시를 짓기 위해 단골로 찾는 곳이도 하였다. 필운대가 그림에 남게 된 것 역시 이런 이유 때문이다.

이인문의 그림은 오른쪽 위에 '古松流水館道人 李寅文 文郁 寫於

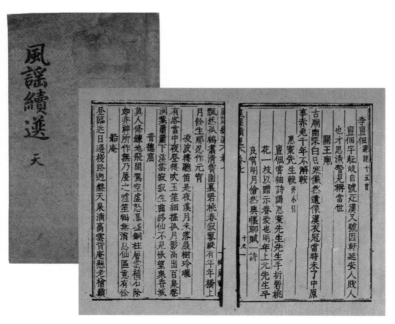

風謠續選 天

風謠續選卷之十

李亶佃選諺十五言

　亶佃字耘岐自號屺漢又號因軒延安人賤人
　也才思淸警見稱當世

關王廟

古廟幽深白日寒儼然遺像漢衣冠當時未了中原
事赤兔千年不解鞍

惠賓先生輓余小引

亶佃嘗袖詩謁惠黉先生先生手折碧桃
花一枝以贈示眷愛也明年上元先生卒

良宵明月愴然興懷聊賦詩

船庵

昼謠近日邊棧路迥盤天泉涌高雲背庵愁老檜韻

眞人修鍊地飛閣駕空虛懸燈暴燄銅柱層雲稱勿除
如非神所作無乃屋之墟笙鶴無消息仙區意有餘

晉德菴

有客當中夜擊樵吹玉笙細捜孤月影高出百泉聲
洞裏蕭蕭下溪雲寂寂生曲終仙不見悵望泉香城

凌波樓聽笛　是夜漢月末落竉籠樹玲瓏

飄然孤鶴舊淸脣園裏碧桃春寂寥縱有年年橋上
月餘生那忍作元宵

十九 一

풍요속선風謠續選 천수경 외 편,
장서각. 여항문인의 시를 수록한
시선집이다.

松石園이라 쓰여 있다. 곧 '고송유수관도인 이인문 문욱(이인문의 자)
이 송석원에서 그리다'란 뜻이다. 즉 이인문은 직접 송석원 시회에
참여해서 이 그림을 그렸던 것이다. 한데 같은 모임을 그린 것이라면
서 김홍도의 그림이 이인문의 그림과 사뭇 다른 것은 어찌된 일인가.
김홍도는 이 모임에 참여하지 않았던 것이다. 시사의 구성원들은 자
신들의 모임을 기념하는 그림을 남기기를 원해 김홍도에게 그림을
그려달라고 부탁했지만, 김홍도는 워낙 바쁜 몸이라 참석하지 않았
고 다만 그 모임의 광경을 추측해서 상상도를 그렸던 것이다. 이것이
이인문의 그림과 차이가 나게 된 이유다.

송석원시사는 우대 시사의 역사에서 활동이 가장 활발했고, 우수한 시인이 많이 배출된 시사였다. 서화가로 유명한 조희룡趙熙龍의 말을 들어보자.

동인들이 모여서 조를 나누고 시를 짓는데 거르는 날이 없었다. 그래서 세상에서 시를 안다는 사람은 늙건 젊건 간에 송석원의 모임에 참여하지 못함을 부끄러이 여겼다.[105]

송석원시사는 시를 지을 줄 아는 서리라면 모두 참가하기를 원하는 시사가 되었고, 봄가을이면 시사를 확대해 거창한 규모의 한시 창작 대회를 열기도 하였다.

객은 옥계시사의 백전白戰의 성황을 이렇게 전했다. 천수경, 장혼, 왕태가 송석원에서 시사를 크게 여니, 모인 사람이 수백 명이었고 돌아가며 모이는 사람도 매일 30~50명을 밑돌지 않았다. 매년 봄가을 좋은 날이면 글을 띄워 날짜를 잡아 중서부中書府 연당蓮塘에 모였는데, 연궤筵机는 아름답고 필연筆硯은 지극히 진기했다.
큰 그릇에 먹물을 담고 먹즙으로 종이와 비단을 화려하게 꾸몄으니, 축軸의 높이는 사람의 키만 하였다. 전자篆字, 예자隸字를 쓰고 난초와 대를 치며 오로지 즐기는 것이 일이었다. 사람들은 두 사람의 밥을 싸 가지고 와서 가난하여 밥을 가지고 오지 못한 사람을 대접했다.
남북의 시장詩長을 정하고 제비를 뽑아 시제詩題를 냈다. 남제南題는 북운北韻으로 북제는 남운으로 짓되, 많고 적음은 자유에 맡겼다.

저물녘에 소의 허리만한 시축詩軸이 이루어지면 종에게 지게 하여, 당대의 문명이 있는 사람에게 가지고 가서 고선考選을 부탁했다. 장원을 차지한 시는 만구萬口에 전송傳誦되어 그날 도하都下를 두루 돌았다. 원축原軸은 장원한 사람에게 돌려주었으나, 이미 이 사람, 저 사람이 서로 빌려 보아 아주 닳고 헤지고 말았다. 대개 당시 시속이 이 일을 아주 중시했기 때문에 거비巨費를 아끼지 않았고, 심지어 파산하고도 후회하지 않았다.[106]

봄가을 송석원시사가 개최하는 이 거창한 시회를 백전이라고 했던바, '백전에 간다'고 하면 순라군도 잡지 못했다고 한다. 좀 넉넉한 사람은 가난하여 밥을 싸올 수 없는 사람의 몫까지 챙겨왔다니, 정말 아름답지 않은가. 이런 좋은 전통은 왜 사라지고 없는 것인가.

이제 다른 그림을 보자. 유숙劉淑(1827~1873)의 〈수계도권修禊圖卷〉이다. 이 그림을 이해하기 위해서는 오래된 고사 하나를 알아야 한다. 왕희지王羲之는 알다시피 서성書聖이라는 별칭이 있을 정도로 명필 중의 명필이다. 그가 남긴 글씨는 후세에 두고두고 서예가들의 모범이 되었는데, 그중에서도 〈난정서蘭亭序〉란 작품이 지금까지도 전

해온다(물론 진본은 아니고 모본이다). 353년 3월 3일 왕희지와 당시 유수한 귀족, 명사 41명이 중국 회계산 양란저陽蘭渚의 정자, 곧 난정蘭亭에서 모임을 가지고 술을 마시고 시를 짓고 놀았다. 이날의 모임에 대해 쓴 글이 바로 〈난정서〉다. 이 모임은 계축년에 있었기 때문에 후대의 시인 묵객들은 계축년이 되면 종종 왕희지의 난정 모임을 본떠 자신들도 시회를 여는 풍습이 있었다. 유숙의 이 그림 역시 계축년인 1853년에 있었던 모임을 기념하여 그린 것이다.

이 그림에 등장하는 사람은 모두 30명인데, 등장인물 모두를 다 알 수는 없다. 다만 확실히 말할 수 있는 것은 이 그림의 등장인물은 양반이 아닌 중인中人이라는 사실이다. 이 그림을 이해하기 위해서는

1 수계도권修禊圖卷 유숙, 개인 소장
2 난정서 왕희지. 353년 3월 3일 41인이 양란저의 정자 난정에 모여서 제를 올리고 술을 마시며 시를 지었다. 그 내력을 쓴 것이 난정서다.

수계도권 중에서 | 1853년에 제작한 이 그림은 매우 치밀한 필치로 인물이 묘사되어 참석자의 구체적 연령까지 구분할 수 있을 정도다.

중인에 대해 먼저 설명할 필요가 있다. 중인은 하나의 신분이다. 즉 양반 아래, 평민 위에 위치하기 때문에 중인이라고도 하고, 또 그들이 서울의 중촌에 집중적으로 살았기 때문에 중인이라고도 한다. 기원으로서는 어느 쪽이 확실한 지 알 수 없으나 둘 다 맞는 말이다. 중인이 서울의 중촌中村 일대에 거주한 것도 사실이고, 그들이 양반과 평민 사이에 위치한 것도 맞는 말이다.

중인은 그 신분의 성격을 보다 명확히 하기 위해 앞에 '기술직'이란 관형어를 붙여 기술직중인이라고 부른다. 기술직이란 역관, 의관, 계사計士, 율관律官, 음양관陰陽官, 화원畵員 등이 맡고 있는, 통역, 의술, 회계, 법률, 풍수지리, 천문학, 그림 등의 전문기술을 말한다. 오늘날 이들 전문직은 높은 대우를 받지만, 조선시대에 이들은 양반들에 의해 천시되었다. 양반들은 높은 수준의 인문교양을 쌓는 것이 가장 고귀한 일이라고 생각했고, 구체적인 실무에 종사하는 것은 오직 특정한 기능만을 맡은 일일 뿐이라고 여겨 전문기술직을 멀리하였다. 그 결과 17세기 중반 이후 전문기술직에만 종사하는 신분이 생겨났으니, 바로 중인이다. 이들은 대대로 자신들이 맡고 있는 전문직임을 세습하였다. 전부 그런 것은 아니었지만, 역관 가문에서 많은 역관이 나왔고 의관가문에서 많은 의원이 나왔다. 또 이들 중인은 대개 중인들과 결혼하여, 폐쇄적인 신분집단을 형성하였다.

기술직중인은 경아전에 비해 훨씬 사회적 지위가 높았다. 물론 경아전 중에서도 규장각 서리를 내는 집안이라면 기술직중인에 못지않지만, 일반적으로 기술직중인이 경아전에 비해 높은 위치를 차지하였다. 기술직중인은 직업의 성격상 상당히 높은 수준의 지식을 갖고 있었다. 기술직중인 중 가장 많은 수를 차지하는 역관과 의관의 경우 사대부에 뒤지지 않는 지식과 교양을 갖추고 있었다. 역관이 되려면 중국어를 해야 했기에 한문을 읽을 줄 알아야 하는 것은 물론이었고, 의관 역시 의서醫書를 보려면 한문을 알아야만 했던 것이다. 또 이들은 조선 후기에 상당히 많은 부를 축적하였다. 역관은 통역을 위해 중국과 일본에 드나들 수 있었다. 이들은 다른 사람에게 주어지지 않는 외국 여행의 기회를 이용하여 무역에도 종사하여 부를 축적할 수 있었다. 또 의관들 역시 자신들의 의술을 이용하여 상당한 부를 쌓았다.

지식과 부를 축적했지만, 중인은 관계에서 기술직중인에게만 주어지는 벼슬에 만족해야 했고, 양반들처럼 사회적으로 명예롭게 여겨지거나 권력과 금력이 집중된 관서의 벼슬을 차지할 수는 없었다. 이들은 여기에 심각한 불만과 갈등을 느끼고, 19세기에 와서는 자신들에게도 요직을 허락해 달라는 운동을 벌였지만 별반 소득이 없었다. 요컨대 중인은 자신의 신분에 불만은 있었지만, 정치적으로 각성되지 않은 신분이었던 것이다. 자연히 이들의 경제력과 문식文識은 사치와 소비로 빠지는 한편, 문학과 예술에 전념하기도 하였다. 중인 사회에 서화書畫와 골동을 수집하는 붐이 일었고, 사대부 못지않은 문학적 역량을 자랑하는 이들이 쏟아져 나왔던 것이다. 중인들 역시 경아전들처럼 한시를 창작하는 서클, 곧 시사를 만들었고 이 전통 역시 19세기말 20세기 초까지 이어졌다. 〈수계도권〉은 이런 전통의 산물이다. 이그림을 그린 유숙 역시 벽오사碧梧社라는 시사의 구성원이었다.

1853년의 모임은 율과律科 중인中人인 장지완張之琬(1806~?)의 문집인 《침우당집枕雨堂集》에 실린 〈제속난첩후題續蘭帖後〉와 역관 출신인

변종운卞鍾運(1790~1866)의 문집인 《소재집歗齋集》에 실린 〈계축모춘집최경산필문원정癸丑暮春崔鏡山必闐園亭〉과 나기羅岐의 문집인 《벽오당유고碧梧堂遺稿》에 실린 〈동변소재장옥산제선생속수계유경산장同卞歗齋張玉山諸先生續修禊遊鏡山庄〉이란 시로 알 수가 있다(나기는 후에 황성신문사 사장을 지내는 나수연羅壽淵의 아버지다. 나수연은 대원군의 겸인이었다고 한다. 이 집안은 경아전 계통으로 짐작된다). 시의 뜻은 각각 이러하다. '다시 개최해 만든 난정첩의 뒤에 쓰다', '계축년 늦봄 경산 최필문의 원정에 모이다', '변소재卞歗齋(변종운)·장옥산張玉山(장지완) 등 여러 선생과 함께 경산의 집에서 난정회를 다시 개최하다' 이 시들을 종합해 보면, 애당초 역관 김석준金奭準의 발의로 평소 알고 지내는 친지들에게 편지를 보내어 3월 3일 남산 노인정에서 시회를 열고, 모인 김에 최필문의 집으로 다시 자리를 옮겼던 것으로 보인다. 참여한 사람을 정리하면, 김석준(역관), 변종운(역관), 장지완, 최필문(추과籌科 중인), 나기 등 30명인데, 주로 기술직중인 중심의 시회였다.

조선은 사대부의 나라였다. 사대부가 다스리는 나라는 문인의 나라였고 문학의 나라였다. 양반 사회에서는 시를 잘 짓는 것이 사람을 평가하는 기준이 되었다. 홀로 있을 때, 어디를 여행할 때, 집안과 나라에, 사회에 어떤 일이 생겼을 때, 친구와 만나고 헤어질 때 시를 짓고 산문을 썼다. 그 문학을 숭상하는 분위기가 급기야 서리 중인에까지 번졌던 것이다. 문학을 숭상하다보니 실용에 어둡고, 그것이 가난을 초래한 한 가지 이유가 되기도 하였다. 하지만 지금은 어떤가. 오로지 돈을 향해 질주하는 21세기 인간의 욕망은 돈 이외에는 어떤 것도 상상하지 않는다. 문학의 귀환이 절실히 필요한 것이 아닌가.

산수유람

진경산수화 속 여행과 고행

山水遊覽

十五 누구나 산에 가고, 물에 가는 것을 좋아한다. 원래 산이 많은 나라라서 집을 나와 약간의 시간만 들이면 누구나 산에 오를 수 있다. 높은 산에 올라야만 하는 것도 아니다. 나이가 들면서 깨친 것이다. 자신의 몸과 시간이 허락하는 대로 집 근처 평범한 산을 올라도 그만이다.

산과 물, 곧 산수를 즐기는 것은 그리 오래된 일이 아니다. 조선시대에는 산과 물을 찾아 가는 일이 잦았을 것이라 생각하지만, 뜻밖에도 그렇지는 않다. 지금의 우리가 산을 찾고 계곡을 찾는 것은 도시적 삶, 곧 산업화된 문명 자체를 잠시라도 벗어난다는 것을 의미하지만, 조선시대는 삶의 형태가 자연과 분리될 수 없었기 때문이다. 또 지금 산수를 찾는 일은 노동에서 벗어나 쉰다는 의미가 있지만, 조선조의 대다수 백성들은 일과 휴식이 확연히 구분되지 않았다. 농사란 것이 1년 내내 계속되는 노동이고 겨울에 잠시 틈이 나기는 하지만 그 틈에 산수 구경을 떠나는 것은 상상도 못할 일이었다. 이런 판국에 자신이 사는 곳을 떠나서 순수하게 놀기 위해 혹은 쉬기 위해 산수 자연을 찾는다는 생각 자체가 없었던 것이다. 또 그럴 만한 경제적 여유도 없었다.

이런 까닭에 산수 자연을 찾아 완상한다는 것이 조선시대에는 보편적인 풍속은 아니었지만 더러는 애써 찾아 떠나는 이들이 있었다. 빼어난 산수는 어디나 있었고, 그것들은 사람들의 호기심을 자극하였다. 문헌이 드물어서 알 수는 없지만, 빼어난 산수를 보려는 욕망은 신라 때도, 고려 때도 있었고, 조선 전기에도 또한 당연히 있었다. 다만 그것은 먹고 사는 일로부터 해방된 사람들, 귀족과 양반의 독점물이었다.

이제 몇 예를 들어보자. 조선 중기 사람인 주세붕周世鵬(1495~1554)은 안동 봉화 일대의 청량산을 유람하면서 그 산수의 자태에 감탄하고, 그 여정을 꼼꼼하게 기록하였다.[107] 금강산과 같은 유명한 산수는 말할 것도 없었다. 금강산이야말로 사람들이 모두 한 번쯤 가보기를 원하는 곳이었고, 그래서 유람객들의 발길이 끊이지 않는 곳이었다. 예컨대 홍인우洪仁祐(1515~1554)는 1553년 4월 9일 서울을 출발하여 한 달 보름 동안 걸려 금강산을 유람하고 돌아온다. 이때 남긴 글이 《관동록關東錄》이다. 이 글의 서두에서 그는 이렇게 말한다.

사람들은 우리나라의 명산으로 묘향산, 풍악산(금강산), 구월산, 지리산을 늘 입에 올리는데, 모두 백두산의 가지들이다. 그러나 맑고 아름답고 기이하고 빼어난 것을 치자면 오직 풍악산이 으뜸이다. 늘 한 번 가서 묵은

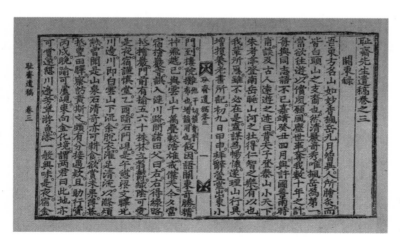

관동록 | 홍인우, 《치재유고恥齋遺稿》 권3. 금강산을 유람하고 쓴 기행문이다. 홍인우는 주로 금강산의 내산을 돌아보았다.

소원을 풀어보고자 하였으나, 속세의 잡된 일들이 나의 10년 이래의 계획을 좌절시켰고, 늘 친구들과 풍악산을 찾아가보자는 말만 하였다.[108]

홍인우가 꼽고 있는 명산은 지금도 명산이다. 이런 명산에는 예나 지금이나 유람객들이 몰렸던 것이다.

홍인우가 금강산 유람을 마치고 쓴 기행문 《관동록》에 대해 퇴계 이황李滉과 율곡 이이李珥가 각각 서문과 발문을 쓴다. 퇴계는, 많은 사람이 금강산을 유람하지만 그 아름다움의 정수를 본 사람은 극히 드문데 홍인우야말로 속속들이 아름다움을 다 본 사람이라고 추켜세우고, 자신 역시 금강산을 보고 싶어했지만 그러지 못했노라고 홍인우를 사뭇 부러워한다.[109] 퇴계의 글은 그다지 심각해 보이지 않는다. 한데 율곡은 약간 심각하다. 율곡은 진리는 모든 사물에 내재內在하고 있다면서, 금강산을 찾는 사람이 금강산의 아름다움에 취해 산의 형상 너머에 있는 진리의 근원道體을 모른다고 말한다. 요컨대 아름다운 산수 자연을 찾거든 산수 자연의 아름다운 외모에 눈을 빼앗기지 말고, 그 속에서 진리를 찾으라는 말이다.[110] 모를 일이다. 율곡이 말한 그 도체란 것이 어떤 것인지. 모든 사람은 율곡 같은 천재가 아니기에 산수 자연에서 진리를 찾을 수가 없다. 그저 감탄할 뿐이고, 그저 감격할 뿐이다. 조선시대 산수 자연을 찾은 그 숱한 사람은 오직 자연의 아름다움에만 감격하지 않았을까?

홍인우의 시대를 건너서 조선 후기가 되면 일종의 산수 바람이 불어 닥친 느낌이 든다. 글줄깨나 하는 양반들은 다투어 유명한 산을 찾아 기행문, 곧 산수유기山水遊記를 남긴다. 예컨대 노론 명가 출신인 김창협金昌協(1651~1708)은 스물한 살 때인 1671년 8월 1일 홀로 금강산 유람을 떠나 약 한 달 뒤에 돌아온다. 이 여행의 체험을 〈동유기東游記〉란 긴 산문에 꼼꼼히 기록하고 있다. 김창협처럼 금강산 등의 저명한 산을 유람하고 그 체험을 적는 유기遊記가 18세기부터 대량으로 창작된다. 그 원인은 여럿이다. 임진왜란, 병자호란이 끝나고 세상이 조금 안정되었다는 것, 교통이 전에 비해 편리해졌다는 것, 산수에 관심이 높아졌다는 것, 또 중국에서 빼어난 유기가 많이 들어와 문인들의 유기 창작에 대한 열의를 자극했다는 것 등 여러 이유가 있을 것이다.

진경산수 역시 이와 밀접한 관계가 있다. 그것은 국토에 대한 사랑이거나 애국주의의 분출이 아니라, 아름다운 산수를 구경하려는 사람들의 행태와 밀접한 관계를 가진다. 예컨대 겸재謙齋 정선鄭敾(1676~1759)의 진경산수 역시 아름다운 산수를 찾고자 하는 동시대인의 열망을 대신한 것일 게다. 냉정히 따져본다면 진경산수는 이래서 출현한게 아니겠는가. 이를테면 산수유기를 모은 《와유록臥遊錄》이란 책이 있는데(중국에도 있고, 우리나라에도 있다), 이 제목은 곧 집안에 누워서도 산수유기를 읽으면서 산수를 유람하는 기분을 내라는 뜻이다. 이런 책의 존재에서 산수유기와 산수도가 어떤 동기에서 나왔는지 짐작할 수 있을 것이다.

먼저 볼 그림은 강세황姜世晃(1713~1791)의 〈태종대〉다. 이 그림을 선택한 것은 내가 사는 곳이 부산이고, 부산에서 가장 유명한 경승지가 태종대이기 때문이다. 한데 이 그림은 전혀 태종대답지 않다. 태종대는 역시 높은 절벽 위에서 바라보는 바다가 장관이고, 또 사람들

은 그래서 태종대에 몰리는 것이다. 한데 강세황의 태종대는 큰 '물'
을 사이에 두고 양쪽에 사람이 앉아 있을 뿐이다. 바다도 아니고 개
울도, 강도 아닌 '물'이라 표현했는가 하면, 이게 나에게는 바다로 보
인다는 것이다. 왜냐고? 태종대에서 이런 거창한 시냇물이나 강은 없
기 때문이다. 또 강세황이 태종대에서 시냇물이나 강물을 그렸을 리

만무하기 때문이다. 하지만 태종대란 그림 제목을 뗀다면 이것을 바다로 볼 사람 또한 드물 것이다. 요컨대 진경산수는 풍경을 그대로 그린 것으로 생각하기 쉽겠지만, 반드시 그렇지는 않은 것이다.

사실 이 그림을 선택한 것은, 그림 아래쪽에 종이를 펴고 앉아 있는 사람 때문이다. 이 사람은 시를 쓰고 있는지 그림을 그리고 있는지 알 수 없지만, 이렇듯 빼어난 경승지를 찾아 시를 쓰고 그림을 그리고 하는 것이야말로 조선 후기 양반들이 가장 즐거워하던 놀이였던 것이다. 거듭 말하지만, 진경산수란 것도 바로 이런 산수 취미에서 탄생한 것이다.

이제 정선의 〈백천교百川橋〉를 보자. 우거진 솔숲이 있고 그 아래 계곡물이 요란하게 흐른다. 중간에 작은 폭포도 있다. 계곡 오른쪽에는 말이 있고 말을 끌고 온 말구종들이 있다. 그림 중간으로 가면, 바위 위에 갓을 쓴 양반들이 앉기도 하고 서 있기도 하다. 모두 풍경에 취해 있는 것이다. 그림 왼쪽을 보면, 흰 모자를 쓴 사람들이 남여藍輿를 내려놓고 쉬고 있다. 모자를 벗은 사람은 머리털이 없다. 다름 아닌 승려다. 곧 금강산에 있는 절의 스님들인 것이다. 나는 이 스님들에 대해 이야기하기 위해 먼 우회로를 돌아왔다. 먼저 정선이 이 그림을 그리게 된 배경부터 이야기해 보자.

앞에서 김창협이 1671년 8월에 금강산 유람을 했다고 말한 바 있는데, 그가 금강산 유람을 떠나게 된 직접적인 계기는 그의 아우 김창흡金昌翕(1653~1722)이 그보다 조금 앞서 금강산을 다녀왔기 때문이었다. 김창흡은 여러 차례 금강산을 유람하는데 1711년 여섯 번째 금강산 유람에 정선 역시 동행했고, 13폭의 《신묘년풍악도첩辛卯年楓岳

圖帖》을 그린다. 〈백천교〉는 그중 한 폭이다.

백천교는 외금강 유점사 아래에 있다. 조선조의 금강산 기행문을 보면 여행객들은 대개 이곳에서 쉬기 마련이었다. 정엽鄭曄의 《금강록金剛錄》[111]에서 백천교에 해당하는 부분을 읽어보자. 정엽은 광해군 9년 10월 9일 양양부사로 발령이 났고, 이듬해 윤4월 1일 자신을 찾아온 두 사위 나만갑羅萬甲, 이상질李尚質과 함께 금강산 여행을 떠난다. 그는 팔십 노모를 봉양한다는 구실을 내세워 외직을 얻었다 했지만, 사실은 당시 대북大北이 주도했던 영창대군 살해, 인목대비 유폐 등에 휘말리고 싶지 않아서였다. 어쨌거나 정엽은 오랜 소원이었던 금강산을 볼 수 있게 되었다.

1618년 윤4월 1일 아침에 출발한 정엽은 점심을 낙산사에서 먹고, 저녁나절에 청초호靑草湖, 영랑호永郎湖를 지나 청간정淸澗亭에서 하루를 묵었다.

다음날 오전 능허대凌虛臺, 선유담仙遊潭을 보고 점심을 먹고 나서 거륜천巨淪川에 이르러 화진花津으로 길을 잡는다. 저녁에 비를 만나 말을 몰아 열산烈山으로 들어가 하루를 묵는다. 3일째 점심을 먹은 뒤 고개를 넘어 큰 내를 건넌다. 이 부분을 읽어보자.

또 고개를 넘고 큰 시내를 건넜으니, 곧 백천교의 하류다. 흰 자갈과 맑게 흐르는 물에 이미 금강산의 기맥이 있었다. 산은 구불구불 이어지면서 사방을 막고 있었고, 나무는 빽빽이 우거져 숲을 이루고 있었다.

경치에 탄복한 정엽은 두 사위에게 서울 근방에 이런 곳이 있다면

1 백천교 정선, 《신묘년풍악도첩》, 국립중앙박물관(중박 201005-188)
2 장안사 정선, 《신묘년풍악도첩》, 국립중앙박물관(중박 201005-188)
3 신묘년풍악도첩의 발문과 그림들 왼쪽부터 차례로 금강내산총, 해산정, 사선정, 문암관일출, 총석정, 국립중앙박물관(중박 201005-188)

그곳에서 여생을 보내고 싶다고 한다. 그날 다시 절의 선방에서 하루를 묵고 다음날 길을 떠나 더욱 깊은 골짜기로 들어간다. 이제 본격적으로 읽어보자.

4일. 골짜기로 점점 더 깊이 들어가니, 빽빽이 우거진 숲 그늘에 해를 볼 수가 없고 다만 물소리만 바위를 울린다. 10리쯤 가자, 홀연히 누각 하나가 시냇물 위 허공에 걸쳐 있고, 사람들이 그 사이로 들락거린다. 말을 멈추고 걸어가서 기둥에 기대어 앉았더니, 계곡물은 소나무 숲 사이 골짜기에서 세차게 흘러내려 와서 누각 아래에서 소를 이룬다. 깊이가 수십 길은 될 듯한데, 하도 맑아 바닥까지 환히 보이고, 물고기 백여 마리가 제각기 허공에서 의지하는 데 없이 헤엄을 치는데 한 마리 한 마리 셀 수 있을 정도다. 계곡 좌우에는 흰 돌이 어슷비슷 나와 있다. 맑디맑은 산색과 물빛이 움직이니, 내 몸이 마치 그림 속에 들어있는 것 같다. 중 수십 명이 나를 맞이하러 왔는데 모두 푸른 눈에 여윈 얼굴이라 세상 사람들과는 달랐다. 이 뒤로는 말이 갈 수가 없어 옷가지와 양식을 아랫것들에게 지고 가라고 하였다. 나만갑, 이상질, 원援(정엽의 손자)은 각각 남여藍輿를 타고 갔다. 수석이 아름답지 않은 곳이 없고, 수목이 울창하지 않은 곳이 없었다. …… 견여를 맨 중이 땀을 빗물처럼 흘렸다. 필시 비대한 나의 몸무게가 괴로운 것이리라. 나는 편하고 남을 수고롭게 하니, 실로 마음이 편치 않았다.
고개를 넘어 아래로 내려갔다. 골짜기는 가면 갈수록 더욱더 기이하다. 사철나무, 측백나무, 회백檜柏나무, 단풍나무가 우거져 가지가 바람에 흔들거리고 목련이며 철쭉은 꽃을 흐드러지게 피워 향기를 내뿜고 있다. 그 사이로 계곡수는 한곳에 고였다가 다시 꺾어지고 뱀처럼 구불구불 흐르며 내는 높은 소리는 경쇠와 종을 울리는 듯, 거문고·가야금을 타는 듯하다. 산에 가득한 소리와 빛깔은 사람을 얼마나 기쁘게 하는지, 다른 곳에 귀를 기울이고 눈길을 줄 틈이 없다.

낭떠러지 길이 혹 끊기면, 몇 가닥 나무 막대기를 바위 위에 걸쳐놓아 겨우 사람이 지나가게 해놓았다. 비가 와서 도롱이를 입고 견여에서 내려 힘들게 걸었다. 만약 용면龍眠(송宋의 화가 이공린李公麟)이 이 경물景物을 그렸다면, 정말 기가 막히게 빼어난 그림이 되었을 터이다. 계곡을 따라 올라가다가 골짜기 입구에 들어서서 멀리 바라보니, 붉은 용마루와 서까래가 골짜기 안을 환히 비춘다. 이곳이 이른바 유점사다.

정엽은 여행을 떠난 지 사흘 만에 백천교 시내에 도착했고, 말을 버리고 견여를 탄다. 견여를 지는 사람은 모두 금강산 소재 사찰의 중들이다. 정엽은 견여를 타고 다시 아름다운 계곡을 지나 유점사에 도착한다. 하지만 어느 곳이 백천교인지는 밝히지 않았다. 다른 사람의 금강산 여행기를 읽어보자. 윤휴의 《풍악록楓岳錄》인데, 그는 1672년 윤7월 24일에 서울을 떠나 8월 24일까지 꼭 1달 동안 금강산을 유람한다. 윤휴는 8월 3일 장안사에서 잤고 이튿날 정양사로 출발하려는데, 정양사의 중이 남여를 가지고 와 기다리고 있었다. 그것을 타고 가다가 험한 곳이 있으면 내려 걷기도 하면서 정양사까지 간다. 5일에 정양사 부근을 돌아보고 6일 유점사로 떠났는데, 당연히 견여를 타고 출발했다. 마하연을 보고 석양 나절 내수재內水岾에 이르자, 유점사 중 5,60명이 견여를 매기 위해 기다리고 있었다. 윤휴는 견여를 매는 승려들에 대해 이렇게 평가한다.

내산內山에는 절은 비록 많지만, 거주하는 중들이 가난하여 견여를 매는 중 역시 여러 사찰에서 불러모아 왔지만, 이곳의 중들은 모두 유점사 중들이다. 견여를 매고 가는 것이 재고 날래어 흡사 준마가 익은 길을 가는 것 같아, 순식간에 한 번 쉬어야 할 만한 거리를 갔다.[112]

이런 글로 보건대, 금강산을 유람하는 양반들은 대개 걷지 않고 견여를 타고 다녔던 것이다. 또 그 견여를 매는 사람은 금강산의 여러 절의 승려들로서 양반들의 견여를 매는 데 이골이 났던 모양이다.

윤휴가 백천교에 도착한 것은 8월 9일이었다. 읽어보자.

고개에 올랐더니, 구현狗峴이라는 곳이었다. 중은 유점사 터를 잡을 때 개가 길잡이가 되어 이곳까지 왔기 때문에 그렇게 이름을 붙였다고 한다. 고개에서 잠시 쉬었다가 길을 떠나 백천교를 건넜다. 돌다리가 몇십 보에 걸쳐 골짜기에 걸쳐져 있었다. 돌을 깎아 난간을 만들어 폭포 위에 가로질러 두었다. 수석은 비할 데 없이 아름답고, 푸른 소나무는 길 양 옆으로 늘어서 있어 사람이 눈을 비비고 보도록 하였다.

견여에서 내려 걸어서 물을 건너 소나무와 바위에 기대어 앉았다가 한참 뒤 출발했다. 또 견여를 타고 수십 보를 가서 외삼촌이 있는 곳에 가자, 내산內山에서 보낸 산외山外의 종과 말이 그곳에 와서 기다리고 있었다. 조금 쉬었다가 행장을 꾸리고 미숫가루로 요기를 하였다. 견여를 매었던 중들은 모두 인사를 하고 떠났다. 그제부터는 말을 타고 갔다.

절에서 여기까지는 약 20리쯤 되었는데, 중들 몇 명이 우리를 따랐다. 마을로 간다고 했다.[113]

윤휴는 백천교에 이르러 견여에서 내렸다. 견여를 매었던 중들은 모두 떠나갔다. 백천교부터는 말을 타고 올라갔던 것이다. 이것은 정엽도 마찬가지여서 그 역시 중들의 견여를 타고 백천교까지 올랐던 것이다. 정선의 〈백천교〉를 다시 보자. 그림의 오른쪽에는 말이 여러 필 보이고, 그 말을 끌고 온 것으로 보이는 말구종들이 말고삐를 잡고 있는 광경이 보인다. 아마도 이 말을 타고 윤휴와 정엽은 백천교를 떠났을 것이다.

왜 승려들을 동원했던가. 양반들은 제 몸 움직이기를 싫어하는 인간들이다. 산수가 좋은 곳으로 가고 싶지만, 어디 평소 운동이란 것을 해보았나? 산에 오르자면 숨이 차서 견딜 수가 없다. 점잖은 체면에 땀을 비처럼 쏟아가며 헐떡이면서 산을 오르는 것은 체신머리 없는 짓이다. 해서 근처 절에 있는 스님들을 동원한다. 참고로 박지원의 〈해인사海印寺〉[114]를 보자.

가마꾼 스님 덕에 험한 땅 지나는데
겨우 몇 걸음 가다가 다른 스님 바꿔 메네.
가여워라, 벌건 어깨 움푹 꺼졌으니
두려워라, 시뻘건 대머리 박처럼 터지려 하건만
손으로 허리 괴고 쉴 새 없이 헐떡이고
등에 밴 땀방울 이내 말라버리네.

"묻노라 너희는 즐거움이 있기에
오만 고생 다 하면서 이 깊은 산중에 사느냐?"

"잡역으로 관가에 종이 만들어 바치고
힘이 남으면 신도 삼아 팔지요.
무서운 건 산을 찾는 나그네들
관청에 나아가듯 쏜살같이 달려가지요."

이들 보니, 불쌍한 마음 짠하여
하소연할 데 없는 그네들 차마 보지 못하겠네.

양반은 걷지 않는다. 걷는 양반은 부릴 위세가 없는 양반이다. 금강산을 찾으면 으레 산속 중들을 닦달한다. 중들은 종이를 만들어 관에 바치거나, 먹고 살기 위해 짚신을 삼고 있다가 양반들이 찾아와 가마를 메라고 하면 누구의 명이라 거절할까, 관청에서 오라고 할 때보다더 빨리 달려가 즉시 가마를 메고 나선다. 걸어서 올라가기도 힘든 산길을 양반을 메고 올라가니, 얼마나 고되었을까? 나는 이 시를 보면 영화 〈장미의 이름〉에 나오는 이단 심문관이 떠오른다. 한밤에 비가 쏟아져 질척이는 그 비탈길을 사람들이 죽을힘을 다해 그를 밀고 있었다. 화장을 한 붉은 입술의 이단 심문관 역시 몹시도 살이 찐 인간이었다.

도대체 어느 정도의 스님들이 동원되었을까? 윤휴는 유점사 승려 5,60명을 동원했지만 그보다 더한 경우도 물론 있다. 이인상李麟祥 (1710~1760)은 1735년 태백산을 유람했을 때 경상북도 봉화의 각화사覺華寺에서 하루를 자고, 새벽에 일어나 90명을 골라낸다.[115] 김진상金鎭商(1684~1755)과 같이 타고 갈 견여 둘을 메고 갈 사람들이다. 이날은 얼어 죽는 것을 걱정할 정도로 추웠다. 삭풍이 몰아치는 눈 쌓인 길을 견여를 메고 가는 스님들의 심정이 어떠하였을까. 아름다운 풍광에 이인상과 김진상은 감동의 언사를 그치지 않았겠지만, 견여를 메는 사람들은 죽을 맛이었을 것이다. 정엽은 자신의 비대한 몸을 실어나르는 스님들에게 미안해하였고 박지원 역시 그런 심정으로 시를 지었지만, 이인상은 그런 언급조차 없다. 아마도 이인상이 더 보편적인 경우였을 것이다.

어디 금강산뿐이었을까? 김홍도의 〈관인원행官人遠行〉을 보자. 중간에 한 양반이 남여를 타고 산을 오르고 있다. 원래 남여는 넷이 메는 법이지만, 여기서는 좁은 산길이라 둘이 멘 것이다. 자루에 줄을 대각선으로 연결해 그것을 어깨에 얹어 무게를 지탱하는 것이니, 혼자 올라가도 힘드는 판에 사람을 싣다니, 얼마나 무거웠을까? 또 남여에는 원래 호피를 까는 것이 원칙인데 호피는 어디에 있는가? 그림 아래를 보면, 말구종이 말을 끌고 오는 것이 보인다. 말안장에 걸쳐져 있는 것이 호피다. 이 양반은 말을 타고 오다가 무슨 사연에서인지 가마로 바꾸어 탔던 것이다.

절의 스님만 가마를 메었던 것은 아니다. 양반들이 등장하는 곳에는 늘 가마를 메어야 하는 백성이 있다. 정약용은 〈가마꾼〉[116]이라는 시에서 "사람들 아는 것은 가마 타는 즐거움뿐, 가마 메는 괴로움은 모르고 있네" 라고 하면서 가마꾼의 괴로움을 꺼낸다.

> 높은 분 영접에 기한을 어길쏘냐.
> 엄숙한 행렬이 끝없이 이어지네.
>
> 가마꾼 숨소리 폭포소리에 뒤섞이고
> 해진 옷에 땀이 배어 속속들이 젖어 있네.
>
> 외진 모퉁이 지날 땐 옆엣놈 뒤처지고
> 험한 곳 오를 때엔 앞엣놈 꾸부린다.
>
> 밧줄에 시달려 두 어깨에 자국 나고
> 돌에 차여 발바닥엔 못이 생겨 낫지 않네.
>
> 자기는 병들면서 남을 편케 해주니
> 하는 일 당나귀나 다를 바 하나 없네.

너나 나나 본래는 똑같은 동포이고
한 하늘 부모삼아 다 같이 생겼는데

너희들 어리석어 이런 천대 감수하니
내 어찌 부끄럽고 안타깝지 않을쏘냐.

나의 덕이 너에게 미친 것 없었는데
내 어찌 너의 은혜 받을 수 있으리오.

형장兄長이 아우를 사랑치 않으니
화가 나서 그런 게 아니겠는가.

1 관인원행官人行 김홍도, 〈행
려풍속도병〉 8면, 국립중앙박
물관(중박 201005-188)
2 행려풍속도병 김홍도, 국립
중앙박물관(중박 201005-188).
1795년에 그린 이 병풍은(왼쪽
부터) 〈마상청앵〉, 〈수운엽출〉,
〈춘일우경〉, 〈진두과객〉, 〈관인
원행〉, 〈모정풍류〉, 〈노방로파〉,
〈해암타어〉로 구성되어 있다.

가마꾼은 이처럼 힘들고 비참하다. 따지고 보면 양반들이 승려에게 가마를 메라고 할 어떤 정당한 이유도 없다. 이것이 세상의 원리다. 중세만 그런 것이 아니라 사회의 거의 모든 관계가 그렇다. 정당한 명령과 복종이라고 하지만 속내를 따져보면 그 정당성이 모래 위에 지은 집처럼 확실한 근거를 가지고 있지 않은 경우가 대부분이다.

정약용은 중들은 그래도 덜한 편이고 고개 아래 백성들은 더한 착취를 받고 있다고 말한다. 어느 날 '큰 깃대 앞세우고 쌍마교雙馬轎 나타나서, 촌마을 사람들 모조리 동원하면' 백성들을 '닭처럼 내몰고 개처럼 부리면서 소리치고 꾸중하기 범보다 더 심하다'는 것이다. '밭 갈다가 징발되면 호미 던지고, 밥 먹다가 징발되면 먹던 음식을 뱉어야' 한다. '죄 없이 욕먹고 꾸중 듣고 일만 번 죽어도 머리는 조아려야' 하며, '지칠 대로 지쳐서 험한 고비 넘기면, 그때야 비로소 포로

신세 면하지만' 그 높은 분은 '일산日傘 드높이고 호연히 가버릴 뿐, 한마디 위로의 말 남기지 않는다. '기진하여 논밭으로 돌아오면, 지친 몸 신음 소리 실낱 같은 목숨'이 될 뿐이다.

　　그나마 가마꾼에 대해 이렇게 동정을 표한 것은 박지원과 정약용뿐이다. 대개 우리는 조선의 회화를 보면서 진경산수라, 사실주의라, 국토산하의 아름다움이라 찬양해 마지않는다. 물론 그림은 아름답고 지금 한국의 더할 수 없이 소중한 문화유산이 되었다. 그 아름다움과 소중함은 당연히 존중되어야 할 것이다. 하지만 그 찬사를 낳은 그림과 시와 산문의 그 이면에는 인간의 인간에 대한 정당하지 못한 지배 그리고 지배를 당하는 천한 것들의 노동과 땀이 배여 있는 것이다. 만약 진경산수와 국토산하의 아름다움이란 이야기를 당시 가마꾼들이 듣는다면 무어라 할 것인가. 정말 우습다.

투전

나는 놀면서 내 평생을 마칠 테야

投牋

국어사전에는 없지만, '돈주정'이란 말이 있다. 19세기 가사 작품 〈우부가〉에 나오는 말이다. 이 작품에는 제목처럼 '어리석은 사내' 셋이 등장하는데, 첫 번째 주인공의 이름은 개똥이다. 개똥이가 하는 일이란 것이 무엇이냐 하면, '돈주정'이다. 돈을 쓸데없는 곳에 마구 써대는 것이 바로 '돈주정'이다.

돈주정을 하는 가장 확실한 방법이 도박에 미치는 것이다. 개똥이 역시 '주색잡기'로 돈주정을 하다가 패가망신한다. 흔히 주색잡기라고 하는데 주색은 그 뜻이 분명하지만, 잡기는 그 뜻이 애매하다. 한데 '잡기'는 원래 놀음이란 뜻이다. 19세기 말 20세기 초의 신문을 보면, 잡기란 말이 도박이란 말과 동일한 말로 쓰이고 있음을 알 수 있다.

도박, 곧 놀음은 돈이나 돈으로 바꿀 수 있는 재산을 걸고 승부를 겨루는 것이다. 그런데 이 승부를 겨루는 방식은 다양할 수 있다. 하다못해 가위바위보로도 수억 원의 재산을 걸고 도박을 할 수 있다. 하지만 모든 도박에는 관통하는 하나의 원리가 있다. 곧 '우연'이다. 나에게 좋은 패가 들지, 상대에게 좋은 패가 들지는 완전히 우연에 속한다. 우연히 나에게 좋은 패가 들면 승부는 그냥 나는 것이다. 나에게도 결정적인 패가 올 것도 같은 우연에 대한 기대감과 자신의 패를 운용하는 실력에 대한 믿음 때문에 도박꾼은 도박판에서 빠져나오지 못한다.

도박의 방식은 무한하지만 그래도 가장 스릴 넘치는 종목은 따로 있다. 한국 사람에게는 역시 화투로 치는 고스톱이다. 그렇다면 조선 시대는? 정약용은 《목민심서》에서 조선 후기에 가장 유행하던 도박 여섯 가지를 꼽고 있다. 바둑, 장기, 쌍륙, 투전, 골패, 윷놀이가 그것

枝之馬戲

未云多

蒙陸骨牌佾

且博雜

又戱

賊茲黨

景亳

諸庫右作

戒打

투전판鬪牋판 ① 성협, 《성협풍속화첩》, 국립중앙박물관(중박 201005–188). 인물들이 방 안에 둥글게 앉아 노름에 열중하고 있다. 그림에는 다음과 같은 제시가 적혀 있다. "노름하는 재주가 많기도 하네. 쌍륙이니 골패니 교묘하고 까다롭다. 투전판은 해로움이 가장 심하니 앉은자리 오른편에 그림 그려놓고 교훈으로 삼으리라."

장기
쌍륙
골패

이다. 이 중 골패와 투전은 도박성이 매우 강하여 사회적으로 큰 문제가 되었다. 이 중 더 강력한 것을 가려내라면 역시 투전이다. 투전은 조선 후기 가장 널리 유행했던 도박계의 으뜸 종목이었던 것이다. 이런 까닭에 투전판을 그린 풍속화는 여럿이 남아 있다. 여기서는 성협의 〈투전판 ①〉과 김득신의 〈투전판 ②〉를 보겠다. 〈투전판 ①〉은 투전이 한창 벌어지고 있는 판이다. 등잔불 왼쪽에 앉은 사내는 투전 쪽을 들어 내리치고 있다. 요즘 화투판에서 화투를 세게 내려치는 것과 같은 포즈다. 이 사내 아래쪽에 있는 두 사내 중 한 사내는 등만 보이지만, 오른쪽의 사내는 투전을 부챗살처럼 펴서 족보를 따지고 있는 참이다. 표범가죽으로 배자를 해 입은 그 오른쪽의 사내는 등이라도 긁는지 오른손을 뒤집고 있고, 그 위의 사내는 패가 제대로 들어오지 않았는지 아니면 좋은 패라서 여유를 부리는 것인지 패를 바닥에 엎어 놓고 등잔에 담뱃불을 댕기고 있다. 그림 맨 왼쪽에는 밤새도록 한 놀음에 지친 사내가 이불에 기대어 선잠을 자고 있다. 요즘의 놀음판과 다를 게 전혀 없다.

〈투전판 ②〉에서도 투전이 한창이다. 망건을 쓴 점잖은 양반들이 돈주머니를 차고 투전 쪽을 부

투전판 ② 김득신, 《긍재전신
첩兢齋傳神帖》, 국립중앙박물관
(중박 201005-188)

챗살처럼 펼쳐들고 족보를 맞추는 중이다. 안경을 쓴 사내는 자신이
갖고 있던 투전 쪽 하나를 내밀고 있고, 오른쪽 바깥의 사내는 패가
별로 좋지 않았는지 두 손으로 투전 쪽을 뭉쳐 쥐고 있다. 이 사내의
오른쪽에 놓인 요강과 타구, 위쪽의 술상은 오로지 시간을 절약해 투
전에 몰입하기 위해 가져다 놓은 것이다.

　예나 지금이나 도박은 약물보다 중독성이 강하다. 일단 도박에 중
독되면 다른 일은 돌보지 않게 되며, 심지어 부모, 자식과 아내는 아
예 눈에 들어오지 않는다. 방영웅의 《분례기》를 보면, 똥례의 남편 애
꾸눈 도박꾼 영철은 거창하게 한 판을 딴 뒤 돌아와 이제 도박

투전

에서 손을 씻을 것이라면서 돈을 똥례에게 맡긴다. 하지만 도박하는 습관이 그렇게 쉽게 씻기던가. 마약보다 더 심한 중독이 도박중독이다. 어느 날 심심풀이 판에 끼인 영철은 돈을 잃자 눈이 뒤집혀 집으로 돌아와 붙잡는 똥례를 뿌리치고 돈을 가지고 가서 몽땅 잃고 만다. 도박꾼의 말로다. 그 누구도 말릴 수가 없는 것이다. 윤기尹愭는 〈투전자投機者〉[117]란 시에서 도박꾼을 이렇게 그리고 있다.

촌사람 일마다 싫증이 나고
좋아하는 건 오직 투전뿐이네.
종일 낮도 잊고 밤도 잊은 채
노름 친구 불러서 돈내기가 일이로다.
헝클어진 머리에 시뻘건 눈이며
꼬락서니 보자면 미친놈이 따로 없다.
주머니 속 돈 바닥이 나고
옷가지조차 못 걸치면
빚을 내고 전당을 잡히고
사기 치기나 좀도둑질도 마다 않네.
이웃도 미워한 지 오래거늘
친척인들 누가 다시 불쌍히 여기리.

투전은 시골까지 흘러들었고, 급기야 투전에 중독된 인간이 나타났던 것이다. 밤도 낮도 잊고 투전에 몰두하다가 돈을 다 잃고 나면 빚을 내고 전당을 잡히는 일은 동서고금 다를 것 없는 도박꾼의 행태다.

가장 딱한 사람은 노름꾼의 아내다. 아내는 통곡에 욕을 섞어 하늘에 울부짖으며 남편에게 하소연을 늘어놓는다.

투전이란 게 웬 놈의 물건이라

내 속을 이렇게 끓인단 말이오.

도둑놈처럼 내 치마를 벗겨가고

솥까지 팔아먹고

그때부터 연 사흘을 굶었는데

한 번 가더니 다시는 안 돌아왔소.

밤중에 혼자 빈 방에서 한숨만 쉬는데

어린 것들은 울면서 잠도 못 잤더랬소.

노름에 미치면 남의 말이 들리지 않는다. 남편은 아내의 말을 듣더니, 눈을 부릅뜨고 갑자기 앞으로 썩 다가앉으며 황당한 소리를 지른다.

만사 내가 좋은 대로 할 뿐

누가 내 예전 허물을 따진단 말야.

재물이란 건 있다가도 없는 것이고

밝은 달이 찼다 기울었다 하는 법이지.

내 이미 어른이 되었으니

어찌 여편네 말을 듣고 뉘우친단 말이야.

어머니 아버지도 어쩌지 못했고

관청도 어쩌지 못했거늘

여편네란 잔소리를 좋아하는 법

내 주먹맛을 싫도록 볼 테냐.

살고 죽는 건 네 하기에 달렸다.

나는 놀면서 내 평생을 마칠 테야.

이 말을 마치고 노름꾼은 "항아리를 걷어차고 의기양양 뛰어나간
다." 노름에 미친 사내가 아내의 말을 들을 리 없다.

노름이 사람을 중독시키는 것은 이처럼 지독하다. 윤기가 살았던
시대는 정조와 순조 때다. 정조 15년 9월 16일 사직 신기경愼基慶은
상소를 올려, 잡기雜技(도박)의 피해는 투전이 가장 심해서, 위로는 사
대부의 자제들로부터 아래로는 항간의 서민들까지 집과 토지를 팔고
재산을 털어 바치며 끝내는 몸가짐이 바르지 못하게 되고 도적 마음
이 점차 자라게 된다면서, 투전을 금하고 투전을 판매해 이익을 취하
는 자 역시 엄격히 처벌할 것을 건의한다.[118] 정조 역시 같이 개탄했고
투전을 법으로 금지했지만 그치지 않았다.

투전의 유행은 지금의 도박 이상이었다. 윤기는 〈논장유존비지괴
어남초論長幼尊卑之壞於南草〉,[119] 곧 장長·유幼와 존尊·비卑가 담배에서
무너진다는 뜻의 글에서 당시 세간의 말 한 토막을 전한다. "담배를
피우지 않고, 투전을 하지 않는 사람이 어찌 사람이겠는가?"[120] 말이
된다. 그만큼 담배와 투전이 일상화되었다는 말이겠다. 이제 윤기의
일장 설화를 들어보자.

1 투전도 김양기, 개인 소장
2 잡희기雜戱記 윤기, 〈정상한화
井上閒話〉, 《무명자집》. 투전이
유행하는 세태를 개탄하는 글
이다.

또 바둑보다 더 심하게 천하 백성들에게 독을 끼치는 것이 있으니, 이른바 투전이다. 처음 투전을 만든 자가 누구인지 알 수 없지만 지금 세상에 귀천과 빈부, 서울과 시골, 가깝고 멀고를 가리지 않고 모든 사람이 투전에 미친 것 같다. 패거리를 불러 한데 얽히면, 밤이고 낮이고 쉬지 않고 빠져드니, 향기로운 술과 아름다운 여인도 견줄 바가 아니다. 승부를 겨룰 때면 한 번에 백만 전을 던져도 많다고 여기지 않는다. 부모가 울며 말려도 듣지 않고, 나라의 금령이 아무리 엄해도 그치지 않는다. 벗이 나무라면 도리어 노하며 절교하겠다는 소리를 듣고, 처자가 말리면 도리어 소리를 지르며 꾸짖는다. 돈을 따본들 잃은 돈을 채울 수 없고, 잃을 경우 즉시 다그치며 빼앗는다. 빌려 쓴 관청의 공금이나 나라의 곡식은 그래도 독촉을 견뎌낼 수 있지만, 노름빚은 갚지 않을 수가 없다. 장례나 혼사, 제사의 비용에는 마음이 가벼우나, 이 돈만은 오래 견뎌낼 수가 없다. 이에 논밭은 물론 관과 패물도 팔아치운다. 옷을 벗는 것도 부족하여 그 집안의 물건을 훔치기까지 한다. 그래도 모자라면 남의 집 담을 뚫고 들어가 속이고 빼앗기까지 하여 못하는 짓이 없게 된다.

자신의 이름이 세상의 버림을 받고도 후회할 줄을 모르고, 제 몸에 형벌이 떨어지는데도 부끄러운 줄을 모른다. 거지꼴로 귀신의 형용을 하고서도 예전 버릇을 고치지 못해 투전하는 것을 보면 바보처럼 웃으며 뛰어든다. 대개 천하의 패망하는 수단으로 이것보다 더한 것이 없고, 사람의 마음을 홀리는 것으로 이것보다 더 독한 것이 없다. 대저 자신의 몸을 사랑하고 자신의 이름을 자랑하고 자기 재물을 아끼고 자기 집을 두남두는 것이 인지상정이다. 한데 명을 재촉하고 이름을 잃고 재산을 탕진하고 집안을 결딴내니 어찌 그리도 상정에 어긋나는가? 한두 사람이라도 오히려 괴이쩍은 일이거늘, 온 세상 사람들이 그러하지 않음이 없으니, 도대체 무슨 이유에서인가?[121]

정말 인생 망치는 길은 여럿이지만, 도박만큼 확실한 길도 없다. 윤기는 자기 자식들을 가르치는 글[122]에서 "의義를 취하려면 목숨을 버려야 하고, 인仁을 이루려면 자신의 몸을 내놓아야 한다고 하지만, 정말 용기 있게 그런 순간 결단을 내리는 사람은 드문 것이다. 그런데 저 투전이란 것이 무엇이기에 사람들이 생을 잊고 죽음으로 나아가게 하는 것인가?"라고 반문한다. 정말 그렇다.

투전은 조선 후기 사회의 어두운 풍경이었다. 지금이라 해서 노름이 없을 것인가. 가끔 신문에 보도되는 사기도박이야 아예 괘념할 것도 못된다. 강원랜드 카지노에서 돈을 잃고 패가망신한 사람이 줄을 이어도 크게 걱정할 바 아니다. 그보다 더 거대한 도박판이 있지 않은가. 부동산이며 증권이며 펀드라 하는 불로소득을 노리는 투자, 아니 보다 정확한 표현으로는 투기야말로 인간을 타락하게 하는 거대한 도박판이 아니겠는가? 작은 도박은 기를 쓰면서 잡아들이지만 더 큰 도박은 권장하니, 이게 제대로 된 세상인가.

사당패

거리 예인들의 내력

영화 〈왕의 남자〉에는 남사당패의 공연 장면이 자주 나온다. 하도 유명한 영화라 해서 아내와 보러 갔다가, 극중의 남사당패가 중국의 공연예술인 경극京劇을 공연하는 것을 보고 깜짝 놀랐다. 영화의 배경은 연산군 때인데, 남사당패가 어디서 경극을 보았기에 경극을 공연한단 말인가. 영 기분이 씁쓸했다. 아마도 남사당패나 사당패와 같은 민간의 공연예술에 대한 자료가 희소하고, 연구도 수삼 편 노작을 제외하면 드물기 때문에 그런 것이 아닌가 한다.

남사당패와 사당패에 관한 자료와 연구가 이런 판이니, 김홍도의 〈사당연희寺黨演戱〉와 같은 그림은 정말 소중한 것이라 하겠다. 돌로 정교하게 만든 다리가 있고, 그 아래 개천이 흐른다. 개천 주위에는 버드나무가 머리를 풀고 있고, 그 너머 깔끔한 기와집이 있다. 서울의 어느 곳인데, 이런 식으로 정리된 하천과 다리는 청계천 외에는 없다. 이 다리의 석난간과 엄지기둥의 모습이 현재 창경궁으로 옮겨져 있는 광통교와 같은 형식이라 하여 이 다리를 광통교로 추정하기도 하지만, 다리의 사이즈가 너무 작아서 단정할 수는 없다고 한다.[123]

그림은 여러 모로 재미있다. 다리를 건너가는 여자가 머리에 인 것은 공고상公故床 혹은 번상番床❶이라 부르는 것이다. 이훈종 선생의 말에 의하면 공고상과 번상은 벼슬하는 사람이 대궐이나 관청에 '번(숙직이나 당직)'이 들었을 때 집에서 식사를 차려 하인을 시켜 이어 보내는 상을 말한다.[124] 다만 이훈종 선생은 공고상을 이는 사람이 남자라고 말하고 있는데, 이 그림은 보면 꼭 그런 것만도 아니었던 것이다. 이훈종 선생이 전하는 이야기가 흥미로우니 약간 더 들어보자.

남자 하인이 이려니까 상투를 중심으로 긴 수건을 비비 틀어서 괴는데, 이었다기보다 쓰고 나면 아치로 앞이 훤히 보이고 손을 구멍에 걸어 붙잡기에도 힘이 덜 든다. 대궐문을 들어가야 하기 때문에 통행증인 문패門牌를 수젓집과 함께 곁들여 옷고름에 찼는데, 확실히 진풍경이었다.

어떤가? 흥미롭지 않은가.

각설하고, 다시 그림으로 돌아가자. 그림 왼쪽에는 사내 둘이 소고小鼓를 치며 춤을 추고 있는데, 오른쪽 사내의 약간 붉은 옷의 내력은 알 수 없지만 왼쪽 사내의 회색 옷은 승복❷이다. 이 사내는 목에 염주도 걸고 있다. 이 사내는 승려와 관계가 있는 사람이다.

사내들의 앞에는 큰 책이 펼쳐져 있고 거기에 동전 꿰미와 동전이 쌓여 있다. 책 앞에는 머리를 틀어 올린 여자가 부채를 들고 역시 소고에 맞추어 춤을 추고 있다. 그 위에는 삿갓 쓴 여자가 부채를 내밀어 돈을 받고 있는 중이다. 이 남자 둘, 여자 둘이 연희를 제공하는 패거리다. 나머지는 모두 구경꾼이다. 춤을 추고 있는 여자 바로 옆의 사내는 의금부義禁府 나장羅長❸이다. 의금부 나장❸은 의금부의 하례下隷(종)다. 의금부는 왕명을 받들어 국사범을 다스리는 곳이기에 권세가 있는 곳이다. 때문에 나장 역시 깨나 힘을 주는 자리였다. 나장은 또 서울의 유흥가, 곧 기방이나 술집의 단골손님이기도 하였다. 노는 곳이라면 빠지지 않기에 여기에도 등장한 것이다.

그림 아래쪽을 보자. 맨 왼쪽의 머리 땋은 총각은 오른팔에 수탉 한 마리를 끼고 왼손에 작은 막대기 하나를 들고 있다. 광통교 아래에서 닭싸움이 성행했으니, 아마도 근처의 닭싸움장으로 가는 길일 것이

사당연희 김홍도, 〈사계풍속도병〉, 프랑스 기메 박물관

다. 총각의 오른쪽에는 아주 터를 잡고 앉은 남자가 있는데, 왼손에 짧은 곰방대를 쥐고 있다. 이 사내는 모자를 벗어 무릎 위에 올려놓고 있는데, 대우 부분이 뾰족하여 갓이라 볼 수는 없다. 검게 물들인 대패랭이❸가 아닌가 하지만, 확언할 수는 없다. 이 사내 옆에 앉은 아이는 아마 이 사람의 아들일 것이다. 철퍼덕 앉아 있는 두 사람 오른쪽의 두 사내는 갓을 쓴 것으로 보아 양반이 틀림없다. 한데 오른쪽 사내가 허리춤에 활을 차고 있고 또 화살을 쥐고 있으니, 아직 무과에 급제하지 않은 한량이다. 활터에서 한바탕 쏘고 돌아오는 길이다.

자, 그 위에는 꼬부랑 할머니가 손자를 업고 지팡이를 짚고 놀이판에 들어서고 있다. 할머니 위에는 삿자리를 등에 지고 삿갓을 쓴 사내가 그리고 그 위에는 갓을 쓴 젊은 양반이 있다. 그 위에는 길가던 소년이 있고 또 그 위에는 흰 갓을 쓴 사람이 보이는데, 이 사람은 사실 흰 갓을 쓴 것이 아니라 노란 초립에 붉은 옷을 입은 별감이다. 오래된 그림이라 색이 변한 것일 뿐이다. 어떻게 아느냐 하면 이 그림의 모작模作이 국립중앙박물관에 있는데 이 그림을 보면, 홍의紅衣❸에 초립을 쓴 별감임을 알 수가 있다. 별감은 의금부 나장과 함께 조선 후기 서울 유흥계를 장악한 축이었으니, 당연히 노는 데 빠질 리가 없다.

별감 앞에는 장죽을 입에 문 양반이 여자가 내미는 부채에 돈을 얹기 위해 주머니를 열고 있는 참이다. 그 옆의 소년이 입고 있는 옷은 군복이다. 이 군복은 겉에 입는 소매가 없는 조끼 같은 옷을 전복이라 하고, 안에 입는 소매가 좁은 두루마기를 동달이❸라고 한다. 이것은 원래 군인들의 정복이지만, 기생이나 신랑의 차림이기도 하였다.

사당연희 모작模作 중에서
미상, 〈사계풍속도〉, 국립중앙박물

254

❶ 공고상(번상) 조선시대에는 유교 이념의 영향으로 겸상보다는 독상이 많아 자연히 소반 제작이 발달하였다. 소반의 종류는 산지·형태·용도에 따라 약 60여 종으로 분류한다. 다리모양 별로 경상도는 죽절형竹節形(대나무마디 모양), 전라도는 호족형虎足形(호랑이발 모양), 강원도·경기도는 구족형狗足形(개발 모양)이다.

❷ 납의 납의의 납衲은 누덕누덕 기웠다는 뜻이다. 납의는, 못쓰게 된 낡은 헝겊을 모아 바늘로 깁거나 누벼서 회색물을 들여 입었던 두루마기로서 승복의 대명사가 되었다. 승려, 즉 비구나 비구니들이 스스로를 납자衲子라고 낮추어 부르기도 하였다.

❸ 나장복 조선시대 하급 무관 나장羅將의 복장이다. 《경국대전》에서는 나장복으로 단령과 반수半袖, 덧옷인 푸른색 반비半臂를 입되 형조·전옥서 소속이면 검정색 단령團領, 사간원 소속이면 토황단령土黃團領으로 하며, 검정색 고깔[巾]을 쓰고 띠[帶絛兒]를 두른다고 규정하였다. 이후 연산군 때에 이르러 나장복의 단령은 상의하상의 철릭으로 바뀌었다.

❹ 벙거지 벙거지는 차양 부부의 창이 넓고 머리가 들어가는 모자 부분을 둥글게 만든 모자로 털을 재료로 하였다. 대패랭이를 작게 만든 형태로 전립처럼 만들어 모자 정수리 부분에 상모처럼 깃을 붙였다.

❺ 초립과 홍의 초립은 조선 초 신분의 구분 없이 썼으나 점차 일반인들이나 하급 관리가 착용하게 되었다. 별감의 경우 상복常服에는 황초립에 호수를 달아 착용하였다. 홍의 역시 각 전의 별감이 착용하는 상복이다.

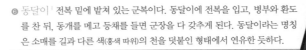

❻ 동달이 전복 밑에 받쳐 있는 군복이다. 동달이에 전복을 입고, 병부와 환도를 찬 뒤, 동개를 메고 등채를 들면 군장을 다 갖추게 된다. 동달이라는 명칭은 소매를 길과 다른 색(홍색 따위)의 천을 덧붙인 형태에서 연유한 듯하다.

물론 이처럼 소년이 입을 수도 있다. 소년은 아마도 돈을 꺼내는 양반의 아들일 것이다. 소년 왼쪽에는 도포 차림에 부채로 입을 가리고 돈을 달라는 여자를 바라보고 있는 젊은 양반이 있고, 그 옆의 남자둘, 곧 총각과 갓 쓴 양반은 공고상을 이고 다리를 지나가는 젊은 여자에게 얼굴을 돌리고 있다. 등장하는 인물들은 각각 신분과 복색이 이렇게 다르다.

김홍도는 서울 청계천의 한 곳에서 벌어진 신나는 놀이판에 모인 사람들을 한 장면에 모아놓고 있는데, 이것은 아마도 18세기 서울 사람들의 일상의 한 부분일 것이다. 그렇다면 여기서 소고를 치며 춤을 추는 패거리는 누구인가.

이들은 사당패다. 사당패는 남사당패와 다르다. 남사당패는 순전히 남자로만 구성된 연희집단이지만, 사당패는 여자가 주 구성원이고 춤과 노래, 매음을 하는 집단이다. 그렇다고 남자가 없는 것은 아니다. 심우성 선생의 연구에 의하면, 사당패는 '모갑某甲'이란 우두머리가 있고, 그 아래 '거사'란 사내들이 사당 한 명과 각각 짝을 맞추어 패거리를 이룬다고 한다.[125] 따라서 표면적으로 볼 때 사당패는 모갑인 남자가 이끄는 패거리 같지만, 실제로는 모갑 이하 거사들 모두 사당에 붙어먹는 기생자들일 뿐인 것이다. 즉 거사는 사당의 연희演戲에 전혀 관계하지 않고, 다만 사당을 업고 다니는 등 갖가지 잔일과 뒷바라지를 하며 허우채解衣債(사당이 매음하여 얻은 돈) 관리를 맡는다. 그런데 심우성 선생의 언급 중에 특히 눈길을 끄는 대목이 있다.

그들은 자기들의 수입으로 불사佛事를 돕는다는 것을 내세운다. 실제로

256

그들은 반드시 관계를 맺고 있는 일정 사찰에서 내준 부적을 가지고 다니며 파는데 그 수입의 일부를 사찰에 바치는 것이다.

여기에는 물론 부적 같은 것은 보이지 않지만 소고춤을 추는 두 사내 중에서 왼쪽의 사내가 승복을 입고 있는 것을 보면, 사찰과 관계가 있음을 알 수 있다. 사당패에 관한 연구는 민속학의 영역에 속하는 것으로 매우 복잡하니 여기서는 줄이고, 이능화의 사당패에 관한 증언을 들어보자. 이능화는 《조선해어화사朝鮮解語花史》의 '여사당패女社堂牌'란 부분에서 이렇게 말하고 있다.

우리 조선에 이른바 '사당社堂'이란 것이 있으니[이긍익李肯翊의 《연려실기술燃藜室記述》의 평론에 '사당捨堂'이라 쓴 것이 바로 그것이다. 거기에 "비구승·비구니·우바새優婆塞·우바이優婆夷는 곧 사중四衆이니, 우리나라 습속에 우바새를 '거사居士'라 일컫고, 우바이를 '사당捨堂'이라 한다"하였다[126], 지금으로부터 50여 년 전에도 여전히 있었다.

내(이능화) 어렸을 적에 괴산군에서 사당패를 보았다. 사당패에는 남자와 여자가 있어, 남자는 남사당 혹은 거사라 일컫고, 여자는 '여사당'이라 불렸으며 그 우두머리를 모갑某甲이라 하였다. 한 명의 모갑 아래에 남사당 8, 9명과 여사당 1, 2명이 있으니, 모두 묘령의 여자다. 남자는 여자를 업고 전국 각지를 돌아다니며 기예[기예에는 가곡과 손발로 하는 것이 있다]를 팔기도 하고, 매음을 하기도 한다.

그들이 같이 다닐 때 남자는 소고를 쥐고 춤판에 죽 늘어서고, 여자는 마주 서서 먼저 노래[시속時俗의 雜歌다]의 첫머리를 부르면 남자들이 모

1 사당판 놀음 ' 김준근, 함부르크 민족학박물관
2 사당거사와 한량 ' 김준근, 함부르크 민족학박물관
3 거사 사당 업고 가는 모양 ' 김준근, 기산 김준근 조선풍속도−스왈른 수집본, 숭실대학교 한국기독교박물관

두 이어 노래를 부르기 시작한다. 나섰다 물러났다 하며 장단을 치고 노래를 불러 흥이 한껏 오르면 청중이 갈채를 보내고 돈을 던져 값을 치른다. 어떤 경우 입에 동전을 물고 '돈이야, 돈이야' 하고 소리를 지르면 여사당이 와서 입으로 받아 가는데, 그 입을 맞대는 방법이 정말 기막히다고 할 수밖에 없다. 이것이 꼬투리가 되어 밤에 잠자리를 같이 하여, 화채花債(화채는 다른 말로 해의채解衣債라 하기도 한다)를 두둑이 받기도 한다. 이것이 사당패의 영업이다.[127]

사당의 조직과 영업 방식이 자세히 소개되어 있다. 다만 남자 사당 8,9명에 여자 1,2명이란 것은 착오가 아닌가 한다.

사당패의 그림은 다른 곳에서도 볼 수 있다. 김준근의 〈사당판 놀음〉을 보자. 역시 남자 사당 둘이 소고를 치고 있고 아얌을 쓴 여사당 둘이 춤을 추면서 구경꾼에게 돈을 받아내고 있다. 돈을 받아내는 부분을 좀더 확대한 그림이 〈사당거사와 한량〉이다. 여사당이 치마를 펼쳐 돈을 달라고 하는 중이다.

사당패의 거사는 여사당을 업고 다니는데 이를 확인할 수 있는 그림이 〈거사 사당 업고 가는 모양〉이다. 역시 김준근의 작품으로 왼쪽 거사는 괴나리봇짐에 소고를 짊어졌고, 오른쪽 거사는 담뱃대를 문 젊은 여사당을 업고 가는 중이다. 대개 여사당을 업는 사내는 여사당의 남편이다. 그러니 그림의 두 남녀는 부부다.

그렇다면 사당패는 언제부터 생긴 것인가. 이능화의 이야기를 더 들어보자.

세상에서 전하는 바로는 사당이란 것은 처음에 사찰의 노비에서 나왔고, 경기도 안성군 청룡사靑龍寺를 본거지로 삼는다. 남녀 사당은 스님을 보면, 반드시 마치 노비가 상전을 섬기듯 공경하게 예를 차린다.

사당이 사찰의 노비에서 나왔다는 것이다. 그렇다면 사당은 원래 스님이었던가. 스님은 아니지만 불교와 상당한 관련이 있다.

'사당' 이란 이름이 처음 등장하는 기록은 《선조실록》이다. 《선조실록》 40년(1607) 5월 4일조를 보자. 사헌부에서 사당을 거론하고 있는데, 대개 다음과 같은 내용이다. 10여 년 전부터 사설邪說이 횡행하여 어리석은 백성들이 거기에 미혹이 되어, 남자는 거사가 되고 여자는 사당이라 일컬으며 자기 본분을 벗어나 승복을 걸치고 걸식을 하면서 서로 끌어들여 무리가 커지고 있다는 것이다. 그런 사람들이 도로에 이어지고 산골짝에 가득 찰 정도며, 혹 그들이 모임을 가지면, 수천 수백 명에 이른다는 것이다. 원래 서울에는 중이 출입할 수 없는데도 이들이 서울에 들어와 묵으니, 사람들이 그들에게 쏠린다. 부처에게 공양을 바치고 사신捨身하며 재齋를 올리는 자가 있는가 하면, 사대부 중에도 마음을 기울여 부처를 받드는 자가 생긴다는 것이다. 유교 국가에서 백성들의 이러한 행동은 심각한 체제 위협이 된다. 즉 백련교白蓮敎의 난과 같은 혼란이 일어날까 두려우니, 사당과 거사를 모두 잡아들여 함경도로 보내거나 아니면 관청의 노비로 만들고 요언을 지껄여 백성들을 현혹시키는 자는 잡아다 국법으로 처벌하라는 것이 사헌부의 요청이다.

이 자료를 통해 거사와 사당이 이 시기 존재했으며, 이들이 유랑하는 패거리로서 불교와 일정한 관련이 있음을 알 수 있다. 추측컨대 이들은 스님은 아니지만 불교를 전파하는 역할을 하고 있었던 것으로 여겨진다. 그런데 약 1년 전인 선조 39년(1606) 6월 4일 사헌부의 상소문을 보면, 경외의 남녀가 요역을 피하기 위해 사장社長 혹은 거사居士라 칭하면서 사방을 돌아다니며 사람들을 미혹시키고 있으며, 같은 무리를 불러 무시로 모임을 가지며 외방의 경우 임시로 도량을 설치하면 한 번에 만 명의 남녀노소가 구름처럼 모이고 있다고 한다.

좀더 거슬러 올라간다면, 《중종실록》 8년(1513) 10월 3일조에 실린 전라도 관찰사 권홍權弘의 장계狀啓를 들 수 있다. 권홍은 이 장계에서 전라도의 폐풍을 꼽자면, '거사'라고 일컫는 남자와 '회사回寺'[128]라고 일컫는 여자가 있는데, 모두 농업을 일삼지 않고 음욕을 마음대로 풀면서 횡행하여 풍속을 망치니 법으로 마땅히 금해야 할 것이라고 말한다. 다시 《연산군일기》 1년(1495) 5월 5일조를 보면 충청도 관찰사의 보고 내용이 실려 있는데, 대개 승려의 비리를 고발하는 내용이다. 그중 "혹 사장이라 일컫고 혹 도사라고 일컫는 자"들도 처벌하자는 말이 나온다. 여기서는 '도사-사장'이다.

요약하자면, 연산군 1년에는 '도사-사장'이, 중종 8년에는 '거사-회사'가, 선조 39년에는 '거사-사장'이란 짝이 나타난다. 그러다가 선조 40년에 '거사-사당'이란 짝이 나타난 것이다. 남자와 여자를 구분해서 쓴 것은 중종 8년과 선조 40년이다. 이 두 경우에 여성을 지칭하는 것은 '회사'와 '사당'이고 사장이란 말은 쓰지 않았다. 따라서 '사장'이 '사당'이 된 것이라고는 말할 수 없다.

그렇다면 사장의 유래는 무엇인가. 그 용례를 추적해 보자. 세종 30

년 내불당을 만들고 그것을 기념하는 거창한 경찬회를 열었는데, 그때 불당 밖 건천乾川에서 음식을 먹인 외승外僧과 사장社長이 하루에 7, 800명 이상이었다고 한다. 외승은 아마도 외방의 승려일 것이다. 문제는 사장이다. 이것이 《조선왕조실록》에서 처음 등장하는 '사장'의 용례다. 그런데 이 자료만으로는 사장이 여성이라 단정할 수는 없다. 궁중에 이토록 많은 여성을 불러모았다면, 여성임을 나타내는 어떤 언급이 있어야 할 터인데 전혀 그런 언급이 없다. 이 경우 사장은 아마도 남성일 것으로 추측된다.

《예종실록》1년(1469) 6월 29일조에 양성지梁誠之(1415~1482)의 긴 상소가 실려 있는데, 여기에 사장을 금해야 한다는 언급이 있다. 인용해 보자.

중국에는 중도 있고 도사道士도 있지만, 우리나라는 중만 있고 도사가 없으니, 아주 다행한 일입니다. 그런데 최근 경외京外의 남녀노소가 사장이니 거사니 일컬으니, 이 또한 도사에 견줄 만한 것입니다. 중도 아니고 속인俗人도 아니고 자신들의 생업을 폐하고, 부역을 피하고자 합니다.
외방에서는 천 명 만 명이 무리를 이루어 절에 올라가 향을 사르고, 서울에서는 여염에서 주야로 남자와 여자가 한데 뒤섞여 지내고 징과 북을 시끄럽게 울리며 가지 않는 데가 없습니다.

여기에도 사장과 거사가 동시에 등장하고 있지만 여성을 꼭 사장이라 하고 남성을 거사라 부르지는 않는다. 중도 아니고 속인도 아닌, 불교를 믿는 집단 중에서 자신을 사장이라 부르는 사람도 있고, 거사라 부르는 사람도 있다는 의미로 보아야 할 것이다.

특히 이후의 자료를 보면 거사와 사장을 동시에 언급하는 자료는 드물고 거의 사장만을 언급한다. 《세조실록》 14년(1468) 5월 4일조를 보면, 중 전라도에서 봉서奉書로 중과 사장들이 원각사와 낙산사의 모연을 핑계로 민간에 폐해를 끼치고 있다고 수미守眉가 보고하고 있다. 《성종실록》 2년(1471) 5월 11일조에서는, 사헌부 지평 김수손金首孫은 사장社長 등이 여염에서 승니僧尼를 불러 모아 염불을 하여, 범패 소리가 나라 안에 가득하고 남녀가 그곳으로 달려간다면서 그것을 금지할 것을 요구한다. 4일 뒤인 5월 15일에는 헌납 최한정崔漢禎이

1 장구 5 징
2 북 6 상모
3 소고 7 태평소
4 꽹과리

정선방의 사장 등이 공동으로 집 한 채를 지어 불사를 일삼아, 승니와 부녀자가 뒤섞여 있다면서 그 집을 헐어버릴 것을 요청한다. 이 성종 2년 5월의 자료와 관련하여 읽어야 할 것이 《성종실록》 2년 6월 8일조의 대사헌 한치형韓致亨의 상소다. 한치형의 상소는 17조목인데, 그중 하나가 사장에 관한 것이다.

사장의 무리가 뭇사람을 미혹시키는 것을 제거하지 않을 수 없습니다. 사장의 부류는 모두 시정의 무식한 무리인데, 터무니없이 인연과 화복禍福의 설을 사모한다지만 장사가 그들의 일이고 사기가 그들의 마음일 뿐입니다.

일념으로 '아미타승阿彌陁僧을 부르기만 하면, 성불하고 죄악을 씻어버릴 수 있다' 하면서 대도大都의 시정에 사社를 창건하고 염불소念佛所라 부르면서[創社於大都閭閻之中, 稱爲念佛所] 생업을 팽개치고 검은 옷을 입고 검은 관을 쓰고 남자는 동쪽에 여자는 서쪽에 서니, 그 꼴을 보건대 중도 아니고 속인도 아니고, 그 거처를 보면 절도 아니고 집도 아닙니다. 아침이면 저자의 이익을 그물질하고 저녁이면 돌아와 부처에 귀의하여, 기이한 꼴 괴상한 형상으로 시끌벅적하게 굴며 징을 울리고 북을 치면서 너울너울 춤을 추고 펄쩍펄쩍 뛰기도 합니다. 길거리의 아이들과 부녀자들이 둘러서서 보고는 기뻐하고 부러워하는데, 눈과 귀에 익숙한 것이라 당연한 것으로 여기고 다투어 그들을 붙좇습니다. …… 삼가 바라옵건대 빨리 유사攸司에 명하시어 중도 아니고 속인도 아닌 부류들을 엄금하여 유신維新의 교화를 맑게 하소서.

이제까지 든 사장에 대한 기록들과 동일한 내용이다. 중도 아니고 속인도 아니면서 불교를 숭신한다는 것, 특히 징과 북을 울리면서 춤을 추고 그것을 포교의 수단으로 쓴다는 것이다. 다만 여기서 특별히 중요한 부분은 밑줄 친 부분이다. 대도의 시정이란 서울과 같은 큰 도시 공간인데, 거기에 '사'를 만들고 염불소라 부른다는 것이다. '사'는 원래 집단이다. '결사結社'라고 할 때 '사'다. 즉 이것은 정식 승려가 아닌 불교 신자들의 집단인 것이고, 그것은 때로는 구체적인 공간을 가졌던 것이다. 《성종실록》 2년 5월 11일조, 16일조의 사장의 집을 헐어버리라는 사헌부의 요청은 바로 이 공간을 의미한다고 할 것이다.

결국 사장이란 승려 아닌 불교도 결사체의 우두머리를 말하는 것으로 생각된다. 이런 결사체가 언제까지 소급할지는 알 수 없으나, 조선 전기 세종 때에 이미 상당한 규모로 존재했던 것은 틀림이 없다. 다만 원래 사장은 여성을 지칭하는 것은 아니었던 것으로 보인다. 예컨대 《광해군일기》 4년(1612) 12월 7일조를 보면, 의금부에서 "서흥현감瑞興縣監 이극신李克信의 보고에 따라 사장 최군을 잡아들일 것"을 요청해 허락을 받고 있다. 이 경우 여자가 아님이 명백하다.

요약하자면, 조선 전기 재가 불교신자가 사찰이 아닌 신자들의 결사체를 만들었던 바 그것을 '사社'라 하였고, 그곳의 우두머리 혹은 그 사의 소속원을 '사장'이라 불렀으며 그들은 때로는 사찰과 구분되는 신불信佛의 공간을 가지기도 하였다. 이들은 남자와 여자가 한곳에서 지내면서 집단적으로 생활하였고, 사찰을 떠돌아다니면서 신앙 행위를 실천했던 것으로 보인다. 특히 주목되는 것은 이들에게 이미

유랑의 속성이 보인다는 것이다. 그들은 북이나 징 등을 연주하며 춤을 추고 돌아다니면서 일반 민중에게 불교를 전파하려 하였던 것으로 보인다. 이 사장 중에서 남자와 여자를 구분하는 명칭이 생겨났던 바, 중종조에는 그것을 거사–회사라 부르고, 선조조에는 거사–사당이라 불렀던 것이다. 앞에서 살핀 이긍익의 《연려실기술》의 언급으로 미루어 볼 때, 숙종 연간에 오면 재가 신자 중 남자를 거사, 여자를 사당이라 부르는 관행이 이미 굳어졌던 것이 아닌가 한다.

이렇게 복잡하게 정리한 사당의 유래가 과연 타당한지는 부러지게 말할 수는 없다. 하지만 어떤 복잡한 경로를 거쳤든 간에 김홍도가 〈사당연희〉를 그릴 무렵 사당패는 서울 시내 한복판까지 진출하여 시민들에게 즐거움을 제공하고 있었던 것은 틀림없는 사실이다.

이능화는 《조선해어화사》에서 사당이 자기 신세를 한탄하는 노래 한 편을 실어 놓았다. 읽어보자. "한산 세모시로 잔주름 곱게곱게 차려입고/안산 청룡으로 사당질 가세/내 손은 문고리인가/이놈도 잡고 저놈도 잡네/이 내 입은 술잔인가/이놈도 빨고 저놈도 빠네/이 내 배는 나룻배인가/이놈도 타고 저놈도 타네." 내용이 결코 우아하다고는 못하겠지만, 사당의 처절한 속내를 이렇게 솔직하게 표현한 노래가 또 있을까? 우리가 지금 민족의 전통공연예술이라고 하는 것은 모두 전근대 사회에서 천덕꾸러기 취급을 받았던 사람들이 만들고 전승해 온 것이다. 지금의 대중예술도 언젠가는 민족의 예술이 될 것이다. 아니 그런가?

1 남사당패(1907~1908) 각 지방을 돌며 노래와 춤을 추던 유랑예인들이다. 유성기·영화 등 근대적 오락물의 등장과 일제의 민족문화말살정책으로 소멸되었다.
2 조선해어화사 중에서 1927년 이능화가 한국 기생의 유래와 역사를 기록한 책이다.

성과 기방

•   우리는 조선시대 여성들이 남성의 손길을 기다리는 수동적인
성적 주체라고 생각한다. 또 노인은 성적 욕망이 없다고 생각한다. 과연 그럴까. 무
엇이든 일반화는 위험한 것이다. 성욕은 인간 자체이기 때문에, 성욕의 봉쇄란 있을
수 없다. 다만 성리학은 여성의 자기 성욕과 사랑의 주체가 되지 않아야 한다는 담
론을 진리처럼 유포하는 데 성공했을 뿐이다.

조선 남녀의 성과 사랑

서생이 영감이 되었어도 ……

性

인간의 가장 근원적이고 무조건적인 욕망은 존재욕이다. 존재하려는 욕망, 곧 살아 있고자 하는 욕망이다. 존재욕은 다시 두 가지 욕망으로 구체화된다. 《예기禮記》는 이렇게 말한다. "음식과 남녀는 인간의 가장 큰 욕망이 존재하는 곳이다." 음식을 먹는 것과 남녀관계, 곧 식욕과 성욕은 인간의 가장 큰 욕망이다. 아니, 그 욕망이 곧 인간이다. 인간은 식욕과 성욕의 구성물인 셈이다. 식욕이 없다면 인간 개체는 소멸한다. 성욕이 없다면 종으로서의 인간이 소멸한다. 그런 까닭에 식욕과 성욕은 인간을 성립시키는, 인간을 존재하게 하는 가장 근원적 욕망이다. 식욕은 음식과 인간 개체 사이에서 이루어지는 욕망이다. 이에 반해 성욕은 다른 인간과의 관계에서 이루어지는 욕망이다. 그리하여 성욕은 보다 복잡한 욕망이 된다.

인간의 존재욕은 영원히 존재하고 싶은 영속의 욕망이다. 하지만 개체로서의 인간은 필연적으로 소멸한다. 만약 죽음을 피하고 인간이 영원히 존재한다면 어떤 세상이 도래할 것인가. 또 불멸은 인간 개체에게 어떤 결과를 낳을 것인가. 죽지 않는 인간들이 우글거리는 세상, 수천수만 년 전부터 존재한 인간들과 매일 만나고, 영원히 매일매일을 반복해야 할 때 의미 있는 일이 있을 것인가. 인간의 경험이 유한하며 반복된다는 것을 알 때 그 반복으로부터 오는 권태감을 인간이 견딜 수 있을 것인가. 모든 의미 있는 것은 생의 유한성에 기초하고 있는 것일 터이다.

인간의 성은 아마도 그 유한한 생명이 무한을 추구하는 하나의 방식일 것이다. 인간의 영속성을 충족시키면서 개체를 바꿈으로 해서 경험의 주체를 다시 태어나게 하는 것이 성이 아니겠는가. 이 때문에 성욕이야말로 어떤 억압에도 사라지지 않으며, 인간의 영속성을 충족시키는, 식욕보다 인간을 인간으로 규정하는 근원적 욕망이다. 그런고로 성적 욕망은 문학과 예술의 영원한 주제다. 이제 볼 두 점의 그림에서도 우리는 아마 그 이면에 흐르는 성적 욕망을 읽을 수 있을 것이다.

그림 〈서생과 아가씨〉는 신윤복이 그렸다고 전해지는 작품이다. 어떻게 보면 신윤복의 기미가 느껴지기도 하지만 확언할 수는 없다. 그림의 공간은 조촐한 초옥草屋이다. 그림 왼쪽에 사립문이 있고 그 문을 통해 들어왔을 게 분명한 아가씨가 열린 방문을 잡고 기둥에 서 있다. 방 안에는 유건儒巾을 쓴 젊은 서생이 시선을 한곳에 모으고 단정히 앉아 있다. 젊은 두 남녀는 서로 아는 사이인가? 선비가 아가씨를 불렀던가. 아닐 것이다. 선비가 아가씨를 불렀다면 저럴 수가 없다. 아가씨가 사모하던 선비를 찾아간 것이다. 선비가 아가씨의 존재를 몰랐을까? 그럴 수는 없다. 어떻게 방문을 잡고 있는 아가씨의 존재를 모를 수 있을 것인가. 다만 우리는 둘 사이의 깊은 사연을 알 수 없을 뿐이다.

때는 조선시대다. 우리는 여자가 흠모하는 남자를 직접 찾아간다는 것을 상상하지 못한다. 과연 그럴까. 잘 알려진 어우동을 생각해 보자. 어우동은 수많은 남성과 성관계를 가졌다는 죄로 사형을 당한다. 이것이 죽을죄가 된다면 왕이 여러 명의 후궁을 거느리는 것은 왜 죄가 안 되는지 모르겠다. 그것은 탐식한다고 사람을 죽이는 것과 같다. 비난할 수는 있어도 목숨을 빼앗을 수는 없다. 어우동은 직접 나서서 남자를 선택했다는 이유로 미움의 대상이 되었다. 어우동은 자기 욕망의 주체였던 것이다. 남성의 가부장적 욕망은 여성 스스로가

서생과 아가씨 | 전傳 신윤복,
국립중앙박물관(중박 201005–188)

성적 주체가 되는 것을 견디지 못한다. 한데 조선 초기의 《실록》을 읽어보면 어우동과 마찬가지로 성적 주체로 행동한 여성이 적지 않다. 기록에 남지 않은 여성들은 더 많았을 것이다.

흔히 어우동 사건을 똑 따내어, 어우동을 성리학적 억압에 항거한 최초의 여성으로 보지만 그건 아니다. 어우동의 시대에 성리학의 도덕적 족쇄는 막 만들어지고 있었을 뿐이다. 해서 여성은 남성을 찾아 사랑을 고백할 수 있었다. 어우동은 그저 그 시대의 사랑 문법을 따라 과감하게 행동했을 뿐이다. 어우동은 결코 여성해방론자가 아니다.

이 시기 여성이 사랑에 적극적일 이유는 충분히 있었다. 조선은 1392년 성리학을 국가 이데올로기로 삼아 건국되었지만, 건국 즉시 모든 인간이 성리학에 의식화되지는 않았다. 양반-남성은 고려의 국가 권력을 찬탈하고 성리학을 국가 이데올로기로 삼은 국가를 건설하여, 인간과 사회를 성리학으로 길들이려 했지만, 그 과정은 오랜 시간을 요구하였다. 가장 먼저 해야 할 것이 여성과 남성의 위상 조정이었다. 어우동이 살던 시대의 결혼제도는 남성이 여성의 집에 장가를 가서 자식을 낳아 기르는 처가살이혼이었다. 남성이 처가에서 살고 아이들이 외가에서 성장하는 가족제도하에서 가부장적 권력이 일방적으로 관철될 수 있겠는가. 조선 전기 사회의 가부장제 관철 강도는 상당히 미약했던 것이다. 처가살이를 시집살이로 바꾸려고 노

성종실록 중에서 │ 성종 11년 (1480) 10월 18일 어우동을 교형에 처하였다는 기사다. 어우동은 승문원 지사 박윤창朴允昌의 딸로 종실 태강수泰江守의 아내가 되었으나, 호색하여 외간 남자와 관계했다. 소박당한 후에는 여종과 함께 여러 조관 및 유생들과 가릴 것 없이 방탕한 생활을 즐겼다는 내용을 언급하고 있다.

력했으나 쉽지 않았고, 임진왜란, 병자호란을 거친 뒤인 17세기 중반에야 본격적으로 시집살이혼이 시작되었다. 여성이 남성의 본격적인 지배하에 들어가게 된 것이다.

이것은 사랑의 형태에도 엄청난 영향을 끼쳤다. 여성은 결혼 전에 자신이 바라는 남성을 만날 수 없었고, 결혼 뒤에는 남성의 집안에 유폐되었다. 여성이 남성에게 사랑을 고백하는 것은 음란한 일로 치부되었다. 중종조의 인물인 조광조趙光祖(1482~1519)의 이야기를 들어보자. 조광조의 옆집에 결혼식을 치르기 전에 신랑이 사망하는 바람에 졸지에 과부가 된 여자가 살고 있었다. 어느 봄날 옆집의 미남 조광조의 글 읽는 소리가 들린다. 끓어오른 춘정을 견디지 못하고 여자는 담을 넘어 남자를 찾아가서 남녀 음양의 이치를 알려달라고 애걸한다. 젊은 도덕군자는 절개를 지켜야 할 여자가 음란한 짓을 한다면서 종아리를 쳐서 쫓아낸다. 내쫓긴 여자는 돌아가 수치심에 목을 맨다. 자초지종을 들은 조광조의 숙부가 어찌 그리 야박한 짓을 했느냐며 조카를 심하게 나무랐지만, 여자가 죽은 뒤 무슨 소용인가.

조광조는 중종조의 사람이지만 이 이야기는 조선 후기에 만들어진 것으로 보인다. 생각해 보자. 처가살이에서 시집살이로 이행하면서 가부장제는 보다 강고하게 작동하기 시작했다. 그것은 여성의 성性을 출산과 쾌락으로 분리했으며, 후자에 부도덕의 굴레를 씌웠다. 여성이 쾌락과 관련된 성욕을 추구하는 것은 금지된 일이었다. 아니, 상상하거나 말하는 것도 모두 부도덕한 일이었다.

이제 성욕의 발현 형태로서의 사랑 역시 모습을 바꾼다. 여성은 남성이 찾을 때까지 기다리는 존재로 규정되었다. 춘향을 찾은 이는 이

도령이었다. 춘향이가 옥에서 낭군을 기다리고, 그 춘향을 이도령이 구원한다. 《춘향전》은 불변의 사랑을 말하지만, 그것은 기다리는 여성과 찾아가는 남성, 고난에 빠진 가련한 여성과 그 여성을 구하는 씩씩한 남성의 이야기다. 그 사랑은 평등한 것이 아니라, 남성중심주의적, 가부장적 사랑이다.

하지만 가부장적 사랑도 여성의 성적 주체를 완전히 봉쇄할 수 없었다. 《기문습유奇聞拾遺》란 책에 이런 이야기가 있다. 서울 용산에서 물건을 수레로 옮겨주는 수레꾼이 있었다. 어느 날 담벼락에 소변을 보는데, 누가 부른다. 보니 젊은 여성이 좀 들어오라고 유혹한다. 들어가 수작을 해보니, 남편은 별감인데 숙직하러 갔단다. 수레꾼이 그 여자와 관계를 맺고 있는데 남편이 짬을 내어 돌아와 아내를 품으려는 것이 아닌가. 수레꾼은 놀라 숨었고 여자는 쌀쌀 맞게 남편을 거부했다. 숙직소를 오래 비워둘 수 없는 남편이 떠나자, 여자는 다시 수레꾼을 불러내어 황음한 관계를 요구하는 것이었다. 황홀경에서 벗어난 수레꾼은 심한 자괴감이 들었다. 또 생각해 보니, 이루 말할 수 없을 정도의 음란한 여자가 아닌가. 내친 김에 죽이고 말았다. 살인사건의 범인으로 그 여자의 남편이 지목받아 죽게 되었다. 수레꾼은 우연히 사형장으로 끌려가는 여자의 남편을 보고 관에 출두해 자신이 범인이라고 자백한다. 관에서는 음부淫婦를 죽이고 억울한 사람을 살린 의인이라고 해서 죄를 면하고 상을 내린다. 나는 이 여성의 부도덕함을 말하기 위해 이 이야기를 끌어온 것이 아니다. 조선시대의 여성 역시 성욕의 주체였음을 말하고 싶을 따름이다.

〈영감님과 아가씨〉 역시 신윤복의 그림으로 전해지는 작품이다.

그림 왼쪽에 초록색 치마저고리를 맵시 있게 차려 입은 아가씨가 마당을 지나가고 있고, 오른쪽에 방문을 열고 내다보는 늙은 영감이 있다. 방 안에 서책이 가득하고 주름진 와룡관臥龍冠을 쓰고 있는 것으로 보아, 분명 괜찮은 벼슬을 지낸 양반임이 분명하다. 영감이 쓴 안경과 왼손에 쥐고 있는 책으로 보아 여태까지 책을 읽고 있었던 것이 분명하다. 젊은 아가씨가 지나가자 방문을 열고 내다보고 있는 것이다.

재미있는 점은 〈서생과 아가씨〉와 이 그림의 구도가 동일하다는 것이다. 왼쪽에 여자가 오른쪽에 남자가 있는 것이다. 대문이 있고, 방문이 열린 것도 동일하다. 두 그림을 연결시킨다면 이런 이야기가 나올 듯하다. 우선 집이 초가집에서 기와집으로 바뀌었다. 왼쪽의 문을 보면 〈서생과 아가씨〉는 풀을 덮은 대문이었다. 하지만 〈영감님과 아가씨〉 쪽은 기와를 얹은, 나무로 짠 대문이 아닌가. 아마도 집 역시 기와집일 것이다. 〈서생과 아가씨〉 쪽은 방 안에 아무 것도 보이지 않지만, 〈영감님과 아가씨〉 쪽은 방 안에 책이 가득하다. 아마도 세월이 흘러 서생은 늙은이가 되었을 것이고 그가 평생 일군 재산으로 집은 초가에서 기와로, 아무 것도 없던 방 안은 책으로 가득 차게 되었을 것이다.

중요한 것은, 젊은 아가씨가 찾아와 매달릴 때 사뭇 냉담한 표정으로 돌아 앉아 있던 서생이 이제 문을 열고 아가씨의 뒷모습을 뚫어지게 바라보고 있다는 것이다. 〈서생과 아가씨〉에서 얼굴이 보이던 아가씨는 이제 옆모습만 살짝 보일 뿐이다. 세월은 남자와 여자의 관계를 이렇게 바꾸어놓았다. 이 그림의 작자는 무엇을 말하고자 한 것인가. 나는 노년의 성을 생각한다. 인간의 육신은 점점 소멸의 길을 향해 갈지라도 인간의 성욕, 특히 남성의 성욕은 사라지지 않는다. 그것이 이 시대에 와서 비아그라를 만들어낸 힘이다. 이 그림은 바로 흘러넘치는, 불변의 성적 욕망을 말하고 있는 것일 터이다.

우리는 조선시대 여성들이 남성의 손길을 기다리는 수동적인 성적 주체라고 생각한다. 또 노인은 성적 욕망이 없다고 생각한다. 과연 그럴까. 무엇이든 일반화는 위험하다. 서두에서 말한 바와 같이 성욕은 인간 자체이기 때문에, 성욕의 봉쇄란 있을 수 없다. 다만 성리학은 여성이 자기 성욕을 표현하거나 사랑의 주체가 되지 않아야 한다는 담론을 진리처럼 유포하는 데 성공했을 뿐이다. 도덕적 담론의 존재가 곧 리얼리티는 아니다. 그렇다 해서 도덕적 담론이 없는 리얼리티가 따로 존재하는 것도 아니다. 도덕적 담론과 욕망이 맺는 그 관계에 우리가 보고자 하는 성의 리얼리티가 존재할 것이다. 성욕은 윤리와 도덕을 초월해 존재하며, 도덕의 완강한 족쇄에도 성욕은 언제나 틈을 비집고 나온다. 그 모습을 두 그림이 보여주는 것이 아니겠는가.

규문수지여행지도閨門須知女行之圖 | 인현왕후가 폐출되어 친가에 머무는 동안 친정 여아들의 교육용으로 손수 만든 놀이기구다.

春畫

十九 2001년도 말이었던가 아니면 그 이듬해 초였던가. 기억이 확실치 않지만, 《옛 그림 읽기의 즐거움》으로 유명한 미술사가 오주석 선생이 전화를 걸어왔다. 내가 쓴 《조선사람들, 혜원의 그림 밖으로 걸어나오다》란 책으로 한참 통화를 했다. 이런 저런 이야기 끝에 문득 내 책 속에 실린 신윤복의 춘화는 신윤복의 작품이 아니라는 말씀을 하였다. 오선생은 그 근거로 그 춘화의 기법이 신윤복의 작품과는 어긋나는 데가 있다고 하였다. 나는 뒤에 한 번 만나 뵈면 어떤 기법이 춘화의 위작설을 입증하는 근거가 되는지 들어보고 싶다 했지만, 오선생은 2005년에 작고했고, 나는 끝내 위작설의 근거를 들을 기회를 갖지 못했다.

그때 언뜻 오선생은 혹 신윤복과 김홍도(김홍도도 춘화가 있다) 같은 위대한 분들이 춘화를 그렸다는 사실을 못마땅하게 여기는 것이 아닌가 하는 생각도 들었다. 돌아가신 분께 정말 그랬는지 물어볼 수가 없게 되어 어쩔 수 없지만, 춘화를 회화사의 전당에 올려 연구하고 평가하는 일은 없는 것으로 보아, 춘화라면 미술사 연구자들도 좀 탐탁찮게 생각하는 것이 아닌가 한다.

한데 내 생각은 좀 다르다. 그 춘화가 신윤복과 김홍도의 것이면 어떻고 아니라면 어떤가. 나는 춘화를 그리지 않은 신윤복, 김홍도보다 춘화를 열심히 그린 신윤복, 김홍도가 훨씬 더 매력적이다. 중국도 일본도 춘화가 있는데, 한국이 춘화가 없대서야 말이나 되겠는가. '한국민족' 처럼 문화민족(?)이 말이다. 하하! 서두가 길었다. 춘화를 한 점 보자.

신윤복의 그림 〈춘화 감상〉이다. 그림은 간단하다. 방 안이다. 왼쪽

춘화 감상 │ 신윤복, 《건곤일회도첩乾坤一會圖帖》. 촛불이 일렁이는 방 안에서 두 여인이 춘화를 보며 참을 수 없는 욕망을 달래고 있다.

위편에 상이 놓여 있고, 무엇을 담는 그릇인지는 모르지만 그릇 둘이 있다. 아래에는 화로가 있다. 그리고 왼쪽 앞에 요강으로 보이는 물건이 있다. 두 여자가 무언가 한참 들여다보고 있다. 왼쪽 여자는 저고리 깃과 고름 곁마기 끝동을 모두 자주색 천으로 댄 삼회장을 갖추어 입고 있으니 호사스런 양반가의 여성임이 분명하다. 그리고 저 커다랗게 틀어 올린 구름 같은 가체加髢(큰머리)를 보라. 이런 큰 가체는 여간한 부자가 아니면 하지 못한다.

왼쪽 여자의 입성에 비해 오른쪽 여자는 확연히 다르다. 이 여자는 아래 위가 모두 흰 옷이다. 저고리 깃도, 옷고름도, 곁마기 끝동도 모두 흰색이다. 무언가 이상하지 않은가. 짐작했겠지만 이 여성은 상중에 있는 과부다. 아마도 남편이 죽었을 것이다. 부모, 시부모가 죽은 사람이 소복을 입기야 하지만, 그 경우는 고려의 대상이 아니다.

두 여자 앞에 놓인 것은 그림책이다. 그림책을 자세히 보면 그림책이 아님을 알 것이다. 사람 둘이 엉켜 있다. 바로 남녀의 성관계를 그린 것이다. 그림은 여러 장으로 만들어져 있고, 한 페이지씩 넘겨보게 되어 있다. 이 그림은 환하게 그려져 있지만, 사실은 어두운 방 안이다. 왜냐고? 그림책 앞의 촛불을 보라. 불꽃은 바람에 날려 오른쪽으로 드러눕다시피 하여 꺼질락말락하고 있다. 어두운 밤의 방 안이 아니고 무엇이겠는가. 은밀히 두 여인이 캄캄한 밤중에 거시기한 그림을 몰래 보고 있는 것이다. 과부라 해서 성욕이 없는 것은 아니다. 아니, 도리어 과부이기 때문에 참을 수 없는 욕망을 갖는다. 그 욕망을 춘화첩春畵帖을 보면서 달래고 있는 것이다.

인간의 성적 욕망 내부에는 포르노그래피를 향한 상상력이 존재한다. 그 상상력은 언어로 이루어질 수도 있고 시각적 이미지로 이루어질 수도 있다. 욕망의 상상력이 궁극적으로 닿고자 하는 목적은 후자다. 성에 관해서는 그 어떤 치밀한 언어적 표현도 시각 예술을 넘어설 수는 없는 법이다. 아니, 그 언어 자체가 이미 인간의 뇌 속에서 어떤 시각적 이미지의 구축을 추구한 것이 아니던가. 그런고로 고대건 중세건, 동양과 서양을 막론하고 성적 상상력을 구체화한 조각과 회화가 존재한다. 오늘날 인터넷에 범람하는 포르노 사이트야말로 인간의 가장 내밀한, 그리고 한없이 복잡하고 한없이 다양한 성적 욕망을 시각화하여 보여주고 있는 것이다.

한국에서의 포르노그래피의 원조는 바로 그림 속 두 여성이 보고 있는 춘화다. 춘화는 한국을 비롯해 중국과 일본에 모두 있고, 인도와 서양에도 있다. 춘화는 모든 문명권의 역사가 공통적으로 남긴 문화유산이다. 다만 한국 춘화의 기원은 그렇게 오래되지 않는다. 조선 후기에 와서야 비로소 나타난 것이다. 박식하기로 이름난 이규경은 《오주연문장전산고》의 여러 글에서 춘화에 대한 이야기를 남기고 있다. 일부분을 읽어보자.

일찍이 북경에서 온 그림책을 보았더니 그 속에 남자와 여자가 성관계를 하는 여러 모습을 그린 그림이 있었다. 또 진흙상으로 만든 조각을 상자 속에 넣고 기계장치를 조작해 움직이게 한 것도 있었다. 이름을 춘화도春畵圖라 했는데, 사람의 성욕을 돋우게 한다 하였다.[129]

대개 북경에서 춘화도가 수입되었고 때로는 조각품도 있었다. 특히 진흙으로 만든 조각품 중에는 인형을 상자 속에 넣고 기계장치를 해서 성행위 장면을 재현하도록 하는 신기한 것도 있었던 모양이다. 이규경은 이어서 박양한朴亮漢(1677~?)의 《매옹한록梅翁閑錄》을 인용하고 있는데, 이 책에 의하면, 그런 그림은 춘화라 하고 그런 조각은 춘의春意라 한다 하였다. 이규경은 자신은 두견석으로 조각하고 자작나무 갑에 넣은 춘의 조각을 보았는데, 마치 살아 있는 것처럼 생생했다고 한다.

《매옹한록》의 기록은 계속된다. 중요한 것이니 직접 읽어보자.

명나라 말기에 음란한 풍조가 날로 퍼져 남녀가 성행위하는 모습을 조각으로 만들고 혹은 그림으로 그렸는데, 조각으로 만든 것은 춘의라 하였다.

사신이 와서 바친 예물 중에 상아로 만든 춘의 하나가 있었다. 인조가 승정원에 내렸는데, 상아로 남녀의 면목을 새긴 것으로 기계장치를 작동시키면 남녀관계의 동작을 하는 것이었다. 우리나라에서는 일찍이 보지 못하던 것으로 모문룡이 우리를 모욕하려고 보낸 것이라 생각했고, 중국 사람들이 평소 이런 것들을 좋아한다는 것은 까마득히 몰랐다. 인조가 마침내 깨부수어버리라고 명하였다. 이때 조정 신하들 중에 손에 쥐고 감상하는 자가 있었는데, 조정에서 그 일을 비판해 그 사람의 청로淸路를 막아버렸다. 우리나라의 곧고 깨끗한 풍속을 알 수 있을 것이다.

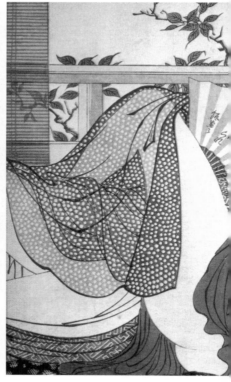

인조 때 처음 남녀가 성관계를 갖는 조각품이 전해져 상당한 충격을 주었던 것이다. 또 이 기록을 통해 인조 당시까지는 조선에 전혀 춘화나 춘의가 없었다는 것을 짐작할 수 있다.

박양한은 춘의를 만지작거리며 감상한 사람의 벼슬길을 막아버린 것을 두고 조선이 도덕적인 나라라고 했지만, 과연 그럴까. 이런 향락 문화는 풍요한 경제력 위에서 가능한 법이다. 박양한 자신이 명나라 말기부터 음풍이 번졌다고 하고 있거니와 사실이 그랬다. 중국에

1 베갯머리 책을 보고 있는
연인, 필자 미상, 청나라 말기
춘화.
2 베갯머리의 시, 키타가와 우
타마로, 런던 빅토리아 앤 알버
트 뮤지엄, 일본 18세기 후반의
우키요에.

286

서는 춘화나 춘의가 한나라 이래로 지배층 사이에 유행하였다. 다만 그것이 민간의 일반인들에게까지 널리 퍼진 때는 명대 말기에 와서이다. 명대 말기 상품경제의 발달로 도시 문화가 꽃피자 자연히 소비와 향락열이 번졌고, 그중에서도 특히 성적 욕망이 분출되었으니 춘의와 춘화는 애당초 경제적 풍요 위에 꽃핀 성적 욕망이었던 것이다. 일본에서조차도 에도막부 이후 도시 문화의 발달과 함께 춘화가 서민들에게 널리 유행했다. 화려한 채색 판화(우키요에, 浮世繪)로 만든 춘화가 적지 않기 때문이다. 1719년 제술관으로 통신사행에 끼여 일본에 갔다 온 신유한申維翰(1681~?)은 일본 여행기인《해사동유록海槎東遊錄》에서 일본의 남자는 품속에 반드시 운우도雲雨圖를 넣어가지고 다니면서 성욕을 돕는다고 하고 있다. 그것은 아마도 지금 일본 서점가에서 흔히 볼 수 있는 우키요에 춘화일 것이다.

이규경은 〈화동기원변증설華東妓源辨證說〉[130]이란 글에서 이렇게 말하고 있다. "요사이 춘화가 북경에서 들어와 널리 퍼졌다. 사대부들이 많이 돌려가며 보고도 부끄러운 줄을 모른다." 즉 춘화는 북경에 드나들 수 있는, 또 북경 현지에서 춘화를 구입할 수 있는 세력 있는 양반층이 아니면 접할 수 없는 것이었다.

김창업金昌業(1658~1721)은 1712년 정사正使로 중국에 파견되었던 형 김창집金昌集(1648~1722)을 따라 북경에 다녀와 기행문 《연행일기》를 남긴다. 이 책의 12월 23일조에 춘화에 관한 이야기가 나온다. 이날 선비 차림의 한 사람이 그림을 팔러 오는데, 소년과 미인이 성관계를 하는 그림이었다. 서장관 노세하盧世夏가 더 들추어 보려고 하자 김창업은 춘화 같다고 하면서 말린다. 김창업은 그 사람을 보고 선비냐고 묻는다. 그렇다고 답하자 유학을 공부하는 사람이 어찌 춘화를 가져와 남에게 보이냐고 힐책하자 그 선비는 그림을 싸서 달아나고 만다.

이 일화에서 김창업이 정확하게 춘화가 무엇인지 알고 있었다는 사실이 중요하다. 김창업은 그야말로 혁혁한 서울의 명문가 안동김씨 집안사람이다. 형 김창집이 영의정까지 지냈으니 말해 무엇하랴. 이런 명문가가 되어야 비로소 북경에서 춘화를 구입할 수 있는 것이다. 그는 비록 춘화에 대해 부정적인 말을 하고 있지만, 그 자신이 춘화를 보지 않았다면 과연 단박에 춘화라고 하는 판단이 나올 수가 있었을까?

이렇게 하여 전해진 춘화는 드디어 조선에서도 만들어지기 시작했다. 사대부가에서 춘화를 가지는 것은 별반 이상한 일이 아니었다. 19세기 중반에 창작된 서울의 풍물을 노래한 〈한양가〉에서는 광통교 다리 위에서 걸어놓고 파는 그림을 잔뜩 열거하고 있는데 그중 춘화가 들어 있으며, 《춘향전》의 한 이본에도 춘향의 방 치레를 묘사하면서 춘화를 들고 있다. 춘화를 감상하는 것은 18세기 이래 조선 성풍속의 중요한 부분이 되었던 것이다.

이제 춘화 한 점을 살짝 감상해 보자. 〈사시장춘四時長春〉은 신윤복의 그림으로 알려진 것이다. 먼저 그림을 살펴보자. 그림의 왼쪽에 배치한 나무는 좁고 길며 검은 가지가 무성하기 짝이 없다. 그 무성한 가지들은 장지문을 가리고 있다. 장지문 앞 좁은 마루에 단정히 놓인 것은 신발 두 켤레다. 왼쪽의 검은 가죽신은 남자의 것이고, 왼쪽의 붉은 가죽신은 여자의 것이다. 오른쪽에는 댕기머리를 드리운 어린 계집종이 쟁반에 술 한 병과 술잔 둘을 들고 방 앞으로 가고 있다. 계집종이 문을 열고 들어가지는 않을 것이다. 아마도 낮은 목소리로 "아씨 술 대령했습니다"라고 말할 것이고 안에서는 "마루에 놓고 가거라"라고 대답할 것이다.

이 그림은 그냥 보아 무엇을 말하는 것인지 알 길이 없다. 그림의 오른쪽 상단을 보자. 주름진 계곡이 보일 것이다. 그리고 그 계곡 위에 약간 검은 색으로 다시 숲을 배치하고 있다. 왜 난데없는 계곡인가. 물론 그림이야 상상력이 자유로운 예술장르다. 피카소Pablo Ruiz Picasso(1881~1973)의 그림이 존재하는 사물을 그린 것이라 생각하는 태도는 사실 곤란하다. 살바도르 달리Salvador Dalíi(1904~1989)처럼 현실에서 존재하지 않는 것이라 해도 얼마든지 그릴 수 있다. 하지만 화폭 속의 모든 것들은 나름의 존재 이유를 갖는다.

눈치 빠른 독자는 이 그림이 무엇을 말하는지 이미 짐작했을 것이다. 왼쪽의 빽빽하고 검은 나뭇가지는, 말하기 무엇하지만 말을 하지 않을 수도 없는 바, 애써 말하자면 그것은 남자의 음모다. 그렇다면 오른쪽의 계곡과 계곡 위의 숲은? 당연히 여성의 성기다. 좁은 마루

四時長春

사시장춘 │ 전 신윤복, 국립중앙박물관(중박 201005-188). 많은 성적 암시들로 가득 채워 진 그림이다.

위에 놓인 남자와 여자의 신발은 장지문 건너 남녀가 이제 막 사랑의 행위에 들어가려고 한다는 것을 의미한다. 계집종이 가져오는 것은 술이고, 두 사람은 술잔에 그 사랑의 묘약을 부어 마신 뒤 환희에 빠질 것이다. 성적 환희는 봄이다. 그래서 장지문 옆의 기둥에 '四時長春', 곧 봄, 여름, 가을, 겨울 할 것 없이 늘 봄이라고 써놓았다. 아니 그런가.

지금 남아 전하는 춘화는 조선 후기의 성풍속을 아는 데 있어서 대단히 중요한 자료가 된다. 에두아르트 푹스Eduard Fuchs(1870~?)의 《풍속의 역사》를 보면서 가장 부러웠던 것은 이 책에 실린 인간의 성적 행위와 관련된 풍부한 도판이었다. 백문이 불여일견이라고 아무리 정밀한 언어적 묘사도 한 장의 그림만 못한 것이다. 아직 충분히 공개되지는 않았지만 알려진 춘화로서 볼 만한 것은 역시 신윤복과 김홍도가 그렸다고 전해지는 것이다.

이제 김홍도 작으로 알려진 춘화 〈달빛 아래서〉를 보자. 감상자의 시선은 당연히 그림 왼쪽에 쏠리겠지만 참고 오른쪽을 먼저 보자. 버드나무가 연녹색 잎을 무성하게 드리우며 그림 중앙 하단에서 사선을 그리며 오른쪽 상단으로 뻗어 있다. 그리고 보름달이 버드나무 가지에 걸려 있다. 초록색 풀밭에 남자와 여자는 자리를 깔고 사랑을 나누고 있다. 좁고 어두운 방 안이 아니다. 버드나무에 걸린 만월이 흰 빛을 무한히 쏟아내어 남녀가 사랑을 나누는 숲속의 사위가 훤하다. 숲속 풀밭 위에서 이루어지는 성행위라니, 놀랄지 모르겠지만 인간의 사랑은 원래 이런 것이 아니었을까. 성은 인간 남녀의 교섭이기도 하지만 애당초 자연과 인간의 교섭이기도 한 것이다.

현대는 성적으로 개방된 시대라 하지만 그 개방은 '음침한' 개방이다. 성은 어두운 밀실에서 이루어질 뿐이다. 자기만의 공간을 소유하지 못한 남녀와, 사회적으로 인정받지 못하는 사랑은 익명성이 보장되는 호텔과 모텔, 여관을 찾는다. 돈을 지불하여 겨우 얻어낸 밀폐된 공간에서야 비로소 안심하고 사랑을 나누는 것이다. 반면 김홍도의 그림은 인간이 문명의 이름으로 팽개친 자연에서의 성을 그려내

달빛 아래서 | 김홍도, 《운우도첩雲雨圖帖》

고 있다.

이런 야외에서 성관계는 상상이 아니었다. 조선시대 문헌을 보면 야외에서 남녀가 성관계를 갖는 것은 결코 드문 일이 아니었다. 송세림宋世琳(1479~?)의 《어면순禦眠楯》에 실린 이야기 한 토막 들어보자.

관서 지방에 비지촌非指村이 있다. 옛날 어떤 사람이 누에치는 계절에 뽕을 찾아다니다가 한 부잣집에 몰래 들어갔더니 뽕나무가 우거져 있었다. 몰래 나무 아래로 들어갔더니 길게 자란 삼이 빽빽하였고 그 나무 주위는 평탄하여 사람이 왕래한 흔적이 있었다. 그 사람은 그곳이 아이들이 와서 노는 곳이겠지 하고 나무에 올라가 숨어서 뽕잎을 따는 데 열중하였다.

한참 뒤 사내 하나가 바깥에서 헐레벌떡 오더니 곧장 뽕나무 그늘로 들어왔다. 그 사내는 우두커니 서 있다 왔다 갔다 하다가 서너 차례 휘파람을 불고는 숨을 지키며 누구를 기다리는 것이었다. 이윽고 나이 스물쯤 된 아리따운 미녀가 술 한 병에 안주 찬합을 들고 발소리를 죽이며 그 사내 놈이 있는 곳으로 잰 걸음으로 다가왔다. 사내는 술을 마시기도 전에 먼저 미녀와 그 일을 시작하고 한바탕 즐거움을 누렸다.[131]

이야기는 더 이어지지만 너무 야하기에 여기서 더 언급할 것은 못된다. 어쨌든 위의 이야기에서 보듯 남자와 여자는 은밀히 만나 뽕나무 아래 삼밭에서 관계를 갖는다. 이뿐이 아니다. 민요에도, 사설시조에도 있다. 전남지방에 전하는 도령타령을 보자.

대명천지 밝은 날에 어느 누가 보아줄까.

들어나 가세, 들어나 가세, 삼밭으로 들어나 가세.

적은 삼대는 쓰러지고 굵은 삼대 춤을 춘다.

삼은 높이 자란다. 숨기에 안성맞춤이다. 삼밭에서 남녀가 일을 벌이는 것은 자연스럽다. 그런데 삼밭에서의 사랑을 증언하는 사설시조가 1728년에 편집된 《청구영언》에도 실려 있으니, 대개 조선시대 삼밭과 같은 야외에서 남녀의 성행위가 예사로 여겨졌던 것이다. 어디 작품을 읽어보자.

이르랴 보자, 이르랴 보자, 내 아니 이르랴 네 남진(남편)더러

거짓 것으로 물 긷는 체하고 통일랑 나리와(내려서) 우물 전에 놓고 똬리 벗어 통조지에 걸고 건넌 집 작은 김서방을 눈개야 불러내어 두 손목 마주 덤석 쥐고 수군수군 말하다가 삼밭으로 들어가서 무슨 일 하던지 잔 삼은 쓰러지고 굵은 삼대 끝만 남아 우즑우즑 하더라 하고 내 아니 이르랴 네 남진더러

저 아이 입이 보드라워 거짓말 마라 우리는 마을 지섬이라 실삼 조금 캐더니라.

모르는 말이 더러 있지만 의미를 알아차리지 못할 정도는 아니니 그냥 덮어두자. 이 작품의 내용인즉 이렇다. 어떤 여자가, 친구가 물 길러 가는 체하면서 평소 알고 지내던 김서방을 불러내어 삼밭으로 들어가서 일을 벌인 것을 알고 네 남편에게 일러주겠다고 하자, 그

여자는 그런 말은 네가 지어낸 것이고 사실은 삼을 조금 캐러 들어간 것일 뿐이라고 대답한다. 누가 옳은 것인지 그 시비에 뛰어들 필요는 없다. 나는 오직 이 작품에서 자연이 인간의 성적 공간이 되고 있다는 데 흥미를 느낄 뿐이다.

마지막 그림 〈추억〉을 감상하자. 역시 김홍도의 것으로 알려진 작품이다. 초가집이다. 방 안에 살림살이라고는 거의 없다. 남자와 여자 둘이 앉아 옷을 벗고 중요한 일을 하기 직전이다. 남자는 머리가 다 벗겨지고 흰 수염이 듬성듬성하다. 여자는 머리를 올리고 옷을 제대로 차려 입었지만 얼굴에 주름이 가득하다. 보다시피 둘 다 노인인 것이다. 노인이 된다 한들 성욕이 사라지진 않는다. 어쩌면 더 강렬해질 수도 있다. 사람들은 노인의 성을 배제하고 추하다고 여긴다.

추억 | 김홍도, 《운우도첩》

하지만 성적 욕망은 더러운 게 아니다. 타인에 대한 지배와 폭력, 강요로 나타나지 않는 한 성적 욕망의 존재가 비난받아야 할 이유는 없다. 전근대 사회에 그려진 이 그림이야말로 바로 그 점을 말하고 있는 것이다.

이 글에 쓰인 춘화를 신윤복과 김홍도의 작품이라 했는데, 그들의 작품이 아니라는 주장도 있다. 나의 경우, 그림의 기법으로 진위를 확인할 수 없기에 일단 알려진 대로 신윤복과 김홍도의 작품으로 여기고 이 글을 썼다.

신윤복과 김홍도의 춘화 외에도 적지 않은 춘화가 전해지고 있다. 두 사람의 춘화를 본떠 그린 것도 숱하게 많다. 하지만 수준을 논하자면 두 사람을 넘어설 작품은 거의 없다고 해도 과언이 아니다. 천재는 춘화에서도 천재인 것이다. 사족 하나. 내가 아는 어느 교수님이 장안평 고미술상에서 《논어》인가 《맹자》인가를 한 질 샀는데, 그 속에서 춘화가 한 점 나왔다고 하였다. 옛날 책은 종이를 접어서 묶는다. 그 접혀 있는 부분 속에 춘화가 끼어져 있다고 하는 것이었다. 누군가 옛날 거룩한 성인의 말씀을 읽다가, 성인의 말씀이 지루해지면 춘화를 꺼내 보았고, 누가 방을 열고 들어오면 접혀 있는 책장 속으로 슬쩍 밀어 넣곤 했던 것인데, 그게 어찌어찌 하여 지금까지 남은 것이다. 옛날이나 지금이나 인간이 하는 행태가 다를 것이 뭐 있겠는가?

기방

홀로 있는 기생의 속생각

妓女

기생이 나오는 풍속화를 보면 기생이 혼자인 법이 거의 없다. 어딘가에 여럿이 동원되어 있다. 혼자 있는 기생은 드문 것이다. 또 기생은 언제나 자신들의 직업과 관련된 상황 속에 있다. 해서 홀로 있는 기생이거나, 기생이 춤과 노래 그리고 성의 판매와 관련되지 않은 일을 하고 있을 때 오히려 그 기생의 인간적 본질을 생각해 보게 된다.

먼저 유운홍의 〈기녀도〉를 보자. 젊은 여자 셋이 있다. 단정하고 깔끔한 마루와 역시 정갈한 장지문. 하지만 이것만으로 이 공간이 어떤 공간인지는 알 길이 없다. 여자 셋은 아주 젊고 고운 얼굴이다. 대청과 장지문을 보면 어지간히 사는 집인 줄을 알겠다. 여자 셋 중에 색경을 보면서 큰머리를 정리하고 있는 여성을 보자. 이 정도의 가체를 마련하려면 상당한 돈이 필요할 터이니, 정말 가난한 여염집이 아닌 것은 두 말할 필요가 없다. 왼쪽 여성은 짧은 저고리를 입고 있는데, 삼회장이다. 역시 제대로 갖추어 입은 경제력이 있는 여성이다. 이 여자 등에 사내아이가 업혀 있다. 사내아이를 업고 있기에 여자의 저고리 아래로 젖이 보인다. 중간에서 머리를 매만지는 여성 역시 젖가슴을 노출시키고 있다. 오른쪽의 장죽을 물고 있는 여자는 온통 흰옷을 입었다. 무슨 사연이 있기에 흰옷을 입었는가?

그림을 따지고 보면 궁금한 게 한둘이 아니다. 이 여자들은 어떤 신분의 여자인가. 그림의 제목은 〈기녀도〉로 알려져 있다. 과연 기녀인가. 동년배로 보이는 젊은 여성 셋이 모여 있고, 또 담배를 물고 있는 등 분방한 행동으로 보아 양반가의 여성은 아닐 터이다. 양반가의 여성이라면 가부장적 가족 구조에서 동년배의 여자 형제나 동서 혹은

색경

친척이 대청마루에서 이런 자유스러운 포즈를 취할 수가 없을 것이다. 제목처럼 기녀가 분명하다. 다만 이 공간이 기녀의 영업 공간, 곧 기방인가 하는 점은 의문이 없지 않다. 무어라 단정하기에 이 그림이 제공하는 정보는 너무나 적다.

이 그림을 보고 나는 엉뚱하게도 손님이 찾지 않는 시간 혹은 음악과 춤을 제공해야 하는 유흥 공간이 아닌 일상적 공간에서 기녀가 어떤 식으로 시간을 보내고, 또 그런 시간에 어떤 생각을 하고 있었는지 사뭇 궁금해진다. 어디 기생을 한 번 클로즈업 시켜 보자. 그러면

前人未發之...
蕙園

1 기녀도 | 유운홍, 개인 소장
2 전모를 쓴 기생(전모를 쓴 여
　인) | 신윤복, 《여속도첩女俗圖帖》,
　국립중앙박물관(중박 201005-188)

신윤복의 〈전모氈帽를 쓴 기생〉처럼 된다. 이 여인이 기생인 것은 머리에 쓴 모자를 보고 알 수 있다. 이 둥글고 누런 모자를 '전모'라고 부른다. 전모의 용도는 햇볕을 가리는 것이다. 예나 지금이나 여성은 피부 관리에 지극한 정성을 들인다. 오늘날 생산되는 엄청난 종류의 화장품은 기본적으로 여성의 피부를 어린 상태로 유지하기 위한 것이다. 직사광선은 피부를 거칠게 하는 주범이다. 전모는 곧 얼굴 피부를 보호하기 위해 쓰는 것이다.

그런데 꼭 기생만이 이 모자를 쓰고 다녔을까? 조선시대 여성들은 남편이 당상관 이상의 벼슬을 하면 그 아내는 외출 때 유옥교有屋轎, 곧 지붕이 있는 가마를 탈 수 있었다. 기생이 단풍놀이를 떠나는 장면을 그린 신윤복의 그림을 보면 기생은 뚜껑이 없는 가마, 즉 가맛바탕을 타고 있었다. 가맛바탕은 햇볕을 차단하지 못한다.

조선시대의 신분제도는 사람들의 의복이나 장신구까지도 간섭하고 있었다. 예컨대 상민 부녀자는 비단옷에다 금은주옥으로 만든 장신구로 자신을 치장할 수 없었다. 그것이 법이었다. 기생만은 이 제한에서 예외여서 사치스런 옷과 장신구로 자신을 꾸밀 수 있었다. 하지만 기생에게 유옥교만은 허락되지 않았다. 그래서 외출할 때 햇볕으로부터 얼굴을 가리기 위한 도구가 절실히 필요하였다. 전모가 그 역할을 담당했다. 사실 옛 풍속화를 보면 기생 외에는 전모를 쓰는 경우가 거의 없다. 물론 의녀도 전모를 썼지만, 의녀가 곧 기생이었으니 그게 그거다.

이 기생이 전모 아래 쓴 것은 가리마다. 이번 기회에 가리마에 대해 좀더 소상히 알아보자. 유득공은 《경도잡지》에서 이렇게 말하고 있다.

내의원 의녀는 검은 비단의 가리마를 머리에 쓰고 나머지는 검은 베의 가리마를 쓴다. 가리마는 우리나라 말로 하자면 '가리는 물건'이다. 그 모양은 편지봉투처럼 생겨서 머리를 덮을 수 있다.[132]

가리마는 편지봉투처럼 생겨 머리를 덮을 수 있다고 했으니 아마도 이것은 기생의 가발, 곧 가체(다리머리)를 덮어서 보호하는 역할을 하는 것이다. 재미있는 것은 원래 내의원의 의녀는 가리마를 비단으로 만들게 했으니, 내의원 기녀를 옥당기생이라 해서 가장 높은 축으로 친 사정을 엿볼 수 있다.

다시 그림을 보자. 〈전모를 쓴 기생〉에서 기생이 입은 저고리는 소매의 끝동만 흰 색이고 나머지 동정과 깃, 고름은 모두 자줏빛 천으로 댄 반회장 차림이다. 치마를 올려서 끈으로 질끈 묶어 바지를 드러내 보이고 있다. 신발은 붉은 가죽신이다. 다른 유별난 장신구는 없지만 젊고 무언가 새치름한 표정이 사람의 시선을 끈다.

이 그림은 범상해 보이지만 당시의 맥락으로는 결코 범상하지 않다. 배경 없이 여성만 도드라지게 만들었는데, 이렇게 여성의 표정까지 잡아내면서 여성의 모습을 클로즈업한 그림은 전에 없던 것이다.

1·2 전모 | 지붕이 있는 가마를 탈 수 없었던 기녀들이 바깥 나들이에 햇빛을 가리는 용도로 착용했다.

3 후원유연 중에서

그림 오른쪽에 '전인미발가위기前人未發可謂奇'라 적혀 있는데, '예전 사람들이 그린 적이 없는 것을 그렸으니 기이하게 여길 만하다'는 뜻이다. 한국 회화 역사에서 여성을 전면에 클로즈업한 것 그리고 그 여성이 기녀라는 사실은 놀라운 사건이다.

역시 신윤복의 작품인 〈연못가의 기생〉을 보자. 그림의 아래쪽은 연못이다. 너푼너푼한 연잎과 활짝 핀 연꽃 한 송이 그리고 그림의 중앙 부분에는 아직 봉우리로 있는 연꽃 둘이 있다. 연못이 연못인 것은 연꽃이 있어서 연못이다. 연꽃이 없어도 연못이라 하는 것은 잘못이라고 정약용은 《아언각비雅言覺非》에서 비판했지만, 이 그림의 연못은 연꽃이 있는 명실상부한 연못이다. 여자는 마루 끝에 홀로 앉아 오른쪽으로 고개를 돌리고 무엇인가 주시하고 있다. 조용한 한낮이다. 여자의 옷차림은 수수하다. 〈전모를 쓴 기생〉의 기생처럼 외출 중이 아니기에 수수한 차림으로 있는 것이다. 여자는 왼손에 장죽을, 오른손에 생황을 쥐고 있다. 문득 찾는 이 없는 조용한 한낮에 무료하여 생황을 꺼내 한바탕 불었다. 여자의 오른손 바로 위에 약간 튀어나오게 그린 것이 생황의 취구吹口다. 생황을 불고 나니 담배 생각이 난다. 하여, 장죽을 물었다.

나는 이 그림을 볼 때마다 엉뚱한 생각이 들었다. 기생은 찾아오는 손님이 없는 날 무엇을 하며 하루를 보냈을까? 기생은 한가로울 때가 있었을 것인가? 한가하다면 무엇을 하는가? 또 기생은 평소 자신의 직업을 어떻게 생각할 것인가? 이런 의문이 꼬리를 물지만 이 물음에 대한 답은 아직 얻지 못했다. 정말이지 장죽으로 빨아들인 담배 연기를 내뱉은 뒤 저 기생은 어떤 생각에 골몰하고 있는 것일까?

| 1 | |

1 생황 박으로 만든 통에 17개의 대나무관을 꽂아 만든 악기다. 주로 당악과 향악에 편성되었으나 조선 후기에는 풍류방에서도 연주되었다.

2 연못가의 기생(연당의 여인) 신윤복, 《여속도첩》, 국립중앙박물관(중박 201005-188)

혹 그것은 자신에게 강요된 직업에 대한 싫증이 아닐까? 기생이란 직업은 스스로 선택한 것이 아니라 신분제에 의해 강제된 것이다. 곧 기생은 국가, 곧 관청에 소속된 여자 노비다. 이들에게 국가는 남성을 즐겁게 하라고 명령했던 것이다. 기생이란 직역은 남자를 즐겁게 하기 위한 것일 뿐이다. 오직 강제에 의해 타인의 비위를 맞추기 위해 살아야 하는 타율적 존재일 뿐 자신의 삶을 주체적으로 살 수는 없다. 흔히 기생이라 하면 아름답고 호사스럽고, 잘 생긴 남성과의 로맨스를 떠올리지만 그것은 현대인의 생각, 특히 남자의 생각일 뿐이다. 기생은 어떤 한 남자와 가정을 꾸리고 살 수 없다. 결혼을 하고 가정을 가져야 행복하다는 보장은 없지만, 일반적으로 한 남자와 한 여자의 결합을 보편적 삶의 형태로 받아들이는 사회에서 어떤 남자와도 영원히 삶을 함께할 수 없는 데서 오는 괴로움은 엄청나게 컸다. 기생의 삶은 실로 신산辛酸했던 것이다.

기생의 내면을 엿볼 수 있는 자료로 〈청루별곡靑樓別曲〉[133]이란 가사가 있다. 청루는 기방이니, 곧 기방 기생의 심사를 노래한 것이다. 일부분을 읽어보자.

이팔청춘 이 내 몸이 나비 눈에 꽃이로다.
한궁漢宮에 비연飛燕이오, 초대楚臺의 신녀神女로다.
함양咸陽의 유협객과 오릉五陵의 귀공자로
가무를 수작하니, 천금이 일소一笑로다.

여자는 자신을 한나라와 초나라의 전설적인 미인에 견주며 협객과

귀공자와 어울려 놀았던 세월을 회고한다. 그러던 중 사랑하는 정인
情人이 생긴다.

> 마음 안에 풍류랑을 황혼 가약 굳이 맺고
> 연리지連理枝에 천년 기약 운우몽雲雨夢이 잦았어라.
> 은하수 오작교에 견우랑이 건너는 듯
> 앵무배에 자하주를 월하에 흘려 부어
> 금루의金縷衣 한곡조로 나 잡고 님 권하니
> 부용장芙蓉帳 비취금翡翠衾에 봄도 깊고 밤도 짧다.

봄날 정인과 함께 보내는 밤은 짧기만 하다. 사랑은 깊어져서 용천
검 같은 날카로운 보검으로도 끊을 수 없고, 시뻘건 화롯불로도 태울
수가 없다. 해서 "공명도 허사이오, 부귀도 꿈밖이라, 굶고 먹고, 먹
고 굶고, 떠나 살지 말잤더니"라고 하면서 세상의 부귀공명을 모두
초개처럼 여기고 굶든지 먹든지 오직 헤어지지 말자고 약속한다. 하
지만 조물주가 시기를 하는지 귀신이 장난을 치는지, "금석 같이 굳
은 맹세, 구름 같이 흩어진다." 남자는 떠나고 소식이 영원히 끊어진
다. 이후 〈청루별곡〉은, 남자를 기다리지만 영원히 만나지 못하는 여
성의 고통을 길게 노래한다.

> 보고지고 님의 거동 듣고지고 님의 소리
> 전생에 무삼 죄로 우리 양인 생겨나서
> 천리에 걸어두고 주야상사晝夜相思 그리는고

독서하는 평양 명기(20세기 초)
사진의 주인공은 김월홍이다. 일
제강점기 김월홍은 광고 모델로
활동할 정도로 인기가 많았다.

박명薄命한 이내 인생 이별할 제 왜 살았노.

하지만 한 번 떠난 정인은 돌아오지 않고 여자는 "금생에 그리던 님을 후생에나 다시 만날" 것을 기약한다.

〈청루별곡〉과 비슷한 내용의 가사는 여럿 전한다. 작품이 그리고 있는 기생의 삶과 내면이 공감을 불러일으켰기 때문일 것이다. 나는 늘 〈연못가의 기생〉을 볼 때마다 홀로 있는 기생의 속생각이 궁금했고, 또 〈청루별곡〉 기생의 하소연이 떠오르곤 했다.

미인도의 여인

조선 기생의 시작과 끝

美人

二十一 신윤복의 〈미인도 ①〉를 볼 때마다 한마디 해야겠다고 생각해 왔지만 한 번도 그런 기회를 얻지 못했다. 하기야 한마디 한다고 하는 것이 무슨 이 그림에 구사된 회화적 기법에 관련된 것은 아니다. 내가 아니라 해도 그 방면에 탁월한 해설을 할 분들은 여럿이 있다. 다만 이 함초롬하고 단정하지만, 어딘가 남자에게 고분고분 넘어가지 않을 그런 성격까지 내보이는 이 미인은 신윤복의 상상력이 빚어낸 미인일 뿐인가. 조선시대 문집을 들추어 보면, 〈미인도〉 혹은 같은 의미의 〈여인도麗人圖〉란 제목의 그림을 보고 감상을 적은 시가 더러 남아 있다. 물론 조선에서 생산된 것은 아니고 중국에서 수입된 것일 터인데, 이런 유의 미인도 역시 구체적인 인물을 모델로 그린 것은 아닐 것이라 생각된다.

그런데 이 그림은 상상력의 소산이 아니라 어떤 특정한 미인을 모델로 하여 그린 것으로 짐작된다. 굳이 그렇다고 주장할 만한 확증은 없다. 다만 이 여성을 해남海南 녹우당綠雨堂에 소장된 〈미인도 ②〉와 비교해 보면 녹우당 〈미인도 ②〉는 어떤 여성을 모델로 삼은 것이라기보다는 상상된 미인을 그린 것임을 알 수 있는 데 반해, 신윤복 쪽은 확실하게 어떤 인물을 모델로 삼았다고 느낄 정도로 인물의 개성이 뚜렷하기 때문이다.

이 미인도는 결코 여성 아무개, 미인 아무개를 그린 것이 아니라 분명 모델이 있었을 것이다. 한데 여염집 여성이라고 보기에는 성적인 분위기가 감돈다. 아니 원래 미인도란 그런 것이다. 이 미인은 구름 같은 가체에다가 삼회장저고리, 푸른 비단 치마를 입고 있으니 어지간한 경제력이 없으면 불가능한 차림이다. 양반가의 여성이라면 이렇게 남자 화공 앞에 모델이 될 리가 없다. 요컨대 기생 외에는 달리 가능성이 없다.

서양의 여자 그림, 미인도는 그 주인공이 알려진 경우가 많다. 다빈치의 〈모나리자〉가 피렌체의 부자 프란체스코 델 조콘다의 부인 엘리자베타Elisabetta의 초상화란 것은 널리 알려져 있다. 하지만 한국 회화사에서 빼놓을 수 없는 알 만한 초상화는 죄다 남성 양반들뿐이다. 그것도 대부분 관복을 입은 근엄한 모습들이다. 그렇다면 어떤 기생을 모델로 삼은 것인가. 그 역시 알 길이 없다. 그래서 무책임한 상상력이 필요한 법이 아니겠는가.

이 기생은 신윤복이 이 그림을 그렸을 당시 가장 유명한 기생일 것이다. 신윤복은 1758년에 태어났다. 따라서 그가 실제 인물을 그렸다고 한다면, 18세기 후반의 사람일 것이다. 아니 상상해서 그린 그림이라 해도, 그 상상의 모델은 언제나 있는 법이다. 아마도 당대 최고의 기생을 그리지 않았을까. 도대체 18세기 후반 사람들이 모두 인지할 만한 기생이란 도대체 누구일까? 기생 스스로 그런 기록을 남길 리는 없다. 기생은 입이 있어도 말할 수 없는 사람이다. 기생이 자신의 이야기를 기록

1 미인도 ①│ 신윤복, 간송미술관
2 미인도 ②│ 필자 미상, 해남 녹우당

으로 남긴 것은 20세기의 일이다. 물론 황진이를 위시한 몇몇 기생이 있기는 하지만, 그것도 부실하기 짝이 없다. 또 한문으로 자신의 기록을 남긴 기생이 있다 한들 자신의 기생활동에 대해 미주알고주알 쓸 리가 만무하다. 황진이의 전기 자료는 보통 기생이 이름도 없이 사라지거나, 혹은 겨우 이름만 남긴 것에 비하면 확실히 풍성하다. 물론 풍성하다 해보았자, 그것도 별 것은 아니다. 따라서 온갖 상상력만 붙을 뿐이다. 이점을 고려하고 18세기 후반의 기생 몇을 꼽아보자.

맨 먼저 꼽을 수 있는 기생은 운심雲心이다. 밀양 출신으로 검무劍舞에 능했다는 기생이다. 박지원의 〈광문자전廣文者傳〉[134]에 무수한 오입쟁이들이 춤을 추라 해도 추지 않던 도도한 운심으로 나온다. 하지만 〈광문자전〉을 벗어나

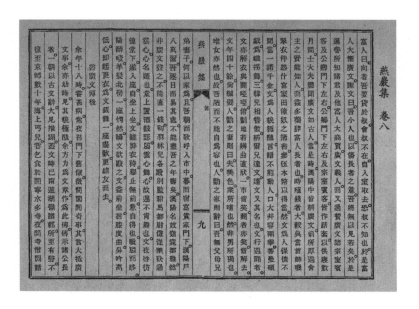

면, 운심이는 종적이 없어진다. 이보다는 좀더 확실하게 잡히는 기생을 꼽아보자.

《청구야담靑邱野談》에 〈유패영풍류성사遊浿營風流盛事〉란 글이 실려 있다. '패영, 곧 평양에서 노닌 거룩한 풍류' 라는 뜻이 된다. 이 작품은 이우성·임형택 두 분 선생이 번역해 엮은 《이조한문단편집》에 〈풍류〉라는 제목으로 번역되어 널리 알려졌다.[135] 이 작품은 작품 자체로서도 재미가 있지만, 무엇보다 18세기 음악의 향유, 유통 상황과 예술인의 존재를 알 수 있는 자료로 더욱 유명하다. 작품을 간단히 읽어보자. 이 작품의 주인공은 심용沈鏞이란 사람이다. 심용은 다른 이력은 없고 합천군수를 지낸 인물이다. 심용은 재산이 꽤나 있는 사람이었나 보다.

1 2
3

1 광문자전 중에서 박지원, 《연암집》 권8
2 신관도임연회도新官到任宴會圖 중에서 검무
  필자 미상, 고려대학교박물관
3 기생의 검무(20세기 초) 악공들의 가락에
  맞춰 네 명의 기생이 검무를 추고 있다.

어려운 사람이 있으면 재물을 아끼지 않고 도와주는 의리가 있는 사람
이었고, 풍류를 즐기는 사람이라 일세의 가희歌姬, 금객琴客, 술꾼, 시인
들이 몰려들어 하루도 빈 날이 없었던 것이다. 이런 판이니 서울 시내
에서 잔치를 벌이고자 하는 사람이 있으면 반드시 심용을 초청하였다.
어지간히 이름이 있는 기생과 가객, 금객은 모두 심용의 영향력 안에
있었기 때문이었다.

〈풍류〉는 이와 관련하여 두 가지 일화를 전하고 있다. 어떤 부마駙
馬가 심용을 부르지 않고 압구정에서 기생과 가객, 금객을 불러 한바
탕 연회를 베풀고 있는데, 강 저쪽에서 은은한 퉁소 소리가 들린다.
보니 작은 배에 화양건華陽巾을 쓰고 학창의鶴氅衣를 입은 한 노인이

백우선白羽扇을 쥐고 앉아 있고, 좌우에서 청의동자 둘이 통소를 불고 있다. 거기에 학 두 마리도 통소 소리에 맞추어 춤을 춘다. 풍류를 잡히던 사람들이 모두 그쪽을 바라보니, 떠들썩하던 잔치가 아주 식어버린다. 해서 누구인지 알아보려고 부마가 작은 배를 타고 그쪽으로 갔더니 심용이 아닌가. 심용은 부마의 잔치가 있음을 듣고 일부러 그렇게 꾸며 접근했던 것이다. 둘은 껄껄 웃고 다시 풍류를 잡히고 유쾌한 시간을 보냈다.

어떤 재상이 평양감사가 되었다. 감사의 중형이 영의정이라 홍제교에서 거창한 전별연을 베풀었다. 잔치에 참석하고자 하는 수레와 인마가 길을 메울 지경이었다. 사람들은 모두 그 형제의 영화를 입을 모아 부러워하였다. 그런데 소나무 숲 사이에서 말 한 필이 달려 나왔고 그 뒤에는 전복戰服을 입은 아리따운 젊은 여자 서넛이 말을 타고 따랐다. 또 그 뒤에 5,6명의 동자가 각기 악기를 연주하며 따랐고, 그 뒤에는 사냥꾼이 보라매를 팔에 얹고 사냥개를 부르면서 뛰어나오는 것이었다. 맨 앞에 선 사내의 준수한 미목과 늠름한 풍채는 이 세상 사람이 아닌 것 같았다. 사람들은 그가 심용인 것을 알고는 부러운 나머지 평양감사가 되어 전별연을 받기보다는 차라리 심용처럼 사냥을 나가겠다고까지 하였다.

이런 풍류남자 심용은 당연히 그를 따르는 예능인들을 데리고 있었다. 가객 이세춘李世春, 금객 김철석金哲石, 기생 추월秋月·매월梅月·계섬桂蟾이 그들이었다. 나의 목적은 이들 중 기생 추월과 계섬의 일생을 추적하는 데 있지만, 〈풍류〉 이야기는 달리 번진다. 먼저 〈풍류〉 이야기를 해보자. 심용은 이들을 평양으로 데려간다. 평양감사가 대동강에서 뱃놀이를 벌이고 풍악을 잡히자, 심용은 이세춘 등에게도 꼭 같은 풍악을 잡히게 한다. 평양감사 쪽이 음악을 바꾸면 바꾸는 데로 또 따라 바꾼다. 평양감사 쪽이 배를 내어 심용 일행을 잡으러 가면 심용은 재빨리 종적을 감춘다. 평양감사는 학창의를 입고 화양 건을 쓰고 백우선을 쥔 노인을 이인이라 여겨 그 배를 빨리 끌어오게 하였다. 심용의 배는 과연 끌려왔다. 감사가 보니 평소에 절친한 심용이 아닌가. 결과는 심용이 데리고 간 가객과 기생이 잔치판을 독점하여, 평양의 가무가 아주 무색할 정도였다는 것이다.

이제 심용의 팀에 대해 알아보자. 이세춘은 가객이다. 가객은 가수다. 하지만 그냥 가수가 아니라, 가곡창歌曲唱이 전문인 가수다. 시조는 노래의 가사다. 시조를 노래로 부르는 방식에는 두 가지가 있는데, 가곡창과 시조창이다. 둘은 여러모로 다르지만 일반인이 알 수 있는 가장 큰 차이는 가곡창은 시조 전체를 다 부르고, 시조창은 3장 6구 중 맨 마지막 구는 부르지 않는다. 예컨대 〈동창이 밝았느냐〉의 종장 '재 너머 사래 긴 밭을 언제 갈려 하나니'에서 시조창은 '언제 갈려 하나니'를 부르지 않는다. 이것이 외형상 가장 크게 구분되는 점이다. 가곡창은 악기 반주가 반드시 따르고 또 보다 전문적인 가창자가 부르는 데 반해, 시조창은 무릎장단만으로도 부를 수 있고, 또 아마추어라도 얼마든지 부를 수 있다. 18세기 어림이면 가곡창이 대단히 발달하고 또 가곡창의 전문가들이 속출하여 가객이란 이름으로 불리었다. 이세춘은 그중에서도 특별히 유명한 가객이었던 것이다. 심용의 휘하에는 송실솔이란 유명한 가객도 있었다.

금객은 거문고 전문연주자다. '금객'이란 명사는 꽤나 오래된 것이지만, 민간에서 거문고를 전문적으로 연주하는 금객은 역시 18세기에 들면서 본격적으로 출현한다. 박지원의 〈광문자전〉을 보면 김철석의 이름이 '철돌鐵突'로 나온다. 곧 '쇠돌'이고, 쇠돌은 곧 철석鐵石이고, 철석을 달리 쓰면 '철석哲石'이다. 〈광문자전〉에는 골동품의 소장자로 유명한 김광수가 집을 둥구재圓嶠로 옮기고 대청 앞에 벽오동을 심고 그 아래서 차를 손수 달이며 철석을 시켜 거문고를 타게 하는 아취 넘치는 생활을 했다고 한다.

자, 이제 기생으로 넘어가자. 심용의 휘하에 있었던 추월·매월·계섬 중에서 무언가 이야기할 만한 자료적 근거가 있는 사람은 추월과 계섬이다. 먼저 추월. 《청구야담》에 〈추기임로설고사秋妓臨老說故事〉란 작품이 실려 있다. '기생 추월이 늙어서 옛날 일을 말하다'라는 뜻이다. 역시 《이조한문단편집》에는 〈회상〉[136]이란 제목으로 번역되어 있다. 이야기는 추월이 늙마에 자신이 평생 겪었던 일 중에서 기억에 남는 세 가지 우스운 일을 회상한 것이다. 음악을 이해하지 못하는 대감과 음관蔭官, 아전에 관한 이야기다. 이 이야기는 여기서 별로 하고 싶지 않다. 끌리는 것은 추월의 출신이다. 이 기록에 의하면 추월은 충청도 공주 출신의 기생이다. 즉 추월은 원래부터 공주 관아에 딸린 기생이었던 것이다. 조선 후기에 와서 지방 기생은 궁중에 진연이 있을 때 뽑혀서 서울로 올라간다. 〈풍류〉는 그 사정을 이렇게 전하고 있다. "가무와 자색으로 뽑혀 상방에 들어가서 성가가 높았다. 풍류남아들이 다투어 좋아하는 기생으로, 번화처에서 방명을 날려 수십 년이 흘렀다." 상방에 들어갔다는 것은 어떤 의미인가. 상방은 상의원이다. 상의원은 왕의 의복과 대궐 안의 재화, 복식용服飾用 금은

보화를 맡아서 관리하는 곳이다. 왕의 옷을 짓는 것이 가장 중요한 임무이기 때문에 여기에는 옷을 짓는 침선비針線婢가 있다. 기생은 서울에 선상되면 내의원, 혜민서의 의녀로, 상방의 침선비로 발령이 난다. 가장 좋은 곳은 내의원 기생이고, 이들을 조선시대에 가장 좋다는 벼슬인 옥당玉堂(홍문관) 벼슬에 빗대어 옥당기생이라 부른다. 상방은 좀 처진다고 할 수 있다. 왜 가무와 자색으로 뛰어난 추월이 내의원이 아닌 상방으로 들어갔는지는 알 길이 없다.

어쨌거나 추월은 가기歌妓로 명성을 떨친다. 홍신유洪愼猷라는 시인이 〈추월가〉란 한시를 지어 추월의 일생을 전했다.[137] 읽어보자.

충청도라 백제의 옛 땅
예로부터 노래를 좋아하지
한 여자 있으니 이름은 추월이요.
공주의 기생집에서 태어났는데
나이 열다섯에 노래 잘 불러
명성이 서울까지 울렸다네.
부마궁으로 뽑혀 들어가
미모의 여자들 사이에 단연 빼어나더라.

공주의 기생집에서 기생으로 태어난 추월은 노래에 타고난 자질이 있어 이름이 서울까지 알려지고 마침내 부마의 집으로 뽑혀 들어간다. 그 부마가 누구인지는 알 수 없지만, 미모와 노래실력까지 갖춘 기생을 그냥 둘 리가 있겠는가. 한데 부마의 집으로 뽑혀들어간 것이

곧 기생 신분에서 벗어나는 것은 아니니 그게 정확하게 어떤 의미인
지는 알 길이 없다.

추월은 자신의 노래를 갈고 닦는다.

그때 한 가객歌客이
잡된 소리 부끄러워하고
음악의 바른 길 추구하였는데
이 가객 따라 노래를 배워
한 해 만에 천박한 품 씻겨졌고
자나 깨나 목청을 가다듬어
소리 공부 삼 년의 세월이었네.

추월을 가르쳤던 가객은 누구인가? 앞에서 등장했던 이세춘인가?
아니면 1728년 가곡집 《청구영언》을 엮고 서울에서 가곡 배우는 사
람들의 스승이 되었던 김천택인가? 상의원에서 활을 만드는 공인工人
출신으로 당대 제일의 거문고 명인이었던 김성기金聖基인가? 퉁소와
비파에도 능숙했고 직접 신곡까지 작곡했던 김성기에게 무수한 악공
은 물론 양반, 종실들까지 배웠으니, 추월 역시 그에게 배웠던 것인
가. 알 수는 없지만, 대충 보아 이런 사람들이 아니겠는가.

노래에서 한 소식을 한 추월은 서울의 연회에서 빠질 수 없는 사람
이 된다. 어디 그가 참석한 연회를 보자.

수풀 서늘한 정릉 골짜기며

연융대 시냇가 바위 위에

달빛 하늘에 가득 찬 가을밤

꽃피어 따스한 봄날

파초선 떴다 서평군 양평군이요.

학경거 타신 능창군 낙창군이라.

휘황한 자리에 관악 현악 어울리고

수놓은 장막 술잔에 노을빛 흐르는데

춤추는 치맛자락 너울거려 돌고

노래하는 기생의 비녀 줄을 그어서

높이 뜬 구름도 홀연 멈추어 섰고

하늘 가득히 아스라한 산 푸르러라.

추월이 노래 한 곡 부르니

운소雲韶의 팔음이 조화되는 듯

흥겨움에 손뼉을 치니

옛 막수莫愁의 음악일런가.

여음이 들보에 감돌아 한아韓娥가 살아났나.

정릉 골짜기와 연융대 등은 수석이 아름답기로 유명한 서울의 유흥
처. 여기서 서평군·양평군·능창군·낙창군 등 종친이 잔치를 벌
이면 추월은 빠지지 않고 참석한다. 추월의 노래는 옛날 중국의 명창
인 막수와 한아를 방불케 한다. 한아는 워낙 노래를 잘 불러 한 번 노
래를 부르면 여음이 들보에 사흘간 감돌았다고 한다.

이야기가 약간 옆으로 새지만 여기에 등장하는 서평군·양평군·능

창군·낙창군 등은 당시 서울에서 가장 유명한 풍류객이었던 모양이다. 성대중成大中이 지은 한문 단편 〈개수丐帥〉를 보면 영조 당시 용호영龍虎營 악대가 가장 유명했는데, 그 악대의 우두머리인 이패두李牌頭가 거지의 대장 꼭지단의 초청을 받고, "서평군·낙창군 대감 초청에도 내가 갈지 말지 한데 아니 거지 잔치에 부른단 말이냐!" 하고 화를 내는 장면이 있다. 서평군과 낙창군은 이 당시 최고의 풍류객으로 알려졌던 것이다. 실제 서평군은 거문고를 잘 탔던 것으로 알려져 있다. 이 네 종친은 선조의 현손이다. 선조의 아들 인성군仁城君 이공李珙의 셋째 아들은 해원군海原君 이건李健이다. 이건은 화창군 이연李沇, 화선군 이량李湸, 화산군 이연李演, 화춘군 이정李瀞, 화천군 이비李淝, 화릉군 이조李洮 등 여섯 아들을 낳았다. 이 중 화산군 이연이 밀창군 이직李樴과 낙창군 이탱李橖, 능창군 이숙李橚을 낳고, 화춘군 이정이 양평군 이장李檣과 서평군 이요李橈를 낳는다. 곧 서평군·양평군과 능창군·낙창군은 사촌 사이인 것이다. 서평군은 이들 중 부자였던 것으로 알려져 있다. 전설에 의하면 그는 남의 집에서 금덩이를 발견해 부자가 되었다고 하지만, 《영조실록》에 역관 홍대성洪大成에게 준 빚을 받아내기 위해 집과 땅, 노비, 기명器皿을 모조리 빼앗고, 거기다 독촉, 협박까지 하자, 홍대성의 며느리와 제수가 연달아 목을 매어 죽었다고 하니[138] 사실상 고리대금업자였을 가능성이 크다. 종친은 원래 벼슬을 하지 못하기 때문에 재산이 있으면 유흥으로 빠지는 경우가 많은데, 아마도 서평군을 위시한 사람들의 풍류 역시 그렇게 해서 가능한 일이었을 것이다.

좋은 세월을 영원히 누릴 수는 없는 법이다. 화려한 연회, 흥청거리

는 분위기도 세월이 가면 사라지고 만다. 드디어 추월의 만년이다.

> 스스로 생각하길 풍류마당에
> 백년 내내 호사하리라 싶더니
> 세상 일 바둑판처럼 뒤집히고
> 인생이란 물결처럼 흘러가는 법
> 고대광실 구름 속에 연이었더니
> 석양빛 긴긴 해에 이울어진 풀이로다.
> 요사이 사람들 예스런 가락 좋아하지 않고
> 부르나니 모두 시속의 천박한 소릴레라.
> 옛날에도 임금이 우笙를 좋아하여
> 비파를 안고 문밖에 어정거린 일 있었더니
> 종자기鍾子期 죽고 나자
> 누가 다시 백아伯牙를 알아주리요.

　시로 보아서는 무슨 일이 있었는지 분명하지 않다. 하지만 많은 시
간이 흘렀던 것은 분명한 일이다. 거기에 노래에 대한 기호가 바뀌고
있었다. '요사이 사람들 예스런 가락 좋아하지 않고, 부르나니 모두
시속의 천박한 소릴레라' 라고 하는 구절은 무언가 세상 사람들의 노
래에 대한 기호의 변화를 전하고 있다. 추월의 노래는 이제 지나간
세월의 노래가 된 것이다. 시간은 흐르고 자신의 노래를 좋아하던 사
람들도 모두 늙거나 죽고, 세상 사람들은 새 노래를 찾지 자기의 노
래를 찾지 않는다. 이것이야말로 절망이 아니었을까? 문제는 이 시기

성악곡에 대단한 변화가 일어났다는 것이다. 김천택이 1728년 가곡 창에 대한 열렬한 수요가 있어 그것을 한번 정리할 필요가 있다고 생각하여 《청구영언》을 엮었는데, 이로부터 불과 30년 정도 뒤에 김수장이 엮은 《해동가요》에는 훨씬 많은 곡조들이 있었던 것이다. 노래의 변화는 18세기에 눈부시게 일어났다. 아마도 추월은 이런 변화를 제대로 따라잡지 못했을 것이다.

시대의 변화에 적응하지 못하는 가수는 떠날 수밖에. 추월은 고향으로 돌아간다.

비장한 마음 남방의 소리에 부쳐
이제 고향땅으로 돌아오니
마치 심양강灣陽江 배 위에서
나지막이 비파를 타던 여자처럼
그 가락에 강개한 뜻 붙였으니
듣는 이 모두 슬퍼하고 한숨 내쉬네.
세상이란 본래 이러하니
추월이여 그대 어찌하리.

추월은 고향으로 돌아와 자신의 울울한 심사를 담은 노래를 부른다. 당나라 때 백거이는 심양강에서 비파 타는 여인을 만났는데, 그 여인 역시 옛날 장안에서 이름을 날리던 기녀였다. 그래서 심양강의 여인에 추월을 빗댄 것이다.

계섬 역시 노래로 이름이 난 가기歌妓다. 계섬은 추월에 비해 훨씬

324

더 자세한 전기가 남아 있다. 심노숭沈魯崇(1762~1837)은 희한하게도 〈계섬전桂纖傳〉[139]이란 글을 남기고 있다(심노숭은 桂纖이라 쓰고 있는데, 원래 계수나무가 있는 달에 사는 두꺼비란 뜻이니, 桂纖이 아닌 桂蟾이 맞을 것이다). 이 글에 의지해 기생 계섬의 생애를 따라가 보자. 〈계섬전〉에 의하면, 계섬은 송화현松禾縣의 계집종이었다. 송화현은 황해도에 있는 곳이니, 계섬은 송화현 관아에 소속된 노비였던 것이다. 그의 집안이 대대로 송화현의 아전이었다고 했으니, 아버지 쪽이 아전이란 뜻이다. 그런데 계섬이 송화현 계집종이라는 것은 어머니의 신분을 따랐기 때문이다. 즉 계섬의 아버지가 송화현의 계집종인 계섬의 어머니와 관계하여 계섬을 낳았기 때문에 종모법從母法을 따라 송화현의 계집종이 되고 만 것이다. 계섬의 아버지는 일곱 살 때, 어머니는 열두 살 때 죽는다. 계섬은 졸지에 고아가 된 것이다. 똑똑하고 눈동자가 맑은 계섬은 열여섯 살에 어떤 집의 구사丘史가 된다.

구사는 종친이나 공신, 당상관을 수행하는 종인데 관청 노비 중에서 뽑는다. 주인이 죽으면 원래의 관청으로 돌아가지만, 만약 주인의 처가 살아 있으면 그대로 두기도 한다. 계섬이 어떤 사람의 구사가 되었는지는 알 길이 없지만 구사가 되면서 서울로 올라온 것으로 보인다. 송화현에 종친이나 공신, 당상관 등이 있을 리 없기 때문이다. 한데 계섬의 주인은 꽤나 풍류를 좋아하는 사람이었나 보다. 계섬은 아마도 구사로 있으면서 노래를 배워 이름이 나기 시작했다. 이곳저곳 불려다녔다. 계섬은 어떤 사람의 구사이지만, 관노비이기 때문에 누구나 부를 수 있었던 것으로 보인다. 지체 높은 집안과 협기 있는 젊은이들의 술자리는 계섬이 없으면 수치스럽게 여겼다.

서울 바닥의 유흥계에서 이름이 난 계섬은 이제 큰 집안으로 스카우트된다. 원의손元義孫(1726~1793)이 계섬을 좋아하여 그를 자신의 집에 데려다 놓은 것이다. 원의손은 원경하元景夏(1698~1761)의 아들이고, 원인손元仁孫(1721~1774)의 동생이다. 원씨 집안은 영조의 탕평책에 적극 협력했기에 영조 일대에 혁혁했던 가문이다. 원경하는 원몽린元夢鱗의 손자인데, 원몽린은 효종의 딸 경숙공주敬淑公主와 결혼했으니 부마 집안 출신인 것이다. 원경하의 벼슬은 이조참판에 그쳤지만 그의 집안은 영조 시대에 명문 중의 명문이었다. 아들 원인손이 우의정에까지 올랐던 것을 보면 알 만하지 않은가. 원의손 역시 사헌부 대사헌, 전라감사 등을 지낸 인물이다. 원경하의 두 아들의 경우 소문은 그다지 좋지 않다. 원인손은 젊은 시절 투전의 고수, 즉 타짜로 이름을 날렸고 원의손은 또 전라감사 시절 10만 냥이 넘는 돈을 횡령한 적이 있는 부패관리였던 것이다.

　어쨌거나 원의손은 계섬을 데려다 첩으로 삼았다. 하지만 계섬은 성격이 아주 매서운 구석이 있었다. 10년을 살다가 원의손과 무슨 일로 한 마디 말이 틀어지자 그 길로 하직인사를 올리고 나와 버렸다. 계섬은 다시 다른 사람, 곧 이정보李鼎輔(1693~1766)를 찾아갔다. 이정보 역시 알아주는 명문거족 출신으로, 도승지, 이조·예조 판서, 대제학, 세손 사부師傅(곧 정조의 사부)가 되었으니, 할 벼슬을 다 한 사람이었다. 이정보는 이 외에도 독특한 구석이 있었다. 이정보는 80수에 가까운 시조를 남기고 있는 시조 작가다. 시조가 원래 노래의 가사였음을 생각한다면 이정보는 노래를 엄청나게 좋아한 인물이다. 이정보는 정확히 78수의 시조를 남기고 있는데, 그의 음악에 대한 깊은 취미가 낳은 작품인 것이다.

이정보는 늙어 벼슬에서 물러난 뒤 음악으로 만년을 즐기고 있었다. 그는 원래 음악에 정통한 사람이었던 터라 노래를 잘 부르는 이들이 그의 문하에서 많이 나왔다. 이정보는 기생이며 가객 등을 지도했던 것이다. 대제학까지 지낸, 또 세손의 사부이기도 한 사람이 기생과 가객의 노래를 지도하다니, 정말 멋있지 않은가. 이정보는 악보를 펼쳐놓고 계섬을 지도했다. 몇 년이 지나자 계섬의 노래는 더욱 진보하여, 노래를 부를 때면 마음은 입을 잊고 입은 소리를 잊을 정도였고, 노래는 앞서 말한 한아韓娥의 노래처럼 들보를 감돌며 사라지지 않았다. 계섬은 이제 전국에 이름이 알려진 스타가 되었고, 지방 고을의 기생이 서울에 올라와서 내의원 등에 소속되면 모두 계섬을 찾아와 노래를 배웠다.

원의손은 이정보에게 인사를 올리러 올 때면 늘 계섬을 돌려달라고 졸랐으나 계섬이 말을 듣지 않았다. 1766년 이정보가 죽었을 때 계섬의 나이 서른하나였다. 계섬은 아버지를 여읜 것처럼 슬퍼했다. 이정보는 5월 28일 사망했는데, 이 시기에 나라에서 내연內宴이 있었다. 궁중의 대비나 왕비 등에게 올리는 잔치다. 내연이 있으면 기생들이 모여서 연습을 한다. 계섬 역시 연습에 오가면서 이정보의 궤전饋奠을 보살핀다. 이정보의 집이 기생들이 모여 연습하는 장소에서 멀어 오가기에 너무 불편해 보이니 벼슬아치들이 말을 내주고는 타고 다니라 한다. 계섬은 목소리

가 잠길까 봐 이정보의 죽음에 대해 통곡조차 하지 못하고 흐느낄 뿐
이었다. 내연도 끝나고, 장례도 끝나 이정보가 무덤에 묻히자 계섬은
음식을 마련해 무덤으로 가서 하루 종일 술잔 올리고 노래를 부르고,
또 잔을 올리고 통곡을 하기를 반복하고는 돌아왔다. 이 소식을 들은
이정보 집안에서 묘지기 종을 크게 나무라자, 계섬은 아주 섭섭해하
고는 다시는 무덤을 찾지 않았다.

　이정보는 계섬을 가장 아껴 늘 좌우에 두었지만 계섬의 재능을 사
랑했을 뿐이었다. 이정보가 점잖아서 그런 것인가. 이정보가 1693년
생이고 계섬은 1736년생이니, 43세 차이다. 이정보가 은퇴하여 계섬
을 지도했다 하니 이미 그의 만년이다. 이정보는 계섬을 어떻게 할
수가 없었을 것이다. 계섬은 아버지가 일곱 살 때 죽었으니 아마도
자신을 좌우에 두고 가르쳤던 이정보에게 부정父情을 느꼈을 것이다.

　홀로 된 계섬은 서울의 부상富商 한상찬韓尙贊과 살림을 차린다. 한
상찬은 아마도 서울 시전市廛의 거상이었을 것이다. 한상찬은 거상답
게 계섬에게 돈을 무진장 쓰도록 해주었으나, 계섬은 늘 답답해하다
가 한상찬을 떠난다. 드디어 마흔이 되었다. 계섬은 불교를 독실하게
믿게 되었고, 산수 좋은 관동 지방으로 가려고 패물과 옷을 팔아 정
선 산중에 논과 밭을 사고 집도 지었다. 계섬이 떠나려 하자 옛날 같
이 놀던 사내들이 극구 말린다. 계섬의 대답인즉 간단하다. "지금까
지는 내가 그래도 자색이 있지만, 늙어 시들면 버릴
것이 아닌가요. 그때 버림받고 괴로워하느니 지금
떠나 훗날 버림받지 않으렵니다." 떠날 때 떠나는
사람은 아름답다. 이것을 제대로 하지 못해 오명을

남기는 사람이 허다한데, 계섬은 그 이치를 깨닫고 붙잡을 때 깨끗이 떠난 것이다.

홀로 떠난 계섬은 정선으로 가서 촌부가 되어 산이며 강이며 다니면서 나물을 캐고 버섯을 따며 살았다. 그의 입에서는 불경 소리가 끊이지 않았다. 이렇게 사는 것이 행복했지만, 계섬은 다시 세상에 불려나간다. 세손 시절 정조를 도운 공으로 정조가 즉위하자 권력을 한 손아귀에 잡게 된 홍국영洪國榮(1748~1781)은 계섬을 구사로 하사받는다. 아마 평소에 눈여겨 둔 바 있는 계섬을 요구했을 것이다. 여전히 기적妓籍에 매어 있었던 계섬이 하늘을 찌를 듯한 홍국영의 세도를 어떻게 할 것인가. 계섬은 홍국영이 여는 잔치를 따라다닌다. 계섬이 노래를 부르면 노래를 들은 벼슬아치들이 다투어 비단과 돈을 내렸다. 홍국영이 실각하자, 계섬은 드디어 기적에서 빠질 수 있었다. 누가 그를 기적에서 빼냈는지는 알 수가 없다.

계섬은 다시 정선으로 돌아가고자 했다. 한데 풍류랑 심용이 계섬을 부른다. 심용은 원래 계섬의 노래를 좋아하여 계섬이 있는 곳이면 모습을 늘 나타냈던 것이다. 계섬은 심용의 집이 있는 경기도 파주 시곡柴谷에 살게 되었다. 심용의 집 뒤 산중에 대여섯 간 초가를 조촐하게 얽고 마당에는 작은 남새밭을 가꾸고, 마을에 논 몇 마지기를 사람을 사서 부쳤다. 자신은 마늘이며 고기를 끊고 방에서 불경을 외면서 살았다. 동네 사람들은 계섬을 보살이라 불렀고, 스스로도 보살처럼 살았다. 추측컨대 앞에서 말했던 심용 휘하에 있었던 이세춘, 김철석, 추월, 매월, 계섬으로 이루어진 그룹은 아마도 이 무렵 활동의 산물이었을 것이다.

계섬의 음악인으로서의 활동은 심용이 죽으면서 끝이 난 것 같다. 앞에서 든 〈풍류〉란 작품의 말미는 심용의 죽음으로 끝난다.

심공이 서거한 뒤에 파주 시곡에서 장례 지내게 되었다. 여러 노래와 거문고의 벗들이 모여서 눈물을 뿌렸다.

"우리들은 평생 심공의 풍류 가운데 사람들이었고, 심공은 우리의 지기知己이며, 지음知音이었다. 이제 노랫소리 그치고 거문고줄은 끊어졌도다. 우리들은 장차 어디로 갈 것인가."

그들은 시곡에 모여 심공을 장사 지내고 한바탕의 노래와 한바탕의 거문고로 마지막 무덤 앞에 통곡하고 각기 자기들 집으로 흩어져 돌아갔다.

계섬만은 홀로 무덤을 지키며 떠나지 않고 쓸쓸한 머리카락과 애수에 젖은 눈동자로, 사람을 향하여 심공의 이야기를 이렇게 들려주곤 하였다.

자신의 음악을 이해해 주는 사람의 죽음은 이처럼 쓸쓸한 법이다. 모두들 떠났으되 계섬이 떠나지 않았던 것은 바로 심용의 무덤 근처에 자신의 집이 있었기 때문일 것이다.

계섬의 이력을 남긴 사람은 앞에서 말한 바와 같이 심노숭이다. 1797년 심노숭이 파주에 우상정雨床亭이란 정자를 짓고 요양하고 있는데 계섬이 찾아왔다. 계섬의 나이 그때 62세였다. 아직도 검은 머리였고 말도 유창하였다. 계섬은 자기 일생을 심노숭에게 말하고, 인생에서 가장 소중한 것은 서로를 알아주는 사람과의 만남인데, 자신이 평생 어울린 사람은 한때의 빼어난 인물이었으나 자신을 알아주는 남자를 만나지는 못했다고 쓸쓸히 말한다. 그러면서 계섬은 이정보가 옛날 "지금 세상에는 너만 한 남자가 없으니, 너는 끝내 그런 남자를 만나지 못하고 죽을 것이로다!"라고 한 말을 떠올렸으니 아마도 계섬에게 유일한 남자는 이정보였을 것이다. 심노숭은 이 말을 듣고 〈계섬전〉을 지어 계섬을 위로한다. 계섬은 말은 할 수 있었지만, 자신을 세상에 전할 수는 없었고 심노숭의 붓끝을 통해 세상에 전해지게 되었다.

다시 〈미인도 ①〉로 돌아가자면, 신윤복 역시 스스로를 말할 수 없는 미인을 위해서 심노숭처럼 〈미인도 ①〉을 그린 것은 아니겠는가. 미인은 원래 드문 법이다. 드물기에 더욱 돋보인다. 요즘은 미인 천지다. TV를 보면 미인 아닌 여성이 없다. 모두들 참으로 아름답다! 굳이 연예인이 아니라도 복잡한 시내를 걷다보면 보이나니 미인이다. 그중 많은 사람은 성형미인일 것이다. 성형미인이 쏟아지는 것은 엄청나게 복잡한 사회적 이유가 있을 것이다. 하지만 아름다워지고 싶다는 욕망, 아름다운 사람을 원하는 욕망은 조선시대와 조금도 다르지 않다. 미인도를 그린 신윤복의 욕망은 남성의 욕망이며, 인간의 욕망이며, 고금을 관철하는 욕망인 것이다.

• 주석

1 이훈종, 《민족생활어사전》, 한길사, 1992, 484면.

2 임형택 편역, 《이조시대 서사시李朝時代 敍事詩》 상, 창작과비평사, 1992, 88~91면.

3 임형택 편역, 같은 책, 1992, 158~161면.

4 박효은, 〈기산풍속도 미술사적 이해〉, 《기산풍속도—매산 김양선 수집본》, 숭실대학 교 한국기독교박물관, 2008.

5 정병모, 〈파리 기메박물관Musée Guimet 소장 김홍도 사계풍속도병〉, 국립국악원 편, 《조선시대음악풍속도》 2, 민속원, 234면.

6 성현, 《용재총화慵齋叢話》 권10.

7 〈장세匠稅〉, 《만기요람萬機要覽》 재용편財用編 2.

8 《정조실록》 15년 1월 25일.

9 유본예, 〈시전市廛〉, 《한경지략漢京識略》 권2.

10 마단림, 〈마한馬韓〉, 사예고四裔考 1, 《문헌통고文獻通考》 권324.

11 서긍, 〈초구草屨〉, 공장供張 2, 《고려도경高麗圖經》 권29.

12 유본예, 〈시전〉, 《한경지략》 권2.

13 이유원, 〈이지함구활李芝菡救活〉, 《임하필기林下筆記》 권22.

14 이수광, 〈법금法禁〉, 《지봉유설芝峯類說》 권3, 군도부君道部.

15 이익, 〈초구草屨〉, 《성호사설星湖僿說》 권6, 만물문萬物門.

16 이익, 〈영남속嶺南俗〉, 《성호사설》 권3, 천지문天地門.

17 성현, 《용재총화》 권6.

18 허균 편, 〈치농治農〉, 《한정록閑情錄》 권16.

19 홍만선, 〈파초芭蕉〉, 양화養花, 《산림경제山林經濟》 권2.

20 "杏餳麥酪渾閑事, 只對梨花飲一杯." 이규보, 〈한식일대인부지寒食日待人不至〉, 《東國

李相國全集》권3.

21 이식, 〈한식서사寒食書事〉, 《택당집澤堂集》 속집續集 권2.

22 이덕무, 〈여박재선제가서與朴在先齊家書〉, 《아정유고雅亭遺稿》 권7.

23 유본예, 〈시전〉, 《한경식략》 권2.

24 이하곤, 〈남유록南遊錄〉 2, 《두타초頭陀草》 18책.

25 허균, '병이지류餅餌之類' 〈도문대작屠門大嚼〉, 《성소부부고惺所覆瓿藁》 권26.

26 〈덴동어미 화전가〉는 김문기金文基의 《서민가사연구庶民歌辭硏究》(형설출판사, 1983)
   부록에 실린 것을 이용한다.

27 빙허각 이씨, 《규합총서》, 정양완 역주, 보진재, 1975, 336면.

28 이익, 〈제유모문祭乳母文〉, 《성호집星湖集》 권57.

29 오재순, 〈유모장온묘지명乳母張媼墓誌銘〉, 《순암집醇庵集》 권8.

30 《정조실록》 7년 11월 5일.

31 송재소 역주, 《다산시선茶山詩選》, 창작과비평사, 1981, 320~323면.

32 《심청전》, 한국고전소설선, 김기동 편, 새글사, 1965, 76~78면.

33 이규경, 〈단유불연모변증설斷乳不戀母辨證說〉, 《오주연문장전산고五洲衍文長箋散稿》 권44.

34 "一女剪刀, 一女貼囊, 一女縫裳, 三女爲姦, 可反沙磔." 이덕무, 〈이목구심서耳目口心
   書〉 5, 《청장관전서靑莊館全書》 권52.

35 "在雜穀廛西, 賣男女所着衣服."〈시전市廛〉, '의전衣廛' 《동국여지비고東國輿地備攷》 권2.

36 이덕무, 〈부의婦儀〉 1, 《사소절士小節》 하, 《청장관전서靑莊館全書》 권30.

37 빙허각 이씨, 《규합총서》, 1975, 130면.

38 기대승, 〈承議郎刑曹佐郎 贈大匡輔國崇祿大夫議政府右議政兼領經筵事 金先生 行
   狀〉, 《고봉집高峰集》 권3.

39 이덕무, 〈매훈妹訓〉, 《영처잡고嬰處雜稿》 1, 《청장관전서靑莊館全書》 권5.

40 이덕무, 〈부의婦儀〉 1, 《사소절士小節》, 《청장관전서靑莊館全書》 권30.

41 이덕무, 같은 글.

42 이유원, 〈명필유수교名筆有手巧〉, 《임하필기林下筆記》 권29.

43 "至如刀尺針線之事, 輒自替其勞, 以求其安." 윤득여, 〈행장行狀〉, 《백하집白下集》 부록.

44 장유, 〈정부인윤씨묘지명貞夫人尹氏墓誌銘〉, 《계곡집谿谷集》 권10.

45 이항복, 〈숙부인이씨묘지淑夫人李氏墓誌〉, 《백사집白沙集》 권3.

46 《중종실록》 9년 2월 3일.

47 이덕무, 〈제매서처문祭妹徐妻文〉, 《아정유고雅亭遺稿》 권5.

48 다산연구회 역주, 《역주 목민심서牧民心書》 1, 창작과비평사, 1978, 155~156면.

49 "賣銀針及大小常針." 〈시전市廛〉, '침자전針子廛' 《동국여지비고》 권2.

50 서유문, 《무오연행록戊午燕行錄》 제1권 1798년 11월 30일.

51 김경선, 《연원직지燕轅直指》 제1권 1832년 12월 17일.

52 이합, 《연행기사燕行記事》 상, 1777년 12월 25일.

53 "觀我齋之筆法, 每每入神妙, 觀者胡不愛之."

54 김경선, '인물요속人物謠俗' 〈유관별록留館別錄〉, 《연원직지燕轅直指》 권6.

55 홍대용, '기용器用' 〈연기燕記〉, 《담헌서湛軒書》 외집 권10.

56 정엽, 〈금강록金剛錄〉, 《수몽집守夢集》 권3.

57 최덕중, 《연행록燕行錄》, 1712년 12월 23일.

58 정약용, 〈응지론농정소應旨論農政疏〉, 《다산시문집茶山詩文集》 권9.

59 "小雨旣洽, 野蔬其苗. 偕我小姑, 薄言採擷. 鄂彼晨葩, 南垓之思. 歸而宜之, 供我嚴慈." 주소백周小伯. 주소백은 19세기 청나라 문인 주당周棠이다. 주당은 조선의 문인 학자와 서로 잘 아는 사이였다.

60 서긍, 〈도재屠宰〉, 잡속雜俗 2, 《고려도경高麗圖經》 권23.

61 빙허각 이씨, 《규합총서》, 정양완 역주, 보진재, 1975, 86면.

62 정약용, 〈유천진암기游天眞菴記〉, 《다산시문집》 권14.

63 송재소 역주, 《다산시선茶山詩選》, 창작과비평사, 1981, 304~307면.

64 유득공, 〈단오端午〉, 《경도잡지京都雜志》 권2.

65 〈열녀춘향수절가烈女春香守節歌〉, 《춘향전春香傳》, 구자균 교주校注, 교문사, 1984, 19~21면(이하 《춘향전》 인용은 이 책을 따름).

66 《성종실록》 13년 8월 8일.

67 김매순, 〈단오端午〉, 오월五月, 《열양세시기洌陽歲時記》.

68 박지원, 〈취답운종교기醉踏雲從橋記〉, 《연암집燕巖集》 권10.

69 유득공, 〈복伏〉, 세시歲時, 《경도잡지京都雜志》 권2.

70 홍석모, 〈삼복三伏〉, 6월六月, 《동국세시기東國歲時記》.

71 《정조실록》 1년 8월 11일.

72 안동장씨, 《음식디미방》, 경북대학교출판부, 2003, 153면.

73 빙허각 이씨, 《규합총서》, 1975, 74면.

74 이용기, 〈개장地羊湯〉, 《조선무쌍신식요리제법朝鮮無雙新式料理製法》, 강의영 편집, 한
   흥서림, 1924, 76~78면(이하 《조선무쌍신식요리제법》 인용은 이 책을 따름).

75 이규경, 〈산구준여변증설山臞餕餘辨證說〉, 《오주연문장전산고五》 권3.

76 이유원李裕元, 〈심상기구갱沈相嗜狗羹〉, 《임하필기林下筆記》 권27.

77 《중종실록》 29년 9월 3일.

78 윤기, 〈반중잡영泮中雜詠〉, 《무명자집無名子集》 시고詩稿 책2.

79 〈여름냉면〉, 《조선무쌍신식요리제법》, 1924, 133면.

80 장유, 〈자장냉면紫漿冷麪〉, 《계곡집谿谷集》 권27.

81 홍석모, 〈월내月內〉, 11월十一月, 《동국세시기東國歲時記》.

82 정약용, 〈희증서흥도호림군성운戲贈瑞興都護林君性運〉, 《시문집詩文集》 권3.

83 최영년, 〈냉면冷麪〉, 《해동죽지海東竹枝》 중, 장학사, 1925, 21면 앞.

84 "麪局湯坊當路權, 爭登人似勢門前." 유만공, 《세시풍요歲時風謠》 75.

85 이유원, 〈근신감계近臣鑑戒〉, 《임하필기林下筆記》 권29.

86 《개벽》 제51호, 1924년 9월.

87 《별건곤》 제24호, 1929년 12월.

88 요철생凹凸生, 〈靑燈京話, 不景氣中 冷麵 大豊年-寬勳洞 洋服店의 珍事件〉, 《별건
   곤》 제41호, 1931년 7월.

89 유득공, 〈주식酒食〉, 풍속風俗, 《경도잡지京都雜志》 권1.

90 홍석모, 〈월내月內〉, 10월十月, 《동국세시기東國歲時記》.

91 남유용, 〈稚明宅, 與季章・李原明(宜哲)小集. 金剛伯携美酒珍肴亦至, 取醉至暝. 席
   上留韻不賦, 後用傳筒故事〉, 《뇌연집雷淵集》 권6.

92 "悅口子, 小鎗名. 投之魚肉立爛. 味極淸軟, 故名悅口. 古人朋友小集, 盛酒大椀, 次
   第傳飮, 謂之傳心杯."

93 서긍, 잡속 2, 〈도재屠宰〉, 《고려도경高麗圖經》 권23.

94 조수삼, '원조元朝'〈세시기歲時記〉, 《추재집秋齋集》 권8.

95 서원은 청주의 옛 이름이기도 하다.

96 〈설리적雪裏炙〉, 《해동죽지海東竹枝》 중, 장학사, 1925, 21면 앞.

97 이덕무, 〈서해여언西海旅言〉, 《청장관전서靑莊館全書》 권62.

98 안동장씨, 《음식디미방》, 경북대학교출판부, 2003, 169면.

99 빙허각 이씨, 《규합총서》, 1975, 72면.

100 박지원, 〈만휴당기晚休堂記〉, 《연암집燕巖集》 권3.

101 《정조실록》 10년 6월 12일.

102 《일성록日省錄》 정조 10년 6월 13일.

103 이덕무, 〈벽옥란시고서碧玉欄詩稿序〉, 《아정유고雅亭遺稿》 권3.

104 정약용, 〈만어정기晚漁亭記〉, 《다산시문집》 권13.

105 조희룡, 〈천수경전千壽慶傳〉, 《호산외기壺山外記》.

106 이경민, 《희조일사熙朝軼事》.

107 주세붕, 〈유청량산록遊淸凉山錄〉, 《무릉잡고武陵雜稿》 권7.

108 홍인우, 〈관동록關東錄〉, 《치재유고恥齋遺稿》 권3.

109 이황, 〈유김강산록서遊金剛山錄序〉 홍인우洪仁祐, 《치재유고恥齋遺稿》 권3.

110 이이, 〈유풍악록발遊楓嶽錄跋〉 홍인우, 《치재유고》 권3.

111 정엽, 〈금강록金剛錄〉, 《수몽집守夢集》 권3. 이하 인용은 모두 여기에 의함.

112 윤휴, 〈풍악록楓岳錄〉, 《백호전서白湖全書》 중, 경북대학교 출판부, 1974, 1401면.

113 윤휴, 같은 책, 1404면.

114 박지원, 〈해인사海印寺〉, 《연암집燕巖集》 권4. 연암이 경상도 안의현감安義縣監으로 있을 때 지은 것이다.

115 이인상, 〈유태백산기遊太白山記〉, 《능호집凌壺集》 권3.

116 원래 제목은 〈견여탄肩輿歎〉. 《다산시선茶山詩選》, 송재소宋載邵 역주, 창작과비평사, 1981, 339~342면.

117 윤기, 〈투전자投牋者〉, 《무명자집無名子集》 시고詩稿, 책6.

118 《정조실록》 15년 9월 16일.

119 윤기, 《무명자집無名子集》, 문고文稿, 책13.

120 "不吸南草, 不爲投牋, 豈爲人乎?"

121 윤기, 〈정상한화井上閒話〉, '잡희기雜戲技'《무명자집無名子集》, 문고, 책11.

122 윤기, 〈경아배警兒輩, 우이자성又以自省〉(此錄專以保身避害爲主意),《무명자집無名子集》, 문고, 책4.

123 정병모, 〈파리 기메 박물관Musée Guimet 소장 김홍도 '사계풍속도병'〉,《조선시대 음악풍속도》2, 민속원, 2004, 239면.

124 이훈종,《민족생활어사전》, 한길사, 1992, 235~236면.

125 심우성,《남사당패 연구》, 동문선, 1989, 27면.

126 이긍익 편, 〈승교僧敎〉,《연려실기술燃藜室記述》권13.

127 이능화,《조선해어화사朝鮮解語花史》, 1968, 신한서림 영인, 282면.

128 《실록》에 "산사山寺를 돌아다니며 사는 여자를 회사라 한다(女人之游寓山寺者, 方言謂 之回寺)"고 주석을 붙이고 있다.

129 이규경, 〈한화춘정변증설漢畫春情辨證說〉,《오주연문장전산고五洲衍文長箋散稿》, 권35 (이하 인용은 이에 의함).

130 이규경, 〈화동기원변증설華東妓源辨證說〉,《오주연문장전산고》, 권43.

131 송세림, 〈촌명비지村名非指〉,《어면순禦眠楯》.

132 유득공, 〈성기聲伎〉,《경도잡지京都雜志》권1.

133 박영균,《금고잡가편今古雜歌篇》, 신구서림, 1915, 17~19면(이하 인용은 이에 의 함).

134 박지원, 〈광문자전廣文者傳〉,《연암집燕巖集》권8.

135 〈풍류風流〉,《이조한문단편집李朝漢文短篇集》중, 이우성·임형택 역편, 일조각, 1976, 200~204면.

136 〈회상回想〉, 같은 책, 이우성·임형택 역편, 1976, 205~208면.

137 〈추월가秋月歌〉의 번역은《이조시대李朝時代 서사시敍事詩》하, 임형택 편역, 창작과 비평사, 1992, 292~295면에서 취함.

138 《영조실록》30년 4월 28일.

139 심노숭, 〈계섬전桂纖傳〉,《효전산고孝田散稿》, 권7.

조선 풍속사 2

조선 사람들, 풍속으로 남다

⊙ 2010년 6월 7일 초판 1쇄 발행
⊙ 2017년 4월 17일 초판 4쇄 발행
⊙ 글쓴이   강명관
⊙ 펴낸이   박혜숙
⊙ 펴낸곳 도서출판 푸른역사
   우) 03044 서울시 종로구 자하문로8길 13
   전화: 02)720-8921(편집부) 02)720-8920(영업부)
   팩스: 02)720-9887
   전자우편: 2013history@naver.com
   등록: 1997년 2월 14일 제13-483호

ⓒ 강명관, 2017

ISBN   978-89-94079-14-1 03900
ISBN   978-89-94079-17-2 (세트)